# RENOVAR LOS PROCESOS EDUCATIVOS EN LA SOCIEDAD DEL CONOCIMIENTO DIGITAL

ExLibric

DR. ROLANDO A. CARRASCO GONZÁLEZ
(Emeritus Professor University of Newcastle, UK)

DR. LUIS A. RIVEROS CORNEJO
(Profesor Titular Universidad Central de Chile)

# RENOVAR LOS PROCESOS EDUCATIVOS EN LA SOCIEDAD DEL CONOCIMIENTO DIGITAL

EXLIBRIC
ANTEQUERA 2021

DR. ROLANDO A. CARRASCO GONZÁLEZ
(Emeritus Professor University of Newcastle, UK)

DR. LUIS A. RIVEROS CORNEJO
(Profesor Titular Universidad Central de Chile)

# RENOVAR LOS PROCESOS EDUCATIVOS EN LA SOCIEDAD DEL CONOCIMIENTO DIGITAL

# Índice

# Sobre los autores

**Rolando A. Carrasco González** obtuvo su licenciatura en Ingeniería de la Universidad Técnica del Estado (UTE) de Chile en 1969, y ostenta los títulos de *Chartered Engineer* (UK, 1985) y *Fellow Engineer* (IET, 1990) en Reino Unido. Obtuvo su PhD en Procesamiento de Señales Digitales en la Universidad de Newcastle, UK, en 1980, además del grado de doctor en Ciencias (DSc) en 2010. Ostenta un PGD *(Post-Graduate Diploma)* en Educación otorgado en 1990 por la Universidad de Staffordshire, UK.

Se le concedió el premio IEE Heaviside (UK) en 1982 por su trabajo en investigación en Sistemas Multiprocesadores. Entre 1970 y 1972 trabajó en SAESA, Chile, y fue profesor en la UTE-Temuco (1972-1975), Chile.

Entre 1980 y 1982 fue contratado como investigador asociado por la Universidad de Newcastle, UK, donde llevó a cabo investigación sobre comunicación submarina. Entre 1982 y 1984, se desempeñó como ingeniero de desarrollo en Alfred Peters Ltd, Sheffield (MEDITECH), donde llevó a cabo investigación y desarrollo en procesamiento de señales asociado con el estímulo y la respuesta coclear (implementación de un nuevo instrumento digital). Trabajó en la Universidad de Staffordshire entre 1984 y 2003, como *Senior Lecturer, Principal Lecturer* y *Professor*, jefe del Departamento de Ingeniería Electrónica y Decano Asociado encargado de recursos, consultoría industrial e investigación de la Facultad de Ingeniería. En 2004, se incorporó a la Universidad de Newcastle como *Professor* de comunicaciones móviles, director de innovación y desarrollo empresarial y director del grupo de investigación en comunicaciones y procesamiento de señales.

Sus intereses principales de investigación son la codificación/decodificación de la información, en algoritmos de DSP para datos de los sistemas de comunicaciones, calidad de servicio y aplicaciones en telefónica móvil y sistema de redes de sistemas de comunicación tecnológicas como mejorar la calidad de servicio en educación y salud.

Cuenta con más de 329 (IEE/IEEE) publicaciones científicas con referato internacional (http://scholar.google.co.uk/

citations?user=GKEmUJoAAAAJ), siete capítulos en textos de referencias (Books), patentes a su nombre y tres libros, además de un libro que tiene más altas citaciones de sus publicaciones titulado *Non-Binary Error Control Coding for Wireless Communication and Data Storage* publicado por John Wiley & son, Ltd. Anteriormente, ha supervisado cincuenta exitosos estudiantes de doctorado. Se ganó varios proyectos de investigación de EPSRC, BT (British Telecom), MOD (Ministerio de Defensa, UK), dos proyectos de colaboración (EPSRC) con la Universidad de Cambridge (2002-2008) y uno con la Universidad de Lancaster (2003-2006)

Ha sido examinador externo de doctorados en las universidades: Cambridge, Imperial College, Southampton, Leeds, King College, Dublín, Manchester, Hull, York, Lancaster, Sussex, Hallam de Sheffield, Universidad de Mondragón (España), Universidad de Chile y Universidad de Santiago, etc. También ha sido examinador externo de cursos de enseñanza de pregrado y postgrado (máster) en varias universidades (Lancaster, Cranfield, Sussex, Aberty). Ha sido orador invitado y presidente de varios comités (IET, IEEE) nacionales/internacionales de conferencias, miembro del colegio EPSRC y evaluador de proyectos de investigación EPSRC (UK). Se ha desempeñado, además, como miembro de varios paneles de acreditación y control de calidad de la educación, ha dictado varios cursos sobre enseñanza y aprendizaje, metodología de investigación y sistema de mentor en las universidades de Staffordshire (UK), Santiago, Frontera y los Lagos (Chile). Ha dictado cursos de *Chanel Coding* por una semana en cada una de las siguientes universidades en China: *Beihang University* (Beijing), *Shang Hai Jiao Tong University* (Shanghai), *Huazhong University of Science and Technology* (Wuham). En Europa ha dictado cursos en el área de Ingeniería en las universidades de Mondragón y Valencia (España) y la Universidad Politécnica Toulouse (Francia). Actualmente es *Emeritus Professor* en la Universidad de Newcastle (UK) y *Professor* Visitante en la Universidad de Aston (UK)

**Luis A. Riveros Cornejo** es profesor de Estado de la Universidad Técnica del Estado y economista con estudios de licenciatura en Filosofía con mención en Historia. Obtuvo un Magíster en Ciencias con mención en Economía de la Universidad de Chile, y es también Máster y Doctor (PhD) en Economía de la Universidad de California en Berkeley. Fue becario de la Fundación Ford para sus estudios de doctorado.

Es autor de veinte libros, de setenta y cuatro artículos en Journals con Comité Editorial y de veintitrés capítulos incluidos en libros de otros autores. Sus temas de investigación y publicaciones se han centrado en temas de educación, macroeconomía, mercados laborales y distribución del ingreso. Ha sido distinguido por sus tempranas investigaciones sobre rentabilidad económica y social de la educación chilena y ha sido considerado internacionalmente como un experto en materias de mercado laboral y ajuste macroeconómico. Ha sido conferencista en foros tan importantes como DAVOS, la *Association of American Universities* y la *Association of European Universities*, además del Foro Internacional de Rectores en Sevilla. Ha sido director del Departamento de Economía y de la Escuela de Graduados de la Facultad de Economía y Negocios de la Universidad de Chile y dirigió el Panel Permanente sobre Coyuntura Económica de la Universidad de Chile en el período 1980–1984. También se desempeñó como Decano de la Facultad de Economía y Negocios entre 1994 y 1998, y ocupó el cargo de Rector de la Universidad de Chile por dos períodos consecutivos entre 1998 y 2006. Ha sido docente en las áreas de Economía y Administración, como también académico en el Instituto de Estudios Internacionales y la Facultad de Ciencias Sociales de la Universidad de Chile. Se desempeñó como investigador de la División de Ajuste Macroeconómico y en la División de Educación del Banco Mundial entre 1984 y 1990, participando en diversos programas en países como Costa Rica, México, Colombia, Perú, Nigeria, Filipinas, República Checa y Polonia, entre otros. Ha sido también miembro del directorio de IESALC-UNESCO y directivo de la Asociación de Universidades del Rim del Pacífico. También ha sido presidente del Consejo Latinoamericano de Escuelas de Administración (CLADEA) y Secretario Permanente de la Sociedad Econométrica Latinoamericana.

Actualmente es Decano de la Facultad de Economía, Gobierno y Comunicaciones de la Universidad Central, académico de la Universidad de Chile, presidente del Observatorio sobre Sostenibilidad del Desarrollo en el Departamento de Administración de la misma Facultad. Es profesor honorario y presidente del Consejo Consultivo Internacional de la Universidad Autónoma de Nuevo León, Monterrey (México), profesor de la Academia Superior de Estudios Policiales. Recientemente ha sido nominado miembro del Consejo Científico de la Fundación

Andrzej Dembicz de Varsovia (Polonia). Es miembro de número de la Academia Chilena de Ciencias Sociales, Políticas y Morales del Instituto de Chile y de la Sociedad Chilena de Historia y Geografía. Miembro correspondiente de las Academias de Ciencias Sociales de Colombia y Argentina. Es miembro honorario del Instituto O´higginiano de Chile, ha sido distinguido con la Orden Andrés Bello otorgada por el Gobierno de Venezuela, la Medalla de Honor entregada por el Gobierno de Polonia y la Membresía de Honor de la Academia de Ciencias de Rusia. También le han entregado diversas distinciones las Universidades Central de Venezuela, San Marcos de Lima, Córdoba de Argentina, Lille de Francia, entre otras. Ha sido también distinguido con la Condecoración Senado de la República de Chile por su destacado rol como académico nacional e internacional.

# Agradecimientos

Nuestro agradecimiento a la Editorial ExLibric por su fino trabajo editorial y, cómo no, a nuestras pacientes esposas, hijas e hijo, que nos apoyaron.

Quiero dar las gracias a todos los colegas, investigadores y estudiantes con los que he trabajado durante los últimos treinta y cinco años por toda la interacción con ellos (de los procesos enseñanza y aprendizaje e investigacion) en universidades e instituciones educativas y la industria en que se han moldeado de alguna manera el pensamiento educativo que se ha desarrollado en el Reino Unido, España y Chile.

Y a las universidades de Staffordshire y Newcastle (UK) por tener las oportunidades de trabajar, aprender las habilidades y experiencia de estos procesos educacionales y de investigación, ya que sin estos conocimientos no habría sido posible escribir este libro

Rolando Carrasco

Mi más sincero agradecimiento a la Universidad Central de Chile, por su patrocinio; a Víctor Sánchez por su contribución editorial sobre parte del texto; a Poly Calderón por su apoyo logístico, así como a muchos colegas por los numerosos comentarios que han aportado.

Luis Riveros

# Prefacio

Este libro se dirige especialmente a docentes y estudiantes de la educación superior, pero asimismo a docentes de la educación general y al público interesado en los procesos educativos. Los contenidos incluidos son el resultado de investigaciones y experiencias de los autores en materia de docencia en diversas universidades británicas y chilenas. El propósito es analizar los procesos de enseñanza y aprendizaje en la enseñanza británica y subrayar las buenas prácticas de esta que pueden contribuir a mejorar la excelencia académica y las metodologías en la educación, especialmente en el nivel superior. En muchas secciones los temas se tratan a un nivel muy introductorio y general, dado que este libro está también dirigido a quienes no tienen formación pedagógica especializada, sino una ligada solamente al ejercicio profesional. Lo fundamental para los autores es la importancia que debe adquirir una docencia de buena calidad como factor fundamental para elevar la excelencia formativa de la educación a todo nivel. Esto es especialmente importante cuando la educación, en gran parte de Latinoamérica y en todos sus niveles, ha sido retratada por muchas fuentes como una de baja calidad, y retrasada ante los retos de la sociedad del conocimiento digital. Las innovaciones y propuestas metodológicas en educación que se plantean en este libro, recogiendo la experiencia de uno de los mejores sistemas del mundo, el británico, han de ser muy útiles para el universo de académicos y estudiantes.

La educación enfrenta un singular reto en la actualidad, que es la necesidad de adaptarse a la nueva realidad digital. Por una parte, porque allí se encuentran los desafíos que como sociedad han de resolverse ante la disponibilidad de nuevas formas de comunicarse y enseñar y la necesidad de constituir, por ese medio, una educación más inclusiva y efectiva. Con los medios digitales disponibles, muchos más niños y jóvenes podrán acceder al conocimiento actualizado y a una debida formación, ampliando las oportunidades que tradicionalmente las sociedades han sido capaces de proveer. Por otra parte, porque la enseñanza misma tiene que considerar la nueva realidad digital que hoy día caracteriza no solo al mundo productivo, sino también al amplio espectro descrito por las relaciones sociales. La educación adquiere nuevas formas y nuevos roles que eran impensados hasta hace poco, pero que hoy día son el reto más efectivo y visible para la entrega y en función de los roles que las personas han de cumplir en la sociedad moderna.

El sistema de educación superior, en particular, requiere de un cambio de paradigma en vistas a su desarrollo, hasta ahora fuertemente ligado a la expansión de la demanda y una aplicación más bien simplista de criterios de mercado. La educación en general adolece de excelencia porque mayoritariamente la gestión y las finanzas han pasado a ocupar un lugar preeminente en el diseño y funcionamiento del sistema, dejando de lado el necesario continuo mejoramiento en metodologías. El deterioro acelerado del medioambiente, el apreciable cambio tecnológico y la digitalización, y la competencia que conlleva un mundo globalizado, entre otros factores, levantan retos de gran magnitud referidos a los contenidos y enfoques de la educación en términos generales, especialmente de la educación superior. Estas demandas deben ser atendidas efectivamente. Por una parte, prevalecen evidentes requerimientos por mayor calidad formativa y en la investigación, exigiendo ello profundas transformaciones e innovación en el hacer docente tradicional de las instituciones formadoras. Además, ha prevalecido una significativa expansión de la cobertura de la educación, que, primero como un fenómeno de interés político y luego como una realidad que necesita vincularse con el mundo social y productivo, requiere cambiar paradigmas en lo formativo y la adopción de nuevas estrategias docentes. A esto se suma la poca consideración acerca de la integralidad del sistema educativo, ya que la calidad de la educación superior depende crucialmente de la calidad de todo el sistema educacional, desde el nivel preescolar en adelante.

Las consideraciones anteriores implican la necesidad de grandes y profundas transformaciones en el apoyo académico a los estudiantes, mejorando las estrategias formativas y desarrollando nuevas formas de vinculación entre maestros y alumnos. También demanda un incremento de recursos para construir un verdadero y significativo clima educacional moderno, donde exista interacción de ideas en un mundo en que el conocimiento se encuentra todo en internet y se requiere una guía firme y experimentada para levantar las preguntas apropiadas y buscar en la masa de conocimiento existente las respuestas vigentes más relevantes. Y requerirá también cambios en las tradicionales estructuras de las universidades y nuevas estrategias para vincular activamente a la institución formativa con el medio social. La educación en los tiempos de enorme progreso tecnológico es más bien una actividad para buscar las preguntas más relevantes, mejor que para elaborar respuestas permanentes.

Para mejorar la educación se deben crear estándares nacionales con códigos de calidad, además de excelencia académica focalizada en los estudiantes. Se precisan estándares para cada uno de los niveles relevantes de la educación, estableciendo cuáles deben ser materia de consenso para así fijar estrategias educativas, diferenciadas ciertamente por los distintos proyectos prevalecientes a nivel de las instituciones. El desarrollo continuo y la capacitación sistemática del cuerpo docente es también factor clave para instalar una mentalidad de trabajo de equipo, desarrollar nuevas prácticas pedagógicas, promover la innovación e instaurar un sistema de mentor y tutor orientados a producir un proceso de enseñanza-aprendizaje efectivo, más personalizado y comprehensivo para los estudiantes. Creemos que el aumento de la excelencia, calidad y nuevas metodologías en la educación producirá un cambio paradigmático en el proceso económico y social de los países conduciendo a un desarrollo sustentable y autónomo.

De nuestras observaciones y experiencia docente hemos podido constatar los significativos contrastes entre un sistema de alta calidad como el británico, y el prevaleciente en la mayor parte de Latinoamérica. En esta se tiende a la práctica de una enseñanza ligada al pasado y no haciendo frente a los enormes retos actuales y futuros que precisan de un enfoque estratégico. La realidad del cambio digital que experimentan las sociedades actuales se encuentra dentro de los aspectos vitales para el diseño de una educación moderna, efectiva y actualizada. Dentro de las desventajas regionales, la inversión en investigación y desarrollo es ínfima en comparación a las universidades británicas y del mundo de la OECD, así también coartando el desarrollo académico y, por ende, la enseñanza que debe nutrirse de esta para su progreso en contenidos. Además, en los métodos de enseñanza todavía existen metodologías anquilosadas que impiden un desarrollo comprehensivo y actualizado del conocimiento y la mejor participación de los estudiantes en el proceso de conocer.

En el capítulo I presentamos una discusión general sobre el rol de la educación en una sociedad en cambio, planteando los requerimientos que ello impone en materia de estrategia formativa. Se reseñan también los retos que hoy debe enfrentar la educación, manifestados en el enorme avance tecnológico y las grandes tendencias en la ciencia y la tecnología, que demandan un sistema educativo de mayor calidad que los atienda y sustente. En general, se indica que el sistema educacional latinoamericano ha descuidado aspectos esenciales en materia formativa y se ha concentrado fuertemente solo en aquellos vinculados a la gestión y la dimensión financiera.

El capítulo II introduce algunos conceptos de la experiencia como académicos e investigadores de la enseñanza y el aprendizaje en UK. Aquí se describe el proceso para desarrollar un estándar educacional a nivel de país para cada nivel relevante, y muestra la importancia de las actividades, conocimientos y valores profesionales en dicho estándar de calidad. En este capítulo se explican y se contrastan diferentes puntos de vista del proceso de pensar y aprender para el estudiante. Por su parte, el capítulo III introduce conceptos y principios del desarrollo curricular, métodos de enseñanza y sistemas de evaluación para la enseñanza y el aprendizaje. Se discute acerca del proceso de evaluación y se presentan ejemplos de cómo diseñar y corregir apropiadamente un examen y brindar adecuada retroalimentación. El capítulo IV incluye elementos sobre las prácticas efectivas para enseñar, la importancia del trabajo en equipo, destacando la forma adecuada de llevar una clase y la importancia del desarrollo y evaluación profesional de los académicos y no académicos. También aquí se mencionan los recursos de apoyo, la evaluación y desarrollo de proyectos durante los estudios y el proyecto final de la carrera para los estudiantes de pregrado.

El capítulo V intenta esbozar un contraste de acuerdo a la experiencia de los autores entre universidades británicas y chilenas. Más allá de los recursos y de los sistemas de financiamiento, se quiere destacar el gran contraste en términos del retraso de la educación latinoamericana, en general, en materias pedagógicas y docentes y la necesidad de un cambio en la visión sobre la docencia como palanca fundamental para elevar permanentemente la calidad del sistema. El capítulo VI se refiere a la enseñanza *online*, y discute los cuatro elementos clásicos del diseño instruccional: efectividad, eficiencia, atractivo y buen control de la calidad, que pueden encontrarse en tensión en el desenvolvimiento de este sistema de enseñanza; se indica que solo una buena retroalimentación puede atender adecuadamente los objetivos de logro por parte de los estudiantes. El capítulo VII describe los desafíos e impacto de la automatización y tecnología digital en el proceso de enseñanza-aprendizaje. Este capítulo considera la importancia de comprender y visualizar la potencialidad de la inteligencia artificial en el mundo académico, en el desarrollo de la evaluación, desarrollo curricular, replantear los roles de los educadores y modernización de la gestión y organización de las instituciones. El capítulo VIII presenta el objetivo, diseño, filosofía, contenido y metodología de la investigación y supervisión del postgrado. Aquí se explican las sucesivas etapas referentes a cómo diseñar un proyecto de investigación y cómo supervisar a estudiantes de postgrado (doctorados) y sus responsabilidades. Finalmente, el capítulo IX explora la importancia, desarrollo e impacto del sistema de mentor para los nuevos académicos e investigadores. Este capítulo considera cómo debe implementarse el proceso del mentor/*mentee* y el valor que tiene para el desarrollo académico y la investigación.

# CAPÍTULO I

# Cambios en la sociedad y retos para configurar una estrategia educativa

## Introducción

La cultura y la educación son componentes esenciales del patrimonio humano. No son entidades conceptuales abstractas, sino fenómenos concretos que tienen características propias y que cambian de sociedad en sociedad de acuerdo con coordenadas históricas y espaciales. La educación actúa como el vehículo dinámico y transformador a través del cual se transmiten los patrimonios culturales, las tradiciones y las pautas axiológicas predominantes (Freire 1979). A este propósito, Emile Durkheim propone instrumentos objetivos como la estadística para analizar los fenómenos sociales y plantea que la educación es un proceso de socialización metódica de la generación joven «que perpetúa y refuerza la homogeneidad social fijando *a priori* en el alma del niño las semejanzas esenciales que impone la vida colectiva» (Durkheim 1976). Por su parte, Immanuel Kant (2004) nos ha dicho que la finalidad de la educación es desarrollar en cada individuo toda la perfección que cabe dentro de sus posibilidades. Perfeccionamiento individual y modelación social son dos elementos importantes en la conformación de un sistema educacional.

La educación es la herramienta más poderosa de transmisión de la cultura predominante en las sociedades y como tal juega un rol clave en modelar los paradigmas culturales y sociales de los colectivos humanos. Indiscutiblemente, la cultura es un fenómeno social (Burnett Tylor 1871, Benedict 1934, Linton 1936, Harris 1979) que al igual que la educación ocurre a partir de la existencia de un grupo organizado de individuos que componen la sociedad. Por lo tanto, la cultura y la educación no pueden ocurrir como fenómenos desvinculados de la sociedad y es por esa razón que el cambio social necesita de un permanente rediseño del instrumento educacional justamente para facilitar la integración del individuo al cambiante marco de sociedad. Este es, por ejemplo, el caso del trascendental cambio hacia una sociedad digital, que actualmente desafía al mundo y que modela nuevos comportamientos y culturas. La educación, como vehículo dinámico y transformador a través del cual se transmiten los patrimonios culturales, las tradiciones y las pautas axiológicas predominantes, debe considerar a dicho cambio como un factor determinante de su hacer. El cambio hacia nuevos métodos de producción variables y sustentables no es solo un problema de adopción de mejores tecnologías, ya que implica en sí mismo un proceso consciente de cambios de comportamientos culturales y hábitos sociales coherentes con la adopción de saberes y tecnologías modernas. La educación es la herramienta más poderosa de transmisión cultural que predomina en cualquier sociedad y por tanto juega un rol importantísimo en modelar los paradigmas culturales y sociales de los colectivos sociales. Por ello, la educación es un factor vital en la adopción y proyección del cambio digital en curso.

El desarrollo, concebido integralmente, es un proceso que necesariamente está mediado por procesos educativos, los cuales permiten adaptar nuevas formas productivas que faciliten mayor eficiencia en el trabajo y creen una visión colectiva integradora de saberes y conductas. Más allá de eso, toda vez que el desarrollo condiciona una cierta evolución en mentalidades y afán de cambio, la educación se transforma en un agente dinámico que sustenta y alimenta el proceso de cambio social asociado al progreso económico. Por esa razón, y provisto el dinámico mundo que despliega la actividad económica y productiva, es hoy día necesaria una educación que en forma continua se renueve en materia de contenidos y aplicaciones, y que por ello debe promover en forma activa la innovación como instrumento de base que sirva a la sociedad para reaccionar proactivamente ante las necesidades del medio laboral y productivo. Más allá de eso, la educación debe proveer las bases para una transformación social constructiva, en que los beneficios del crecimiento económico puedan repartirse de modo más equitativo. Sin embargo, a pesar de los cambios significativos en materia de gestión y financiamiento, y ante el impacto de la globalización, Chile por ejemplo (nación emblemática en vistas a resultados económicos y financieros) no ha producido sistemas educacionales flexibles, innovadores y de calidad que reconozcan la necesidad de encauzar debidamente su desenvolvimiento como un factor del bien común. Este es el caso de los países latinoamericanos y subdesarrollados en general. Los estados han ido dejando de lado su necesario rol arbitrador y regulador en el proceso educacional, en el sentido más trascendental del concepto, como lo prueba el desarrollo experimentado por la educación superior y universitaria a partir de la década de 1980. «Por un lado el país que deja el siglo XX [...] es un país desencontrado, incapaz su clase política de actuar con visión y generosidad y tendiente a volver repetidamente a un pasado de dolor pero carente de toda proyección en el campo de las lecciones a extraer [...]. La crisis de los valores que ha caracterizado a Chile en los años finales del siglo ha caminado de la mano de un claro descuido respecto de la educación y de una pobre transmisión de las experiencias y conocimiento en forma intergeneracional» (Riveros 2012). Casi una década después de esta afirmación, Chile se constituye en un claro ejemplo de los países que no han salido de ese estado de inacción, y que han abordado de manera muy insatisfactoria la necesidad de modernizar la educación, especialmente en su ámbito superior[1]. El caso latinoamericano no difiere sensiblemente de esta experiencia.

## La necesidad de un cambio en la educación

Las teorías pedagógicas y las prácticas educacionales contemporáneas, por su parte, han fallado en considerar que los procesos de cambio en la productividad necesitan del concurso informado y consciente de las mayorías imbuidas de una praxis constructiva, reflexiva, crítica y contextualizada (Dewey 1930). Aunque parece haber mucha creatividad en las corrientes teóricas pedagógicas y la aceptación de métodos constructivistas integrados a partir de las reformas educacionales (Lev Vygotsky, Luria, Coll y otros 1979), los métodos tradicionales y carentes

---

1 Sin embargo, las cosas han estado cambiando positivamente. En Chile, por ejemplo, una reciente reforma legal ha instituido el Sistema Nacional de Aseguramiento de la Calidad, que ha permitido instaurar una serie de importantes regulaciones al desarrollo de la educación superior. En general, Latinoamérica ha actuado en similar dirección, fortaleciendo los mecanismos regulatorios y poniendo énfasis en el aseguramiento de la calidad.

de innovación verdadera junto a estilos pedagógicos obsoletos siguen prevaleciendo en la práctica docente, postergando una modernización necesaria en el sistema educacional como un conjunto, y en la educación superior en particular. El paradigma educacional contemporáneo tiene que reconocer el cambio que se ha producido a partir de la globalización económica, social y comunicacional producida en la sociedad mundial con el advenimiento de las tecnologías digitales. Y tiene que integrar una nueva realidad social en los métodos de enseñanza, así como en los propios objetivos de la educación. Esta es aún una tarea pendiente con relación a la educación superior latinoamericana.

A partir de las aceleradas transformaciones económicas, sociales, culturales y políticas de comienzos de siglo, la sociedad contemporánea está atravesando por procesos caracterizados por la globalización; la aguda transnacionalización y concentración del capital; la emergencia de movimientos nacionalistas y de amplias reivindicaciones sociales; la afirmación de identidades étnicas y culturales; el desarrollo más amplio de una conciencia de los derechos de género; la dinámica de una conciencia ecológica a escala mundial, y la fuerte presencia de movimientos migratorios a través de países y continentes, entre otros fenómenos. Estos elementos deben ser parte del proceso de rediseño permanente de la educación, no solamente desde el punto de vista de los contenidos, sino también de las propias estrategias educativas.

Las transformaciones que han ocurrido en los últimos cuarenta años en el mundo han producido un cambio sustancial en los procesos de producción, apropiación del conocimiento, ritmos de desarrollo económico-social y ejes valóricos y éticos. Estos pueden sintetizarse de la siguiente manera:

1. La globalización de la economía no solo supone un cambio de énfasis en los procesos productivos sino un cambio cualitativo en las relaciones sociales, culturales y educativas de los agentes sociales que hacen posible este proceso.

2. Los ritmos de desarrollo económico y social continúan siendo discriminatorios y desiguales en las diferentes áreas geográficas del mundo con un «tercer mundo» aportando recursos naturales, mano de obra barata y explotada, y generando riqueza para los países más desarrollados.

3. La democracia occidental no ha sido capaz de generar una participación más amplia y plena en los niveles de decisión. Esto plantea una crítica sustancial al carácter y naturaleza del concepto de democracia de la sociedad en que estamos viviendo, conduciendo a requerir nuevas formas de participación ciudadana, no solo las indirectas representadas por el voto popular.

4. Las teorías pedagógicas, prácticas educacionales y didácticas contemporáneas no han considerado que los procesos de cambios productivos necesitan del concurso informado y consciente de mayorías imbuidas de una praxis educativa crítica, reflexiva y contextualizada (Dewey 1930). Los métodos tradicionales son carentes de innovación y junto a estilos pedagógicos anquilosados siguen prevaleciendo en las prácticas docentes.

5. Las sociedades presentes están caracterizadas por un proceso migratorio masivo hacia las sociedades metropolitanas dominantes, lo que ha producido un fenómeno antes no observado: la constitución de sociedades multiétnicas, poliparlantes y plurireligiosas (Skellington, y Rex Hall 1996), dando origen a las contradicciones y la diversidad cultural presente.

6. La diversidad cultural presente en la sociedad constituye un desafío imponente para las teorías y prácticas educacionales del siglo XXI, las que deben responder proponiendo nuevos métodos y prácticas capaces de integrar armónicamente todos los estamentos sociales, económicos y culturales (de género, religiosos y raciales) desde una inédita perspectiva igualitaria, antidiscriminatoria e integradora que genere amplias oportunidades educacionales y laborales para estas comunidades.

7. Corresponde entonces proponer alternativas viables de desarrollo social, económico y educacional en prácticas y teorías para este mundo que aceleradamente cambia su carácter y naturaleza. Este es, entonces, el magno desafío que nos plantean estos inicios del siglo XXI.

## El reto que impone el cambio tecnológico

Los incesantes y sostenidos cambios científicos y tecnológicos que se están produciendo en la sociedad contemporánea traen consigo transformaciones insospechadas en ámbitos como la educación, la economía y la cultura. La velocidad del cambio científico y tecnológico es tal que la cultura y la educación a menudo no han podido adecuarse al mismo ritmo y experimentan obsolescencia con respecto a estos. La cultura y la educación que permean a una sociedad deben necesariamente adecuarse a estos cambios vertiginosos a través de un esfuerzo activo y consciente de la sociedad y sus entes educacionales para así evitar quedarse retrasadas, so pena de impedir el progreso y el avance socioeconómico de esta. Más aún, considerando el carácter endógeno que adquieren las transformaciones en el terreno digital, la educación pasa también a convertirse en un importante factor dinamizante de estas.

Los fenómenos sociales que ocurren en una sociedad siempre preceden a los marcos jurídicos y legales que esta sociedad instala para que sus instituciones y quehaceres no permanezcan así desfasados con respecto a aquellos. Dicho en otros términos, las transformaciones y la velocidad con que estas suceden en la sociedad aumentan en forma geométrica mientras que la educación y la cultura lo hacen en proporción aritmética y, por tanto, tardan en adecuarse a la dinámica de dichos cambios. El gran reto es acortar la distancia entre el cambio educacional y las transformaciones tecnológicas que le anteceden y retan.

Los cambios que operan en la sociedad son permanentes, sostenidos y continuos aunque no siempre podemos percibirlos de esta manera. Ergo, las transformaciones educacionales y metodológicas deben ser también continuas y sostenidas. Además, la investigación y el proceso de construcción del conocimiento en Latinoamérica, en general, se encuentran desfasados y retrasados en décadas con respecto a los avances de la investigación a nivel mundial. Esto se debe en gran medida a la escasa preocupación de la política pública en una materia tan trascendental. Por esa razón también, las transformaciones educacionales son más lentas comparativamente al mundo desarrollado.

La docencia debería nutrirse y ser un producto de los avances de la investigación para así reforzar el conocimiento que debe construirse (y no solo repetirse) en el aula. Pero, al parecer, los incentivos son aún insuficientes y son pocos los académicos universitarios que se dedican a crear conocimiento nuevo. Es más, desgraciadamente existen muchos profesores que se dedican a repetir conocimientos ya construidos en las investigaciones de otros colegas que usualmente ya han devenido en obsoletos. Así, el conocimiento inédito no crece ni se enriquece en las universidades latinoamericanas (con muy honrosas excepciones), sino que se convierte en meras repeticiones de científicos europeos o norteamericanos sin que se conviertan en nuevos conocimientos para la academia nacional. Quizá un paliativo sería considerar descubrimientos científicos de los países euroasiáticos como Japón, Corea, China y Rusia. En cualquier caso, esto incide grandemente en el proceso del pensar y el reflexionar para construir una nueva actitud en el aprendizaje y una nueva metodología en el proceso de enseñanza que conlleve la producción de un conocimiento inédito en la academia chilena y evite la repetición y el plagio.

## La educación debe reflejar el ritmo de cambio social

Hasta ahora los paradigmas educacionales actuales no han considerado en su totalidad los cambios que se han producido en las esferas de lo social y cultural de la sociedad latinoamericana y están en un estado muy embrionario. De acuerdo a Durkheim (1976), la educación debería ser un concepto «que perpetúa y refuerza la homogeneidad social fijando *a priori* en el alma del niño las semejanzas esenciales que impone la vida colectiva». Pero la educación también debería transformarse en un ente poseedor de una perspectiva histórica crítica cuya esencia y rol sería convertirse en una herramienta poderosa de liberación humana como lo plantea Freire (1969) en uno de sus trabajos seminales.

Hasta ahora los paradigmas educacionales claramente no se han adecuado a las transformaciones operadas en el marco social y cultural de las sociedades latinoamericanas, como insistiremos más adelante. Especialmente evidente se hace esta aseveración en las esferas de lo multicultural, la aceptación de la diversidad cultural, de género, étnica, de clase y de la discapacidad. Esto también se refleja en la estructura de la sociedad, cuya lenta dinámica y la existencia de estereotipos impiden la adecuación de esta a una concepción más fluida e igualitaria de los estratos sociales que la componen.

Lo anterior debería necesariamente reflejarse en los comportamientos sociales y culturales, situación que no aparece evidente. Sin duda, la influencia de los medios de comunicación de masas también tiene gran parte de responsabilidad por este hecho debido a su carencia de veracidad, distorsión de la realidad y énfasis en hechos sensacionalistas, todo ello debido a los incentivos que proporciona la comercialización de sus espacios. Estas innovaciones e incorporación de nuevos paradigmas educacionales deberían producirse a partir de la educación prebásica, básica, continuar en la educación media y consolidarse en la educación superior. Esto claramente debe replicarse en el caso del avance hacia la sociedad digital, ahora impulsada fuertemente por las condiciones sanitarias prevalecientes en el año 2020 y siguientes.

Algunos enfoques educacionales que deberían ser explorados en la educación latinoamericana, por ejemplo, serían el enfoque del «entendimiento cultural» que privilegia una educación basada en la necesidad de saber acerca de las diferencias culturales para aprender a conocer esta desde su comprensión y conocimiento más profundo. De otro lado, el enfoque del «pluralismo cultural» emerge como una clara oposición de las minorías étnicas a los procesos de aculturación o asimilación. El rol de este enfoque consiste en que la escuela sería un instrumento de formación para preservar y extender el pluralismo cultural. Por su parte, el enfoque de «educación bicultural» plantea que la educación multicultural debiera producir sujetos competentes en dos o más culturas diferentes.

El enfoque de la «educación como transformación» plantea y privilegia el desarrollo de una consciencia cultural y de las condiciones socioeconómicas que apuntan a capacitar a los miembros de las comunidades étnicas para la ejecución de acciones sociales basadas en la comprensión crítica de la sociedad. En todos los países en desarrollo, en general, resulta evidente la necesidad de articular políticas educacionales que sean capaces de dar cuenta de la complejidad y diversidad que existe en la sociedad. Pero, asimismo, se hace evidente la necesidad de una nueva mirada innovativa sobre la acción educativa que considere nuevas metodologías y, ciertamente, un nuevo y más dinámico diseño curricular para que los contenidos de la educación reflejen efectivamente las prioridades y necesidades de la sociedad.

## Educación y desarrollo económico

El desarrollo económico, para que se constituya más allá del concepto del crecimiento del PIB, tiene mucho que ver con la necesidad de incorporar más inteligencia a la actividad productiva, especialmente en la industria exportadora. Por eso se dice que es necesario promover una economía basada en la creación y aplicación de nuevo conocimiento, en lo cual la ciencia, la ingeniería y la tecnología son imprescindibles en orden a crear nuevas ideas, realizar investigación e innovación y así proporcionar una base de productos, procesos y servicios. En consecuencia, la formación de científicos e ingenieros resulta ser imprescindible, como también el desarrollo acorde de las ciencias humanas y sociales y la preparación de emprendedores para sacar el mayor provecho de las oportunidades creadas. Por esa razón los países latinoamericanos, en general, necesitan una profunda transformación de la educación superior para cumplir con esta tarea, lo cual requiere una mirada estratégica y un desarrollo de la docencia más allá de los cánones tradicionales referidos a la formación profesional disciplinaria.

Ejemplificamos con el caso chileno una experiencia que se generaliza a nivel latinoamericano con posterioridad a los años 80: el enorme esfuerzo empleado en expandir la matrícula (cobertura) de la educación superior. Eso ciertamente respondía a la necesidad de incorporar a la educación superior un alto porcentaje de la población en el rango de edad 18–24 años, que tradicionalmente se había mantenido fuera del sistema. Se diagnosticó que el problema, que representa una mala distribución del ingreso en estos países, podía abordarse con mayores oportunidades de estudios superiores. Y el gran esfuerzo de los recursos públicos (y también privados) estuvieron enmarcados en este ánimo de política, dejando de lado el necesario énfasis en la modernización de la educación superior, y los retos sobre calidad que se mantienen pendientes a pesar de los innumerables problemas que las sociedades de estos países enfrentan en esta materia. Se ha perdido de vista que el desarrollo que necesitan los países en el campo económico y social depende crucialmente de la modernización productiva, especialmente de la incorporación de inteligencia a la producción, tarea en la que la educación superior debiera desempeñar un rol de primera línea.

Observando el caso latinoamericano, es necesario considerar que, después de alrededor de dos siglos de independencia de sus principales clientes imperiales (España y Portugal), los países siguen en su papel de exportadores de materias primas que poco o nada adicionan de valor agregado. Es cierto que países como México y Brasil han adelantado en producción industrial, esto es de productos elaborados que han requerido mayor sofisticación productiva, pero en lo esencial su balanza de pagos depende esencialmente de la exportación de productos primarios, y así también la estructura de ingresos y empleo a la que accede la población. En general, prevalece la ausencia de «integración vertical», consistente en el desarrollo de cadenas productivas que incorporen valor agregado a los productos básicos para convertirlos en productos de mayor valor. En la actualidad, por ejemplo, se discute en el caso de Chile el destino que se desea para la emergente industria del litio, que requiere una significativa inversión en los aspectos físicos y humanos para elaborar baterías en base a litio, y no ser simples productores de una materia prima esencial para el mundo del siglo XXI. Aquí se requiere no solo de ingentes recursos monetarios, sino también del factor humano preparado para lidiar con las complejas materias tecnológicas de una producción avanzada, además de gestionar adecuadamente una industria compleja y desafiante. Aquí reside el reto más trascendental para la educación en general, y para la educación superior en particular. Ningún enfoque ideológico se ha hecho cargo de esta importante materia, y así se han pospuesto los necesarios cambios en la educación superior, convirtiendo a una eventual fortaleza (la existencia del recurso básico) en una debilidad (envío del mismo al exterior para terminar adquiriendo de vuelta el producto elaborado).

Prevalece en el continente una cierta «mentalidad minera» que se puede definir como «sacar los recursos sin poner o invertir». Esta mentalidad, que se aplica a todo el campo productivo de recursos naturales (minería, agricultura, pesca, madera, etc.), consiste en seguir sacando los recursos primarios, sin tampoco considerar los daños colaterales, la sostenibilidad ambiental y financiera, y sin invertir en integración vertical.

La «mentalidad colonialista», por su parte, consiste en la facilidad de hacer lo mismo de siempre, a través de los años, porque ello produce rentas de corto plazo y no envuelve grandes complejidades en materia tecnológica y productiva. En combinación, estas dos mentalidades resultan en una dependencia de la explotación de las materias primarias, hasta que las mismas se agotan o quienes las compran encuentren otra fuente, o incluso descubran una manera de prescindir de ellas[2].

En los países en desarrollo, en general, prevalece además una escasa inversión en Investigación y Desarrollo (I+D), lo cual lleva asociado el escaso énfasis en investigación básica y aplicada, y la poca atención al sistema de educación superior en materias formativas, especialmente a nivel del postgrado, y de investigación e innovación. En el promedio, estos países dedican un 0.8 % de su Producto Interno Bruto (PIB) a I+D, lo que contrasta notoriamente con el 2.66 % que dedican anualmente a este rubro los países de mayor nivel de ingreso. Los países más avanzados en Latinoamérica desde el punto de vista de su producción industrial son Brasil y México, cuya inversión en I+D es de 1.15 % y 0.9 % del PIB, respectivamente, mientras que en Chile alcanza a solo 0.4 %, en Argentina a 0.6 % y en Perú a 0.1 % (!). En gran parte debido a esta falta de énfasis en el desarrollo de nuevo conocimiento, los países latinoamericanos exportan solo un 12 % de su PIB en manufacturas, siendo el resto esencialmente materias primas. Caso contrario al de los países de mayor nivel de ingreso en el mundo que como Corea, Suecia, China, Japón y Alemania, observan una inversión en I+D de 4.3 %, 3.2 %, 2.1 %, 3.5 % y 2.9 % del PIB respectivamente. De aquí también deriva el escaso desarrollo del sistema universitario en Latinoamérica, especialmente verificado en aquellos *rankings* que ponderan fuertemente la investigación publicada. Así, por ejemplo, el *ranking* ARWU, de la *Jia Tong University* de Shanghai, revela que dentro de las quinientas mejores universidades en el mundo, están presente solo once latinoamericanas (siete brasileras y cuatro de habla hispana).

Otras consecuencias de la «mentalidad minera» es la concentración de la riqueza, sin dar cuenta de los daños medioambientales y los beneficios

---

2　El caso del salitre chileno en la década de 1930, desplazado de los mercados mundiales a raíz de un sustituto alemán, proporciona un dramático ejemplo de los efectos económicos y sociales de la aparición de un sustituto de menor costo.

a largo plazo de una mayor diversificación productiva. En Chile, el 60 % de las exportaciones corresponden a productos de la minería, ya que los costos de la mano de obra y los costes de la operación (sobre todo los de Salud y Seguridad) son bajos, hay poco incentivo para automatizar la minería. La creación de productos nuevos también está limitada, como ya se ha ejemplificado con el caso del litio chileno.

Para lograr una economía basada en el conocimiento hay que desarrollar una «base científica» que represente la materia prima (potencialmente inagotable) de la innovación. La base científica se encuentra en las universidades dedicadas a la investigación en ciencias e ingeniería, como así también en el desarrollo de las ciencias del *management* y sociales y humanas, dado que el desarrollo industrial tiene fuertes implicancias en el campo del empleo, la capacitación y la educación permanente. Para conseguir una prosperidad duradera, hace falta cambios profundos de mentalidad, y pensamiento más estratégico sobre lo que ocurra cuando ya no queden recursos naturales. En ese sentido, la docencia universitaria y las tareas de investigación y desarrollo son ingredientes fundamentales en la transformación de la economía y la sociedad.

## El papel de la ciencia y el sistema educativo

La ciencia es el conocimiento sistemático de lo físico o material del mundo a través de la observación y la experimentación. La ciencia suministra métodos y procesos donde esta comprensión del mundo es acumulada, codificada y comunicada. La ciencia no prueba nada ya que el «método científico» solo puede «desaprobar» la hipótesis. Lo que proporciona la ciencia es evidencia a propósito de los fenómenos físicos y materiales y, a través del proceso de la experimentación y la acumulación de evidencia, desarrolla conocimiento y entendimiento del mundo físico. Esta observación constituye el primer elemento en la construcción de una economía de conocimiento, ya que los que trabajan en ella deben saber los límites de la ciencia y manejar la incertidumbre que acompaña el método.

El segundo elemento es el provecho económico de la ciencia a través de la ingeniería y tecnología, que toman teorías y evidencias científicas y las convierten en productos que tienen utilidad y valor de mercado. En el caso chileno actual la tecnología se usa en la extracción de los recursos naturales, en la línea de lo que hemos llamado la mentalidad minera, lo que le diferencia del resto del mundo desarrollado, donde la tecnología se orienta a incorporar mayor valor a la producción por medio de la integración industrial. De este modo, en muchos países la tecnología se usa en la agregación de valor a la economía a través de productos innovadores. El método científico consiste en probar teorías tratando de romperlas. Si la teoría sobrevive la experimentación por una robusta metodología, es evidencia de la validez que la ingeniería puede convertir en productos y producción.

Para crear (o más bien ampliar) la base científica de un país es indispensable considerar la formación de los profesionales y posgraduados en la educación superior y verificar la calidad del sistema y la metodología que envuelve dicha formación. La educación superior científica de Latinoamérica, y de Chile en particular, sigue en general modelos tradicionales basados primordialmente en teorías que, aunque tengan sus méritos, no reconocen que la práctica y experimentación son imprescindibles. Aquí ciertamente incide la limitante de recursos para laboratorios y materiales de investigación, que se denota frente a un creciente número de estudiantes que se privilegia como objeto de la política pública destinada a favorecer una mayor cobertura. La educación científica en Chile requiere un mejor balance entre la teoría y la práctica en el proceso de enseñanza y aprendizaje; sin experimentación y aplicación sufre el entendimiento de la teoría. Solo con ella puede el aprendiz comprender, aplicar y analizar/sintetizar profundamente los conceptos teóricos científicos y de ingeniería, y así crear y diseñar nuevos productos y sistemas. De entrada, lo que hace falta considerar en los sistemas de educación superior en Latinoamérica son los recursos requeridos para el desarrollo de científicos y tecnólogos, además de una enseñanza activa en creatividad e innovación. En los países en desarrollo hay una falta de recursos e instalaciones de laboratorios en las universidades, y falta de considerar otras experiencias para reconocer que se está en un mundo globalizado de enseñanza[3]. Para formar científicos ingenieros de alto nivel (y así poder

---

3    or ejemplo, en una visita de académicos de las universidades Staffordshire y Newcastle (UK) a laboratorios de universidades chilenas pudieron observar y evaluar los laboratorios de enseñanza y aprendizaje en ciencia e ingeniería. Después de la visita, las opiniones y conclusiones

crear una economía del conocimiento) es fundamental tener los recursos necesarios para incorporar los más actualizados desarrollos científicos y tecnológicos.

Respecto a la materia de enseñanza, el conocimiento del emprendimiento es una importante y necesaria adición al currículo universitario. El emprendimiento se define como el diseño, lanzamiento y mantenimiento en marcha de un negocio nuevo, el cual típicamente comienza como una empresa pequeña, y la gente que crea el negocio ofreciendo un producto, proceso o servicio para venta o arriendo llamada «emprendedores». En el Reino Unido y Europa existe a nivel nacional y regional agencias de desarrollo de pequeñas empresas con funciones de apoyar la creación de negocios nuevos, basados en oportunidades regionales para llenar los vacíos en el mercado local. Además, si los resultados de un proyecto de investigación en una universidad tienen la potencialidad de crear productos, procesos y servicios nuevos, los investigadores pueden elaborar un plan de negocio para crear una pequeña empresa. Existe la posibilidad de la participación de financiamiento de una empresa privada, bancos, la universidad y el gobierno local. Puede además, dar lugar a una patente, pero en este campo también Latinoamérica se encuentra en general muy rezagada en cuanto a la debida protección de la propiedad intelectual, convirtiéndose ello en un serio desincentivo al emprendimiento y la investigación. Por otro lado, el acceso a laboratorios universitarios y su instrumentación por parte de empresas privadas sirve como prueba del valor de inversión en equipo y del aprendizaje para empleados de la empresa. Así crea puestos de trabajo para recién doctorados, como emprendedores de empresas o empleados de los mismos.

Otras iniciativas incluyen los *Teaching Company Schemes (TCS)* implementados por un departamento de Tecnología e Innovación[4], que consiste en formar una colaboración entre las universidades y empresas locales. Se trata de mejorar e introducir innovaciones en los productos de una empresa, cuyos recursos financieros son limitados. Se unen así

---

de los académicos fueron categóricas: la mayoría de los laboratorios visitados en Chile eran «museos».

4   Uno de los autores de este libro supervisó y administró 12 TCS Innovación en su calidad de académico en una universidad británica.

expertos de la academia con la empresa para mejorar o desarrollar productos nuevos, adiestrar empleados de la empresa a través de programas de postgrados u otras calificaciones académicas. Este esquema requiere el desarrollo de planes de negocio, financiamiento y administración del proyecto; en el caso de UK, el gobierno proporcionaba hasta el 60 % de los fondos. La iniciativa ya está superada por los *Knowledge Transfer Partnerships (KTP* —Sociedades de Transferencia de Conocimiento—). En la misma línea, en el caso chileno se ha dado lugar a las «incubadoras de empresas» que auspician el desenvolvimiento de la colaboración universidad-empresa.

Dentro de las facultades universitarias en UK existen oficinas que manejan los *TCSs, KTPs* y las otras facilidades para obtener fondos gubernamentales o privados. Estos fondos, además de proporcionar asistencia a las empresas, también se usan para mejorar el equipamiento de los laboratorios universitarios. Así, la actividad empresarial aporta beneficios a largo plazo para las universidades. Debe hacerse notar también que la administración de la universidad está orientada a conseguir fondos y apoyar compañías en su entorno local. En Chile, por ejemplo, la creación del Consejo Nacional de Innovación para la Productividad (con la participación de entidades estatales de promoción de la inversión, investigación y desarrollo empresarial Corfo, Conicyt, Fondef y GoToMarker) manifiesta el intento de contratar científicos e ingenieros, para agregar valor (a corto y largo plazo) a los recursos primarios de exportación actual. Otros esfuerzos similares en países latinoamericanos han tenido lugar, pero también con limitados alcances y generalmente excluyendo a las universidades. Para mejorar el bienestar de los países, se requiere una visión más amplia, en que se conciba la posibilidad de crear valor de ideas y conocimiento, como lo tienen países como los de Europa, donde hay escasez relativa de recursos naturales (comparado con Chile) y no queda otro remedio que desarrollar tecnología, maquinaria inteligente, automatización de los medios de producción y servicios y crear conocimiento para poder crear empleo y bienestar a sus ciudadanos. Eso representa un ejemplo para ampliar en Latinoamérica, donde no se encuentran muestras de semejante innovación en la agregación de recursos naturales de exportación casi sin tratamiento, limitando el desarrollo del país y las oportunidades de empleo para científicos e ingenieros en puestos dignos de una buena formación.

## La creatividad y la innovación

Otra carencia en la educación en general es la enseñanza de la creatividad. Esta se define como la capacidad de generar nuevas ideas o conceptos, y de nuevas asociaciones entre ideas y conceptos conocidos habitualmente para producir soluciones originales. La creatividad es sinónimo del pensamiento original, y si se aspira a tener una sociedad más inteligente y basada en el conocimiento, se debe tener profesionales que estén dispuestos a aportar nuevas ideas y crear valor agregado a los recursos naturales; desde este punto de vista, es necesario pensar como científico e ingeniero para así resolver problemas. En los países menos desarrollados, que cuentan con sistemas educativos metodológicamente retrasados, la creatividad se inhibe puesto que a los estudiantes se les fuerza a la repetición de fórmulas y contenidos (memorizar contenidos sin comprender profundamente sus alcances es algo muy negativo para el aprendiz), aun cuando los currículos se diga que están orientados a la formación por competencias. La creatividad en conjunto con la innovación intercala en el entorno empresarial. A medida que los mercados se hacen competitivos, estos elementos toman un papel protagónico para desarrollar ventajas competitivas para mantener posición en el mercado y el éxito. La creatividad se caracteriza por la capacidad de descubrir/inventar procesos nuevos, encontrar patrones ocultos, hacer conexión entre fenómenos aparentemente no relacionados y así generar soluciones.

La innovación es fundamental en una sociedad de conocimiento. Esta desarrolla la implementación de ideas en nuevos o mejores productos, servicios o procesos existentes, que crea valor para los negocios, la salud, la educación, la sociedad y los gobiernos. Hoy en día se dice que hay dos tipos de innovación. La primera es la innovación sostenedora, que quiere decir que una empresa realiza desarrollos en productos que ya tienen, para clientes que ya existen y que tienen un mercado y un modelo de negocio ya establecidos. Por otra parte, existe la innovación disruptiva (Christensen & Bower 1995), la cual se produce cuando una empresa lanza un producto o servicio con tales características que genera un nuevo nicho de mercado y nuevos clientes[5]. Una economía de conocimiento, basada en la innovación y los emprendedores estimula fuertemente la educación, el desarrollo tecnológico y la investigación científica.

Un grave problema es cuando un sistema educacional, a cualquier nivel que sea, inhibe esa capacidad de innovar para transformar el hacer y el producto educativo. Muchas veces se castiga la innovación a raíz de programas o sistemas de acreditación de calidad que ciertamente ponen barreras infranqueables para hacer cambios. Lo que se necesita es una manera de evaluar adecuadamente dichos cambios, sus perspectivas de alcanzar transformaciones importantes y relevantes en el producto de la educación. Pero no prohibirlos o censurarlos, porque ello inhibe lo más importante para un sistema educativo que es su capacidad de innovar en estructuras, metodologías y contenidos.

El término «innovación» (Gross. B, Lara 2009), sin duda, es una palabra de moda, se utiliza de forma muy diferente y adquiere múltiples significados según el contexto. En el mundo de la empresa, de las universidades y de las organizaciones, se está usando de forma constante como un elemento de valor y de diferenciación. Por ello, nos parece necesario situar el propio concepto de innovación y establecer el sentido que le otorgamos dentro del contexto universitario. Dicho concepto ha evolucionado con el pasaje de la sociedad industrial a la sociedad de la información. El modelo de innovación asociado a la industria se ha basado en un esquema cerrado en el que el proceso de innovar estaba monopolizado por la empresa. Apenas existía comunicación con el mundo universitario y cada uno de los ámbitos se desarrollaba por vías independientes, con escaso diálogo y contacto. La aproximación entre la universidad y la empresa se ha ido potenciando e incentivando poco a poco, y, en este sentido, tienen una especial relevancia programas de ayuda a proyectos competitivos internacionalmente, incluidos los nacionales, que han servido para vincular la investigación con el desarrollo y la innovación, acercando ambos mundos. Así, la universidad proporciona conocimiento que puede convertirse en un producto a ser patentado e incorporado al mercado.

---

5   El concepto de innovación disruptiva fue utilizado por primera vez por Clayton M. Christensen en 1995 en su artículo «Tecnología disruptiva». Hay que reconocer que la innovación disruptiva es escasa en los países latinoamericanos en general.

En la sociedad actual, el conocimiento ya no es monopolio de las universidades porque las empresas y corporaciones han creado sus propios complejos de investigación e innovación. Los repositorios de conocimiento son abiertos y las universidades se interesan por los problemas del mercado y las empresas se han empezado a preocupar del hacer en las universidades. Hay una mayor globalización en la investigación y en el desarrollo. La información, la formación y el conocimiento se encuentran en primer plano, mediados por tecnologías que facilitan y transforman de forma rápida los procesos de comunicación, el acceso a la información y la producción del propio conocimiento. En este contexto, la innovación surge como un elemento de creación de nuevos conocimientos, productos y procesos. Forma parte de la creación del conocimiento y de la subsistencia de las organizaciones.

En ocasiones, mejora e innovación caminan unidas sin establecerse claras diferencias entre ambos conceptos. La mejora es conservadora en tanto se sitúa en el camino iniciado que ya ha producido resultados positivos. Los procesos de mejora se pueden planificar y es posible predecir los resultados de una forma bastante precisa. En cambio, innovar se trata no solo de mejorar un proceso o un producto, sino que implica generar un verdadero cambio. Supone la apuesta por un servicio, proceso o recurso que introduce elementos de valor diferenciados, y que conlleva, además, un valor agregado de calidad. Implica asumir riesgos ya que no se conocen *a priori* ni el camino ni los resultados que se van a obtener, aspecto este muy importante ya que muchas organizaciones adoptan posturas en extremo conservadoras, precisamente por el hecho de que consideran el riesgo como una amenaza.

La innovación está relacionada con la obtención de nuevos conocimientos y con procesos creativos. Y aunque es posible considerarla como un rasgo característico de determinadas personas que tienen formas creativas de solucionar problemas o plantear cuestiones diferentes, nuestro enfoque no pretende convertir la innovación y la creatividad en rasgos de personalidad o en componentes de una actividad que involucra únicamente a una parte del personal de una organización.

Varios gobiernos latinoamericanos han intentado gestar políticas destinadas a superar la cultura «extractiva» que no añade valor por medio de inteligencia incorporada a la producción. Esto se ha intentado por medio de políticas de subsidio que fomentan iniciativas privadas, tanto para empresas ya establecidas como hacia la comunidad científica, que desean emprender algún producto o servicio relacionado con el desarrollo científico y/o tecnológico. Los resultados de estas iniciativas políticas se han mostrado poco eficaces: hay muchas ofertas y discursos políticos, acompañados de fondos estatales muy reducidos. Por otra parte, el apoyo de las empresas privadas es muy limitado ya que no existe una cultura de innovar para desarrollar una economía de conocimiento. La mayoría de las empresas instaladas en los países desarrollan sus actividades en el área de la explotación y extracción de recursos naturales, por lo tanto, no les interesan las mentalidades minera y colonialista. Aunque existen experiencias como el caso chileno, en que los gobiernos ofrecen beneficios estatales, como los proyectos FONDEF, para obtener avance científico en distintas áreas a través de una asociación empresa-universidad, en general ha primado la ausencia de pensamiento estratégico puesto que la experiencia se ha centrado fundamentalmente en el ámbito de los recursos primarios. Las metas de innovación y desarrollo de productos y servicios nuevos brillan por su ausencia. Adicionalmente a la ausencia de políticas y financiamiento, prevalece una cierta desconfianza de la empresa hacia las universidades, las cuales no se ven como potenciales aliados en emprendimientos comunes, lo cual se refrenda con el alejamiento de la universidad de una enseñanza e investigación ligada a la realidad, a la vez que por un fuerte incentivo empresarial a la ganancia de corto plazo, y no a la idea de un *joint venture* con retornos de largo plazo.

Comparando con la situación en el Reino Unido y Europa, es necesario a nivel nacional fomentar la colaboración entre centros de investigación, gobiernos regionales y empresas privadas. Una de las recomendaciones que surge de la experiencia del País Vasco es la creación de un centro piloto de I+D al servicio de la industria y del país[6]. Este tipo de centro desarrolla sus actividades como entidad privada sin ánimo de lucro y con la vocación de servicio público, y será capaz de ofrecer a las

---

6   Se trata del centro IKERLAND, que está constituido por las cooperativas de la localidad de Mondragón, que ha hecho acopio de más de cien doctorados.

empresas, sus clientes, servicios puntuales de I+D, abarcando el ciclo de innovación. Además del desarrollo integral de nuevos productos, ofrecerá servicios para mejorar procesos productivos y comerciales, y también ayudará en la implementación de estos y a colaborar con las empresas en la transferencia de los resultados. El principal objetivo de estos centros de I+D es agregar valor a los recursos naturales, humanos e innovadores en Chile.

### *Innovación para los procesos de evaluación*

Los sistemas de evaluación de cualquier proceso tienen un gran impacto sobre el desarrollo de ese mismo proceso. En el caso de la educación, es un hecho evidente que el modo de evaluar hace que los sistemas se adapten más rápido y mejor a los objetivos que ha marcado previamente el modelo de evaluación. En las últimas dos décadas se han desarrollado en Europa y en Latinoamérica procesos de evaluación de la educación superior basados casi siempre en el análisis de los procesos. La hipótesis subyacente consistía en que unos procesos adecuados deberían producir unos resultados también correctos. Sin embargo, la experiencia acumulada y los nuevos objetivos de la educación universitaria nos inducen a proponer nuevos modelos de evaluación que estén más enfocados a la evaluación de los resultados que a la de los procesos. La razón de este cambio es consecuente por las ideas que hemos ido presentando. El nuevo modelo educativo deberá estar centrado en el aprendizaje; por tanto, su énfasis se ubica mayormente en los resultados de ese aprendizaje que en cómo se ha realizado el proceso. Si el objetivo del nuevo modelo educativo tuviera que ser la formación en competencias, lo importante sería valorar si tales competencias han sido adquiridas por los estudiantes, y no tanto el modo en el que han sido adquiridas o les han sido enseñadas. Una evaluación centrada en los procesos, como ha sucedido hasta ahora, sería de algún modo incompatible con la flexibilidad y con la diferenciación que debe propugnarse para el nuevo modelo educativo. De lo que se trataría, por tanto, sería de evaluar en qué medida los grandes objetivos de formación en competencias son alcanzados por las instituciones de educación superior. Este enfoque es el que debe estar detrás de los procesos de acreditación y control de calidad de la educación y que ha sido muchos años implementado en el Reino Unido por el QAA[7] y los colegios profesionales, y que en los últimos años se está implantando en Europa. De hecho, el modelo holandés de acreditación y el proyecto de modelo español tienen este enfoque, centrado en la evaluación de los resultados. Recientes experiencias latinoamericanas van en el mismo sentido (CINDA 2004). Las futuras evaluaciones y acreditaciones de los programas tienen que estar orientadas a valorar en qué medida son alcanzados los objetivos de formación de competencias. Eso exige la definición de nuevos instrumentos evaluadores, que, además, ayuden a las universidades a transformar sus objetivos pedagógicos en el mismo sentido.

### *Innovación en las universidades*

Al principio fue en los claustros académicos (España) y senados académicos (UK) donde se generaban y desarrollaban las principales aportaciones a la ciencia y la cultura. Durante muchos años la universidad se constituyó como el espacio dedicado al saber, monopolizando la transmisión a la sociedad del más alto nivel de conocimiento. En el transcurso del último siglo han convivido distintos modelos de universidad, desde los centrados en la especialización de los conocimientos hasta los modelos que se han decantado para proporcionar unos saberes y una formación más generalistas. No obstante, en todos ellos es la institución universitaria la que ha continuado teniendo una importante influencia sobre el desarrollo del conocimiento. Sin embargo, este hecho ha cambiado de forma notable. Como afirma Barnett «la educación superior ha pasado de ser una institución en la sociedad a ser una institución de la sociedad» (2001: 222). Ya no ejerce el monopolio del conocimiento experto. La generación y diseminación del conocimiento no solo se ha expandido a organizaciones externas la institución universitaria, sino que la misma educación superior se está desarrollando también fuera de ella. La universidad es una institución *de* la sociedad, y hablar de la formación en término de competencias es una manera pragmática y utilitaria de ajustarse a la realidad social y de trasladar el énfasis de la

---

7   El QAA es el organismo encargado de los procesos de acreditación de calidad en las instituciones de educación superior de Reino Unido.

transmisión del conocimiento por parte del docente al compromiso del estudiante con el aprendizaje.

La universidad del siglo XXI requiere nueva organización y gestión para la satisfacción de una buena calidad de servicio, educación y experiencias para los estudiantes. Estos nuevos desafíos exigen nuevas estructuras y formas de administrar el proceso de educación, innovar en las funciones y en el concepto de departamentos y facultades con mayor flexibilidad intelectual (multidisciplinario), requiriendo la adaptabilidad y la habilidad de identificar la innovación, proporcionando así los servicios requeridos por la sociedad en cambio. Estos desafíos representan un gran reto para el presente y el futuro, creando un nuevo concepto de universidad[8].

Otro aspecto que requiere cambios del modelo organizativo es el de la temporalización del proceso de aprendizaje. El sistema educativo superior ha estado tradicionalmente enfocado a atender a jóvenes estudiantes cuando finalizaban sus estudios secundarios. En estos momentos en los que la sociedad del conocimiento exige la formación continua de todos los que están inmersos en el proceso productivo, la preparación que proporcionan las universidades ya no puede estar ni exclusiva ni fundamentalmente enfocada a la formación de estos jóvenes, sino a extenderla a todos aquellos que quieran aprovechar sus enseñanzas a lo largo de sus vidas. Esto también supone el ingreso a la educación superior de muchos de sus egresados, tanto para seguir estudios de postítulo y postgrado, como para cambiar la orientación disciplinaria que ya habían adquirido. Llevar adelante este cambio supone modificaciones profundas del sistema organizativo, permitiendo vías mucho más flexibles de asimilación entre los distintos estudios, entre los diferentes programas y entre la universidad y el mercado laboral. La multidisciplinariedad y la intercomunicación de los programas educativos es una necesidad que debe plantearse dentro de los nuevos modelos organizativos de las instituciones de educación superior.

---

8 La universidad latinoamericana adhirió tempranamente al llamado «modelo napoleónico», que ponía fuerte acento en la formación profesional de forma contrastante con la concepción *humboldtiana*, en que la universidad debía centrarse puramente en la creación de nuevo conocimiento. Sin embargo, la universidad actual debe enfilarse hacia una combinación de ambas, considerando que la creación de nuevo conocimiento es la base para la formación del capital humano que se adiciona a la sociedad. En este sentido el «modelo anglosajón» debe ser un referente necesario para considerar.

Dos conceptos son fundamentales en este cambio que debe ir adquiriendo el sistema de educación superior:

- Un cambio en cuanto a la modernización e innovación de la gestión y organización de las instituciones, con un nuevo rol del jefe de escuelas cuando varios departamentos son integrados en una escuela. Las funciones de los decanos pasan a ser ejercidas por vicerrectores de amplios ámbitos disciplinarios. Todo esto debe permitir un trabajo más colaborativo entre los académicos y administrativos.
- Un cambio en cuanto al concepto de facultad, la cual debe estar más ligada a la interdisciplina, con escuelas interdisciplinarias. En esta innovación administrativa los departamentos se agrupan formando una escuela para un mejor proceso de enseñanza y aprendizaje basada en conocimiento multidisciplinario.

La reorganización y gestión en las universidades británicas para la innovación en la educación ha puesto énfasis en el desarrollo multidisciplinario. El procedimiento consistió en integrar varios departamentos en una escuela con el objetivo de crear nuevas carreras e innovar los currículos. Esta nueva entidad, de carácter mucho más interdisciplinario, retroalimentó un cambio en los sistemas de evaluación y en el diseño de la entrega de contenidos y conocimiento para así poder garantizar la buena calidad de la educación. El comité de educación a nivel de la universidad muestra la organización y las funciones de diferentes actividades. Un ejemplo es el caso de la Universidad de Newcastle, que ha adquirido una nueva organización consistente en comités de facultades, comités de educación de escuelas y subcomités que cumplen diferentes funciones académicas. Esta nueva estructura de gobierno de la universidad está enfocada en un sistema colaborativo, destinado a sustentar el trabajo en equipo entre los académicos, administrados y estudiantes para monitorear y resolver los problemas de las diferentes actividades académicas.

### *Comité de Educación Universitaria*

Facultad de Ciencias Médicas,
Comité de Educación de la Facultad
Facultad de Humanidades y Ciencias Sociales,
Comité de Educación de la Facultad
Facultad de Ciencias, Agricultura e Ingeniería,
Comité de Educación de la Facultad
Comité de Educación de la Escuela de Ingeniería
Ingeniería Química, Junta de estudios *(Board of Studies)*
Ingeniería Civil, Junta de estudios
Ingeniería Eléctrica y Electrónica, Junta de estudios
Ingeniería Geoespacial, Junta de estudios
Ingeniería Mecánica y Tecnología Marina, Junta de estudios
Estos subcomités reportan, aprueban y dependen del comité de la
universidad
Subcomité para mejorar la tecnología del aprendizaje
Subcomité de espacios para el aprendizaje y enseñanza
Subcomité de investigación de postgrado
Subcomité de experiencia de los estudiantes
Subcomité de programas de enseñanza
Subcomité de educación interprofesional
*(Cross Faculty Education)*
Subcomité del panel de apelaciones académicas
Subcomité de apelaciones y disciplina estudiantil

Otra iniciativa al nivel nacional de gobierno está en el parlamento inglés, donde se organiza continuamente eventos de debate de innovación en diferentes áreas del conocimiento en el país con la participación de científicos, académicos, representantes de empresa e industrias, negocios y políticos, etc. En este debate *(Westminster fórum proyects)* se sugieren estrategias y políticas para el desarrollo del conocimiento en el país[9].

---

9 También en Chile el Congreso Nacional organiza jornadas anuales (congreso científico) en el que se invitan a destacados científicos a exponer sus visiones sobre los problemas que se encuentran abordando en su investigación.

### *Innovación sobre la enseñanza y el aprendizaje*

Hasta finales de la década de los 80, la investigación sobre la docencia universitaria estuvo fundamentalmente centrada en el análisis a nivel micro de metodologías y procesos innovadores. Se consideraba que la innovación y el cambio se producían de forma personal a través de las modificaciones realizadas por determinados profesores (el caso de España y Latinoamérica). En el Reino Unido es diferente, ya que los procesos innovadores en educación, los cambios, así como las políticas, estrategias y el debate sobre los procesos innovadores y los estándares de calidad de la educación son iniciativas del gobierno, del QAA, de organizaciones de control de la calidad de las universidades, académicos, industria y colegios profesionales. Esto no niega la iniciativa personal en el cambio, pero centra la atención en la innovación dirigida e incentivada *desde* las instituciones. A este respecto, Hannan y Silver (2005: 161) establecen la existencia de siete tipos distintos de innovación que las investigaciones deben llevar asociadas para la mejora del conocimiento en cada uno de los temas mencionados. Son las siguientes:

- Innovaciones individuales y de grupo. Relacionadas con el aula y el curso, responden directamente a las necesidades de los estudiantes y a los asuntos profesionales (seminarios dirigidos por los estudiantes, simulaciones de laboratorio, etc.).
- Iniciativas disciplinares. Están patrocinadas por asociaciones y grupos profesionales.
- Innovaciones que responden a la educación por medios tecnológicos. Aprovechan las nuevas tecnologías y adquieren o desarrollan materiales asociados.
- Innovaciones provocadas por el currículo. Están implementadas para satisfacer las necesidades de la estructura modular y/o semestral y para responder a cambios de contenido de los campos de estudio y de los desarrollos interdisciplinares.
- Iniciativas institucionales. Incluyen las decisiones de normativa diferente y los procesos de desarrollo profesional.
- Iniciativas sistémicas. Contemplan la creación de un gobierno en las nuevas universidades o comités diferenciados y adaptados a cada institución.

- Derivados sistémicos. Emergen dentro de las instituciones de educación superior como resultado de la normativa y la praxis en todo el sistema.

Al buscar evidencias en los procesos de cambio, Cuban (1999) considera que la innovación en este nivel educativo ha llegado a significar un proceso planeado para introducir un cambio orientado hacia nuevas mejoras para una persona, un curso, un departamento o la educación superior en su conjunto y su contexto. Este tipo de innovación, aunque utilizado como único concepto, puede no tener las mismas implicaciones para el profesor que para el alumno. No existe una relación necesaria entre ambos. Una innovación en los procedimientos de enseñanza y aprendizaje del estudiante puede ser independiente de cualquier tipo de enseñanza en su sentido tradicional. Precisa de elementos de análisis y medida, aspecto que apenas se ha tenido en cuenta.

En los últimos años, la creación del Espacio Europeo (proceso de Bolonia) de Educación Superior (EEES) ha generado un necesario debate sobre el sistema formativo utilizado por las universidades; de hecho, la forma de impartir la docencia apenas ha sufrido cambios en la mayoría de ellas. La búsqueda de nuevas metodologías y tecnologías más acordes con la formación que debe recibir un estudiante universitario es necesaria y urgente. La reforma universitaria a nivel europeo es un acuerdo que en 1999 firmaron los ministros de educación de diversos países de Europa. Se trataba una declaración conjunta (la Unión Europea no tiene competencias en materia de educación) que inició un proceso de convergencia que tenía como objetivo facilitar el intercambio de títulos y adaptar el contenido de los estudios universitarios a las demandas sociales. Por ello, dentro del sistema universitario español, el uso del concepto de innovación se vincula a la transferencia de conocimiento pero también a la innovación del propio sistema formativo. En los últimos años, la mayor parte de las universidades han creado vicerrectorados relacionados con la innovación en la docencia y han generado servicios que han adoptado nombres muy diversos: centro de innovación, factoría, servicio de innovación, gabinete de innovación, unidad de innovación, etc. En la mayoría de los casos, la innovación se asocia a cambios metodológicos muy relacionados con el EEES y con el soporte en el uso de las TIC en la formación.

En nuestra opinión, es preciso tener una visión sistémica de la innovación. No podemos pensar que esta se produce solo a partir de la incorporación de la tecnología, concepto este muy arraigado en el ámbito educativo que ha conducido a enormes errores de apreciación y desarrollo. La tecnología ha sido contemplada, en sí misma, como un factor de innovación. Sin embargo, el verdadero cambio apenas se ha producido porque la tecnología muchas veces se utiliza sobre las mismas orientaciones metodológicas que han sido útiles en la sociedad industrial pero que tienen poco que ver con la sociedad digital. El uso cada vez más generalizado de la red no necesariamente implica la modificación de prácticas ni la incorporación de nuevas dimensiones del aprendizaje. Con pocas excepciones, esta mayor presencia de la tecnología tiende a imponer un modelo educativo centrado en los contenidos, traspasando lo presencial en la red. Como señala Himanen (2002): «La academia tiende a modelar su estructura de aprendizaje tomando como base el modelo monástico del emisor-receptor. Ironía que, por lo demás, no hace sino amplificarse cuando la academia empieza a construir una "universidad virtual" y el resultado es una escuela monástica informatizada».

La mayoría de los modelos formativos sigue tomando como base modelos de enseñanza tradicional en que lo importante es transmitir información. Los estudiantes acceden a los contenidos de sus profesores a través de la red sin que haya mayor mediación o valor «añadido» en el proceso de aprendizaje. Esta es precisamente una de las causas por las cuales muchas iniciativas alrededor de la formación *online* (la gestión y evaluación en el aula de clase *online* está presentada en el capítulo VI) han fracasado. De hecho, el planteamiento de la formación centrada en los materiales sin que haya una mediación importante y un acompañamiento durante el proceso conduce al fracaso. La presencia del docente en la red y la interacción social generada entre los estudiantes es un elemento clave para el aprendizaje.

## El entorno económico y tecnológico: la complejidad

Se habla mucho hoy en día de la complejidad del hacer productivo y de los mercados que permiten fluir a los productos. El concepto de «complejo» se liga específicamente a la teoría económica. En efecto, se describe a la economía como un sistema complejo social. La atribución de esta descripción se debe a Friedrich von Hayek[10]. Un sistema complejo se define como un sistema carente de control central y en que la actividad llega a puntos de equilibrio a través de «comportamiento emergente» *(emergent behaviour)*[11]. La teoría de Von Hayek (Von Hayek 2004) es que un mercado es un sistema complejo donde la existencia de información (precios) resulta en acuerdos entre los entes llegando a una especie de orden (la «mano invisible» de Adam Smith). El análisis matemático de los sistemas complejos más reciente (la teoría de caos) nos enseña que dichos equilibrios son más bien transitorios y efímeros. Sin embargo, la comprensión de los sistemas complejos subyace a la interpretación actual de eventos y procesos económicos.

Además de los economistas, los ingenieros y los científicos son a menudo los mejor situados para entender estos procesos, dada la incertidumbre inherente en la ciencia y el hecho de la prevalencia de sistemas complejos en la ciencia y la sociedad. Ejemplos de sistemas complejos existen en economía, sociología, matemáticas, física, neurología, biología e ingeniería. Recientes ejemplos existen también en sistemas de transportes y comunicaciones. El estudio de estos sistemas es importante, y aunque son no lineales y no previsibles, se puede observar cómo funcionan a través de modelos en los que se pueden estimar las clases de comportamiento inherentes a un sistema y preparar estrategias para enfrentar cambios abruptos en las circunstancias económicas.

Un ejemplo de investigación y desarrollo de sistemas complejos está constituido por las redes de comunicación en colaboración con

---

10    Economista considerado fundador del neoliberalismo, quien ejerció gran influencia a amplias generaciones de economistas, incluyendo a Milton Friedman, como también a políticos como Margaret Thatcher, entre otros.

11    A este respecto, se puede consultar Carrasco & Riveros (2020), donde se incluye un amplio tratamiento del tema de la complejidad a nivel teórico.

British Telecomunicación (BT) (Pointon, Carrasco and Gell 1996). El problema se originó con una agencia de viajes en una pequeña ciudad, la cual publicó una oferta de vacaciones de costo bajo y competitivo y, como consecuencia de la misma, el número de llamadas telefónicas aumentó exponencialmente creando inestabilidad en las redes de comunicaciones, en las cuales este efecto se propagaba a través de la infraestructura produciendo un colapso de la red. Para comprender este comportamiento del sistema, el objetivo fue modelar el comportamiento de las redes de comunicaciones con un intenso tráfico y la evaluación de un modelo no lineal que consiste en una compleja conectividad de elementos (interruptores). El modelo representa el flujo de datos a través de una compleja red heterogénea con un rango de comportamiento que incluye varios estados (estado estable, inestable caótico y no balanceado). El flujo de tráfico se puede controlar y caracterizar por una matriz representando datos estadísticos y analíticos. Esta información del comportamiento dinámico de la red se usa para manejar el flujo de datos basada en el enrutamiento de tráfico adaptivo. Los resultados muestran un ejemplo de cómo puede sobrevivir un sistema complejo, lo cual se puede extender a los cambios bruscos que proporcione la economía global.

La falla de muchas economías es la percepción de la necesidad de «revoluciones», o sea de cambios bruscos impuestos por decisiones políticas, cuando la teoría de sistemas complejos nos enseña que cambios pequeños pueden tener consecuencias mayores. La falla fundamental atribuible a los discípulos de la Universidad de Chicago era su fe absoluta en los equilibrios, cuando estos son en realidad más bien efímeros.

## Tecnología y futuro de la industria

La esencia de una economía del conocimiento es la existencia de una tecnología para adquirir, compartir y aplicar dicho conocimiento. La tecnología que prevalece es la informática, que está produciendo avances significativos en la automatización, llevando a la creación de robots y dispositivos inteligentes. La velocidad de procesamiento, la capacidad de memoria de los computadores y el potencial de comunicación digital reunidos en la informática en nube *(cloud computing)* a través de la eficiencia de *hardware, software* y algoritmos, han creado oportunidades para mejorar los procesos de negocio y generar riqueza. Los resultados incluyen automóviles y casas *smarts*. Lo mismo en el caso de aviones, utensilios de cocina, equipos y dispositivos para la salud, elementos de apoyo para la educación y métodos de producción, como asimismo infraestructura de transporte y de suministro de energía, etc. Ninguna de estas cosas, en su mayor parte, había cambiado significativamente desde mediados del siglo XX.

Algunos denominan a todo este intenso proceso de innovación como «cuarta revolución industrial» o «industria 4.0», que lleva la automatización y el intercambio de datos a un nuevo nivel, estableciendo sistemas ciber-físicos en el espacio del internet de las cosas (IoT) y el *big data*. Todo ello implica cambios inéditos por la dimensión de su impacto y su velocidad vertiginosa. No solamente han cambiado la organización de las empresas y los nuevos modelos de negocios que requieren utilización de las últimas tecnologías, sino también hemos cambiado nosotros mismos en el modo de conectarnos e interactuar. Otro importante progreso en el desarrollo tecnológico y la computación es la inteligencia artificial[12].

La inteligencia artificial (IA) es supuestamente la demostración de función cognitiva implementada en máquinas o computadores, en contraste con la inteligencia natural mostrada por el ser humano y otros animales. En la ciencia de la computación, la IA investiga y es definida como el estudio de «agentes inteligentes». Hay que reconocer que la inteligencia realizada por una máquina es enfáticamente «artificial», lo cual quiere decir que deja en cuestión si acaso la IA es en realidad «inteligencia», ya que está basada en el cálculo repetido y en abstracciones numéricas y lingüísticas tratables por medio de máquinas (Carrasco & Riveros 2020). El cálculo en su entorno está basado en teorías del funcionamiento del cerebro; teorías que, en cualquier caso, carecen de evidencia sólida en su apoyo. Aunque el debate sobre la credibilidad

---

12 Se dice que el *Deep Blue* de IBM, computador que le gana una partida de ajedrez al campeón mundial Garry Kaspárov en 1997, marca un «antes y después» en el desarrollo de la inteligencia artificial.

biológica de la IA sigue, es cierto que ha proporcionado nuevos modelos de tratamiento digital de datos que demuestran habilidades de aprendizaje y resolución de problemas.

La automatización y la robótica en procesos de manufactura o servicios proporcionan bastantes ventajas a nivel económico, social y tecnológico, y son muy importantes para la competitividad en cualquier industria. La automatización puede aumentar la capacidad de producción y responder con más agilidad a las exigencias de los clientes. También ofrece varias ventajas, por ejemplo, puede disminuir los costes de fabricación y aumentar la eficiencia de los procesos productivos al remplazar al hombre en trabajos de gran esfuerzo que ponen en peligro su integridad física y disminuye el impacto de beneficios salariales y no salariales.

Todos estos elementos y progresos que se han mencionado, tienen serias y profundas implicancias para la educación. Por una parte, porque ella misma está cambiando, en la medida en que existen nuevas tecnologías que permiten realizar el proceso educativo de una manera más efectiva y eficiente. Por otro lado, porque esta serie de cambios profundos en el hacer social, marcados por la gran innovación tecnológica, demanda una educación capaz de formar individuos aptos para esa nueva realidad social y productiva. Siguiendo la vieja acepción de que la educación es un proceso de adaptación a la realidad social, hoy día, siendo eso así, tenemos que hacernos de una educación capaz de preparar individuos que impulsen la continuación de esa cadena de cambios.

## Súper-inteligencia y la singularidad

Los nuevos avances exponenciales de la ciencia, particularmente la informática, y el manejo de la materia a niveles atómicos y la nanotecnología, pueden ser lo que defina el futuro. Ellos permitirán la salvación de muchos problemas de la humanidad, a la vez que representan la declinación inevitable de la sociedad industrial, mundo en el que se localiza actualmente el debate científico y filosófico. Christopher Bennett y Nick Bostrom (Bostrom 2016) describen el concepto de súper-inteligencia poshumana que es implementada completamente en una computadora. Modelada y simulada en el uso artificial del cerebro humano, o en sistemas computacionales, o en un híbrido de sistemas computacionales y cerebros en una forma de inteligencia colectiva, esta estructura llevaría a una tecnología aún más poderosa, y esta, a su vez, a una inteligencia superior.

Cuando se menciona la IA, la pregunta que muchos hacen es si acaso los robots van a conquistar a los humanos. Puesto que la inteligencia es «artificial», ello es dudoso por el momento y posiblemente para muchos años más para que ello pudiera así ocurrir. Lo que es cierto es que la automatización va a resultar en la pérdida de puestos de trabajo, proceso ya bien establecido, el cual proseguirá sistemáticamente[13]. Sin embargo, seguimos sin ideas claras sobre en qué consiste la inteligencia o la conciencia, y hasta que se resuelvan estos misterios no tendrá lugar «la singularidad». Además, estos mismos desarrollos constituyen una manifestación de lo necesario que es una educación moderna que prepare al ser humano para enfrentar adecuadamente la modernización asociada al progreso de la IA.

La disciplina de la cibernética, de la cual emergieron las ideas sobre IA en los años 50, proporciona una manera de entender por qué la IA sigue limitada, y también por qué nuestra comprensión de la economía deja mucho de desear. Una de las figuras de la cibernética (William Ross Ashby 2004) desarrolló la primera ley de la cibernética, la llamada «ley de variedad requisita». Esta ley dice que el modelo de un sistema debe de tener tanta variedad (es decir, complejidad) como el sistema modelado. En el caso de la IA, las redes neuronales se basan en la teoría conexionista de la inteligencia, que dice que la inteligencia está codificada en las conexiones entre las neuronas del cerebro. Considerando que hay billones de neuronas en el cerebro humano (estimaciones que van desde 12 a 120), la conectividad entre ellas no se conoce. Aunque la computación en nube nos proporciona rapidez y distribución de recursos, sería casi imposible realizar una red neuronal en ellos similar a la

---

13   Ciertamente la IA y todos los procesos robóticos sustituirán mano de obra. Por otro lado, sin embargo, generarán mayores y nuevas ocupaciones en campos aún difíciles de definir precisamente. Por ejemplo, estará aquel destinado a la mantención y mejoramiento de los equipos y procesos.

humana. Eso aparte de que no tenemos idea segura de que el conexionismo representa un modelo adecuado de la inteligencia. Hay muchos que creen que la inteligencia es un fenómeno cuántico, y de momento hay ausencia de equipo para probar si ese es el caso.

## La falla de la educación

Todo lo anterior muestra que la educación y la formación enfrentan grandes retos si verdaderamente las economías de los países en desarrollo desean dar el salto hacia una sociedad del conocimiento. Este reto implica un salto en materia de calidad de la educación, lo cual significa, en el contexto del tema que abordamos, una vinculación más estrecha entre el diseño y la tarea del sistema educativo, y las necesidades de la sociedad en todo terreno. Hay aquí retos para la educación general, que debe formar a las nuevas generaciones en la perspectiva del cambio económico y social que el país debe transitar, además de proveer un marco adecuado para el desempeño ciudadano de las nuevas generaciones. La educación general debe preparar a las nuevas generaciones para entender la magnitud de los retos que prevalecen en materia de modernización y avance científico. Y en el caso de la educación superior, el sistema debe preparar los nuevos contingentes profesionales con adecuada formación en ciencia y tecnología, y en las implicancias de esa sociedad del conocimiento a la que se aspira, para la formación en todos los campos disciplinarios. Esto es especialmente relevante en el caso de las tecnologías y la ciencia, donde las entidades educativas deben procurar un acercamiento directo entre la investigación básica y aplicada y la enseñanza, y una permanente puesta al día de los contenidos. La dificultad que envuelve este reto se acrecienta al considerar que la formación humana, todo aquello que tiene que ver con la interpretación de la sociedad y su evolución, también debe ser parte integrante de esa educación necesaria.

El reto que enfrenta la educación demanda una transformación importante en la estrategia formativa. Ello posiblemente requerirá cambios en la forma tradicional de enseñanza y hasta en la propia organización de las entidades educacionales. Requerirá también cambios importantes en el diseño curricular y en la forma en que los profesores se desempeñen frente a los estudiantes: habrá la necesidad de nuevas metodologías y formas de organizar la docencia para que sea activa y productiva. Es decir, la educación debe prestar mucha mayor atención a la calidad, demandando así cambios importantes en materia docente y curricular.

Como se ha planteado más arriba, la educación superior latinoamericana enfrenta severos retos para contribuir a la modernización productiva de los países, y liderar el cambio que debe experimentar la educación como un todo. Ello demanda reformas importantes en materia de estrategia formativa, desarrollo curricular y métodos pedagógicos, además de una mayor atención al desenvolvimiento de la investigación y la innovación. Por el contrario, los países han orientado sus políticas al crecimiento en la cobertura, sustentados en un argumento político que responde a incentivos de corto plazo, pero desatiende el rol de largo plazo de la educación. Ciertamente, el crecimiento en la cobertura de la educación preescolar, básica y media obedece a objetivos de tipo social, considerando la necesidad de integrar adecuadamente a todos los actores. En el caso de la educación superior, la cobertura *per se* no constituye un objetivo del todo válido, puesto que la cuestión aquí reside en la relevancia formativa en las distintas áreas profesionales y técnicas.

# CAPÍTULO II

# Propuesta de estándares de calidad y desarrollo del pensamiento y aprendizaje

*«Los problemas significativos que enfrentamos no pueden resolverse al mismo nivel de pensamiento que usamos cuando los creamos».*

Albert Einstein

## Introducción

En este capítulo presentamos el debate en torno a cómo crear, diseñar y desarrollar nuevos modelos de la educación, con el objetivo de ayudar a asegurar que la misma tenga siempre el mejor estándar de calidad. Como hemos hecho ver en el capítulo anterior, esta dimensión ha constituido una debilidad de las transformaciones operadas en los sistemas educacionales en el pasado reciente. También discutimos aquí la necesidad de modernizar los enfoques de la enseñanza y los mecanismos de apoyo al aprendizaje en la educación superior, comprendiendo valores profesionales y conocimientos. Es de interés público garantizar que las universidades y demás instituciones de educación superior puedan mantener y mejorar permanentemente su calidad y estándares nacionales.

El debate que presenta este capítulo se extiende a los procesos de control y calidad de la educación superior, sosteniendo que, para garantizar una buena calidad, es necesaria la creación de estándares formativos y contar con una herramienta de evaluación comparativa *(benchmarking)* para la enseñanza y el apoyo del aprendizaje. Todos estos asuntos debiesen ser discutidos, propuestos y desarrollados por la autoridad educacional del país, con la participación de los académicos e instituciones a través de un mecanismo de consultas para desarrollar los estándares y el *benchmarking*, o referente de comparación. Estas materias constituyen un bien público, en la medida que orientan el desarrollo de un sistema que no tiene necesariamente referentes para llevar a cabo sus propias políticas manteniendo una visión nacional. Por cierto, el establecimiento de estándares y un *benchmarking* no debe tampoco constituir una indebida lesión al proyecto educativo de cada institución, y debe ser una pauta establecida por la autoridad en un proceso de diálogo académico e interinstitucional.

Después de una intensiva consulta con los sectores nacionales envueltos (instituciones y académicos) es necesario desarrollar un plan que contenga un programa de actividades (código de calidad) constituidas en base a estándares para la enseñanza y el apoyo del aprendizaje. Es vital asegurar que la instauración de estos estándares reúna las condiciones y cumpla con las expectativas formativas necesariamente asociadas al desarrollo futuro del país. Sin embargo, lo más importante de los criterios subyacentes a la definición de estándares es el reconocimiento que se otorgue a las diferentes características, limitaciones y fuerzas de la enseñanza en el sector de la educación superior. Asimismo, es también indispensable ejercer un respeto por la autonomía de las instituciones de la educación superior y sus proyectos educativos, aunque sí es fundamental promover el reconocimiento por parte de estas sobre la necesidad de incrementar la calidad del aprendizaje de los estudiantes, y el establecimiento de estándares que permitan alcanzar este objetivo. Se deben también reconocer los desafíos que representa la estructura de las áreas de investigación y creación de conocimiento y sus implicancias en torno a la pedagogía, por intermedio de profesores profesionales. A objeto de enriquecer el conocimiento disciplinario y optimizar los recursos, es necesario crear grupos de conocimiento *(core)* en las facultades y departamentos. Presentaremos en esta discusión algunos procesos y prácticas sobre cómo perfeccionar la calidad de la educación e investigación; muchas de las ideas sobre cómo implementar estos procesos han surgido a partir de la experiencia en educación superior que han tenido los autores en Chile, Reino Unido y otros países.

## Gestión de recursos para las políticas de calidad

Para desarrollar un plan destinado a ordenar, innovar y mejorar los procesos y las prácticas relativas a la calidad de la educación superior es necesario, en primer lugar, acometer una evaluación de la gestión y la administración de las instituciones universitarias. Como es sabido, algunas universidades europeas han modificado e innovado profundamente su organización interna, especialmente en cuanto a la administración de los estudios y la gestión de los recursos, teniendo en consideración principalmente el uso eficiente de los recursos e ingresos económicos. Esta experiencia señala que un programa de mejoramiento de la calidad debe implementarse en paralelo a la reforma necesaria en materia de gestión.

Es muy importante optimizar el uso de los recursos para poder invertir adecuadamente en infraestructura y actividades académicas, especialmente en aspectos clave relativos a su calidad. Las decisiones en materia de recursos no son necesariamente restringidas a los temas financieros, sino que también proyectan alcances importantes en materias de índole académica, especialmente desde el punto de vista de la organización. En ese sentido, se ha planteado como un reto revisar el concepto de «facultad» y «departamento», y fortalecer el concepto de «escuela», que consiste en un conjunto de departamentos que comparten un ámbito disciplinario y un número de habilidades, destrezas e intereses a desarrollar.

Un nuevo modelo organizacional no solo se justifica en vistas al ahorro de recursos, sino en cuanto a promover un mejor uso de los mismos, posibilitando que la gestión pueda concentrarse mejor en la investigación y docencia, y menos en los aspectos burocráticos inherentes a la organización. Por ejemplo, al reducir el número de facultades, y por ende de decanos y el aparato administrativo asociado, los directivos de las nuevas entidades (escuelas) podrían administrar un ámbito disciplinario mayor, favoreciendo así la interdisciplina y realizando las labores de un vicerrector para así coordinar las actividades de su respectivo ámbito disciplinario con el rector. Este es un cambio significativo que se hace contradictorio con la «tradición» y el mantenimiento de una cierta distribución del poder político interno, pero que se puede avanzar manteniendo cuidado de alinear adecuadas conjunciones disciplinarias que alienten justamente el desarrollo de la universidad y la efectividad del trabajo académico, que es cada vez más interdisciplinario[14].

---

14  La Universidad Central de Chile, por ejemplo, puso en práctica una profunda reforma consistente en disminuir de nueve a cinco las facultades existentes, demandando así un trabajo

En segundo lugar, es importante realizar innovaciones en vistas a mejorar la calidad de la educación. Hay muchas definiciones posibles de calidad, pero debe enfatizarse aquella que destaca el resultado del proceso formativo antes que la calidad de los insumos empleados para proveer la formación. Buscar más alta calidad es diseñar nuevas políticas y estrategias formativas para que el estudiante tenga una buena experiencia y satisfacción con la enseñanza y el aprendizaje, redundando ello en una adecuada inserción en la educación permanente y en el mundo del trabajo. Esto se puede lograr a partir de una modernización de los contenidos, cursos y programas, de la generación de nuevos métodos y evaluación para la enseñanza y el aprendizaje, y de la utilización de nuevas tecnologías en el proceso educativo, entre otros. Es fundamental que los estudiantes obtengan una buena experiencia durante su proceso de educación en la universidad, toda vez que seguramente deberán retornar a ella en diferentes etapas de su desarrollo profesional o académico.

En las universidades de Staffordshire y Newcastle, Reino Unido (UK), por ejemplo, tiene lugar un programa centrado en varios procesos de inducción de los profesores a las actividades académicas, realizado en función de la calidad de la enseñanza y el aprendizaje a entregar a los estudiantes. El primer requisito del programa de desarrollo académico es asistir a un curso entregado una vez a la semana durante un año para conocer los procesos de gestión, la metodología de la enseñanza y la evaluación, así como el diseño curricular, la administración y los recursos de la universidad. Esta actividad tiene varios objetivos: permite al profesor conocer a sus colegas, informarse del sistema de mentor, adquirir habilidades de investigación y conocer la guía de trabajos y regulaciones del proceso académico y administrativo[15]. El curso finaliza con una evaluación realizada por expertos, y requiere la preparación de una minitesis sobre un tema de investigación relacionado con los

---

interdisciplinario más intenso y efectivo. A pesar del significativo cambio y de los inherentes costos políticos del mismo, al cabo de dos años la evaluación es muy positiva.

15   El contenido del curso comprende la temática de metodología de enseñanza y aprendizaje, diseño y desarrollo curricular, diseño del contenido de un programa de estudio, diseño y preparación de un experimento en un laboratorio, diseño y evaluación de un examen, evaluación académica y estándares educacionales.

procesos de enseñanza y aprendizaje. Este entrenamiento, al que es sometido todo nuevo académico, facilita la protección legal del profesor a cargo de un alumnado y crea una cultura universitaria de enseñanza y aprendizaje[16]. Por ejemplo, hoy en día todos los exámenes son revisados por otro colega en un proceso de revisión de pares, porque ello se ve como parte inherente a la cultura de la calidad y la transparencia, y no como una especie de «intromisión» en los asuntos de cada académico. Todos estos procesos de innovación, control y mejora de la calidad contribuyen a enriquecer el aprendizaje del estudiante y son fundamentales para que el país tenga un sistema educacional moderno.

El debate sobre modernizar el control y la calidad de la educación pasa por el sistema de acreditación de las carreras académicas en la educación superior, y es crucial para realizar un análisis del modelo educacional al que se aspira para el futuro del país. Es necesario clarificar qué se entiende por medir y evaluar la calidad de la educación y la acreditación profesional de los cursos y programas; estos dos procesos se encuentran separados en UK y a cargo de actores distintos. El proceso de medición y mejora de la calidad de la enseñanza en UK se encuentra a cargo de un organismo denominado QAA para la Educación Superior (en inglés, *Quality Assurance Agency for Higher Education*), el cual provee estándares de calidad de los servicios de apoyo al estudiante, la calidad del proceso académico y el fundamental desarrollo de estándares educacionales a nivel nacional. Asimismo, provee normas respecto al diseño y desarrollo de los contenidos de los programas de estudios, la metodología y evaluación de la enseñanza y la medición efectiva del aprendizaje, entre otros aspectos. Por otro lado, el proceso de acreditación profesional se encuentra a cargo de los colegios profesionales de UK, que tienen por tarea evaluar la competencia de una institución, así como también los estándares profesionales nacionales e internacionales de la formación entregada. El objetivo final es asegurar la calidad del estudio profesional para el individuo; la jerarquía del título profesional que otorga el programa;

---

16    Otro de los elementos destacables del curso es la información adquirida acerca de cómo preparar un examen: este debía ser escrito dos meses antes de la fecha de examen, de manera que tuviera las soluciones y puntajes de cada pregunta para que el mismo fuera revisado por un colega.

los contenidos de los cursos o asignaturas y programas profesionales; la profundidad del conocimiento entregado y adquirido; las habilidades intelectuales y prácticas, y las competencias generales transferibles. En resumen, se intenta jerarquizar la importancia del título en cuestión. Mantener separada la acreditación por calidad de las instituciones de la acreditación de las profesiones provistas por las instituciones, es un elemento crucial del sistema británico. En general, en Latinoamérica ambas cosas se encuentran refundidas en un solo proceso de acreditación, que enfatiza más que nada la acreditación de las formaciones obtenidas, tanto de pre- y postgrado, poniendo un menor énfasis en la acreditación de la calidad institucional, es decir, del proceso académico.

## Los objetivos de los estándares educacionales

Los estándares educacionales consisten en mecanismos diseñados para obtener un adecuado desarrollo y perfeccionamiento profesional y para llevar adelante el apoyo a la enseñanza y al aprendizaje con nuevos instrumentos. Esto requiere que se generen procedimientos y formas de trabajo, regulaciones académicas para los estudiantes y profesores, innovación de la gestión y administración, y guías de trabajo profesional que apoyen las buenas experiencias de las actividades académicas, para que así se mejore la experiencia para el estudiante en el proceso de su educación. Es muy importante para el estudiante que tenga un buen recuerdo y experiencia de sus estudios, además de adquirir las competencias y conocimientos más relevantes, y que se sienta orgulloso de haber sido parte de dicha experiencia, colaborando así a crear una mística institucional.

Otro objetivo del establecimiento de estándares es promover una experiencia creativa de enseñanza y un aprendizaje que sea innovador y de desarrollo continuo. Eso permite demostrar a los estudiantes y a organismos tales como las empresas privadas, el gobierno, las organizaciones que emplean a los egresados y las organizaciones internacionales de educación, que existe una formación que se puede considerar efectivamente «profesional». Esta estrategia permite demostrar la existencia de un apoyo consistente en mejorar la calidad y la experiencia de la enseñanza y el aprendizaje de los estudiantes.

Para obtener este objetivo en el marco de estándares de calidad, es necesario que el gobierno y los establecimientos de educación superior tengan un debate y un acuerdo a nivel nacional respecto a cómo innovar en la educación superior a través de un plan a largo plazo destinado a satisfacer las necesidades y desafíos del desarrollo del país[17]. Por ello resulta necesario y fundamental crear y desarrollar un estándar y un código de calidad para la educación y grupos de excelencia de *(core)* conocimiento en los departamentos. Es por eso por lo que aquí presentamos la interpretación de un prototipo de estándar basada en la experiencia de universidades del Reino Unido.

Los estándares demuestran una comprensión de la experiencia y de los procesos de enseñanza y aprendizaje de los estudiantes, incluyendo la participación de los estudiantes[18] y describe:

- Las áreas de las actividades apropiadas del núcleo *(core)* de conocimiento y valores profesionales.
- Las habilidades que involucran las prácticas relacionadas con las actividades de gestión y administración.
- La habilidad para incorporar actividades de investigación y escolares *(scholarship)* y/o prácticas profesionales.

Para apoyar y promover el aprendizaje de los estudiantes en todas las áreas de actividades, se debe promover la creación de grupos de núcleo *(core)* de conocimiento disciplinario y valores profesionales, a través de un sistema de mentores *(mentoring system)* para individuos y/o equipos de investigación, actividades escolares, y práctica profesional. Por ejemplo, los académicos con experiencia y una trayectoria bien establecida deben ser parte de un sistema de apoyo a sus colegas para así enriquecer la enseñanza y el aprendizaje, usando el sistema de *mentoring* como apoyo. Un programa de desarrollo profesional para los académicos y no

---

17 Contradictoriamente, el diálogo entre autoridades universitarias en Chile se concentra en temas relativos a financiamiento y diseño de las políticas gubernamentales.

18 *Student Engagement*: esto significa el grado de atención, curiosidad, interés, optimismo y pasión que el estudiante demuestra cuando está aprendiendo.

académicos en cada establecimiento de educación superior ayudará a preparar los profesores más jóvenes o inexperimentados para así enriquecer la calidad de la educación[19].

# Área de actividades, grupos de conocimientos y valores profesionales

Esta descripción de los estándares educacionales está basada en el documento desarrollado como uno de los primeros sistemas a nivel mundial establecido por QAA *(Quality Assurance Agency for Higher Education)* en el Reino Unido. Ello se puede considerar un excelente modelo y guía sobre cómo desarrollar un plan para incrementar la calidad de la educación y crear e innovar sobre las experiencias del proceso de educación superior, considerando la dinámica y el desarrollo cultural de cada país. Desde luego, es fundamental tener un estándar educacional para la enseñanza básica, media y superior para así poder comparar y evaluar la calidad de educación de cada establecimiento educacional, y otorgarle un sentido de continuidad al sistema. Este estándar tiene que ser gestionado por la autoridad educacional nacional, y generado a través de consultas con académicos de la educación superior.

### *Áreas de actividades a considerar para el estándar*

1. Diseño y planificación de las actividades de aprendizaje y/o programas de estudios.
2. Enseñanza y/o apoyo al aprendizaje de los estudiantes.
3. Evaluación y retroalimentación del aprendizaje.
4. Desarrollo de medioambientes efectivos de apoyo y guía al estudiante.
5. Integración de las actividades escolares, investigación y actividades profesionales con apoyo a la enseñanza y al aprendizaje.

---

19 Más adelante introduciremos una descripción sobre el sistema de mentores *(mentoring system)* y metodología de la investigación que también ayuda al desarrollo de las actividades para una mejor calidad de la enseñanza, el aprendizaje y la investigación.

6. Evaluación de las prácticas y desarrollo profesional continuo.

### *Grupo de conocimientos en la determinación del estándar*

Conocimiento y comprensión de:

1. La materia del curso y programa.
2. Metodologías apropiadas para la enseñanza y el aprendizaje en el área temática de los cursos y al nivel de los programas académicos.
3. Cómo y qué el estudiante aprende, generalmente y en el curso.
4. El uso de una tecnología apropiada.
5. Métodos para la evaluación de la efectividad de aprendizaje.
6. Las consecuencias de aseguramiento de calidad y la mejora de las prácticas profesionales.

### *Valores profesionales que considerar para el estándar*

1. Respeto por el aprendizaje individual.
2. Compromiso para incorporar los procesos y resultados de la investigación relevante, como asimismo de las actividades escolares y/o prácticas profesionales.
3. Compromiso para desarrollar una comunidad de aprendizaje.
4. Compromiso para incentivar participación en la educación superior, promoviendo diversidad del conocimiento e igualdad de oportunidades.
5. Compromiso para un continuo desarrollo profesional y evaluación de las prácticas.

### *Código de calidad para la educación*

El código de calidad para la educación superior sistematiza el aseguramiento de los estándares de la calidad de la educación. Es importante generar un código definido que permita medir y comparar la calidad de la educación entre las diferentes instituciones de educación superior, para que ello resulte en un mecanismo de incentivo al mejoramiento permanente. Para ello es necesario establecer un punto de referencia, que se constituya en una referencia obligada de evaluación y de competencia *(benchmarking)*, abarcando los contenidos de los cursos y programas a nivel nacional e internacional. Se establece así un nivel mínimo de la calidad de la educación, bajo el cual no resulta aceptable que la carrera o programa sea aprobada en cuanto a su calidad, y pueda ser debidamente acreditada por organismos de control de la calidad y acreditación. Es necesario que los países tengan y cumplan con los estándares nacionales e internacionales de calidad, que se contienen en los sistemas electrónicos de difusión[20].

El *benchmarking* evalúa por comparación con el estándar nacional vigente. El mismo intenta mantener los estándares académicos, fijando las expectativas acerca del nivel que alcanza una carrera, programa o curso en una específica área de estudios. El *benchmarking* hace que las disciplinas sean coherentes en contenidos y tengan identidad, definiendo aquello que puede esperarse de la carrera, programa o curso en términos de las habilidades y competencias que necesita un profesional del campo respectivo[21]. También impulsa la comprensión sobre el significado de la competencia adquirida en la carrera a nivel pregrado, como asimismo en el postgrado (máster o doctorado).

El *benchmarking* asegura y promueve el aumento de la calidad de la educación y algunos de los más importantes procesos como pueden ser: el diseño del programa de estudios; selección y admisión de los estudiantes; determinación del personal académico y no académico; innovación y metodología de la enseñanza y el aprendizaje; establecimiento de metas y de las facilidades para el desarrollo de programas, carreras y cursos; participación de los estudiantes en las instancias de desarrollo del proceso de enseñanza, evaluación y determinación de las prioridades del aprendizaje; monitoreo y revisión de los programas, y apelación y reclamos académicos. También se considera aquí la información a los estudiantes sobre aspectos relevantes del trabajo académico. Se exige tener transparencia, políticas robustas y estables, y procesos bien definidos, y

---

20   Hay que tener en cuenta que en UK el control de la calidad de las carreras es realizado por el QAA, mientras que la acreditación profesional la lleva a cabo un colegio profesional (colegios de ingeniería, leyes, contabilidad, médicos, etc.). A diferencia de Chile, prevalecen dos sistemas complementarios: la carrera y el individuo titulado por la misma.

21   Todo esto, sin perder de vista la necesidad de que las carreras e instituciones cuenten con un modelo educativo propio, en el marco del proyecto inherente a la misión y propósitos de la institución.

tratar a los estudiantes con justicia, dignidad y respeto, apoyando efectivamente al personal académico y no académico.

La descripción del *benchmarking* no representa un currículo de la carrera de estudios o áreas a nivel nacional. Su adecuada instauración ha de permitir que el programa sea flexible y tenga innovación en la revisión y entrega. Es interesante revisar el *benchmarking* prevaleciente a través de Europa y América para entender su rol y trascendencia en el proceso formativo. Por ejemplo, algunos elementos para el diseño y el desarrollo de un programa de *benchmarking* para Ingeniería son: (a) especificar los objetivos para el diseño y desarrollo del programa; (b) establecimiento de los recursos para la enseñanza y el aprendizaje; (c) mecanismos de evaluación de la enseñanza y el aprendizaje de los estudiantes; (d) mecanismos de reconocimiento del aprendizaje previo; (e) monitoreo y revisión del programa vigente; (f) especificaciones de las destrezas a formarse en ingeniería y otras habilidades. Este conjunto de elementos está desarrollado para cada una de las carreras de estudio en la educación superior a nivel nacional, y garantiza que el estándar sea aplicado a todas las instituciones de educación superior en un plan de mejoramiento de la calidad de la educación a corto y largo plazo.

La organización del gobierno que está encargada de la calidad de la educación debe publicar a nivel local y nacional la información sobre el resultado del *benchmarking* de las carreras de cada establecimiento de educación superior, definiendo así lo que se espera de los graduados en diferentes áreas.

## Desarrollo del proceso de aprender a pensar

Para desarrollar un sistema educacional de buena calidad es muy importante que se le enseñe al estudiante cómo aprender a aprender, cómo aprender a pensar y a resolver problemas. Es fundamental que este proceso educacional se implemente en la escuela básica y continúe en la media, puesto que así el estudiante estará preparado para aprender otras destrezas y enfrentar los desafíos de la enseñanza superior. Este proceso de continuidad en las características principales de los objetivos de la educación es un aspecto vital para el éxito de los estudios en la educación superior, y el mejor trabajo de las instituciones educativas. Aquí presentaremos una pequeña discusión y análisis del proceso de «cómo pensar».

Las discusiones sobre cómo pensar parten de la base que los profesores deberían entusiasmar (inspirar) al estudiante a introducirse en el proceso de adquisición de nuevo conocimiento, pero también de actitudes en torno a su permanente actualización. El Gobierno tiene responsabilidad por incentivar el aprendizaje de por vida, que es un ingrediente esencial del progreso de la sociedad, y para ello requiere población que pueda pensar independientemente[22]. La discusión sobre el desarrollo de la destreza pensante para resolver problemas académicos y de la vida es en extremo relevante tanto por la definición de los objetivos finales como sobre los modos de poder realizar una formación efectiva.

### ¿Cómo pensar?

Saber pensar implica saber utilizar de forma adecuada los conocimientos, las aptitudes y habilidades del pensamiento, así como los recursos cognitivos que tiene la persona. Saber pensar implica utilizar adecuadamente tanto el pensamiento convergente como el pensamiento divergente (Allueva Torres 2011) desde el control y regulación del conocimiento metacognitivo. Aprendiendo a pensar, no solo somos capaces de resolver problemas más complejos, sino también de desarrollar habilidades del conocimiento.

Aprender a pensar y enseñar a pensar, debe ser un objetivo prioritario de los profesores y demás profesionales relacionados con el ámbito educativo: «enseñar a los estudiantes o la gente cómo pensar se ha considerado un objetivo educativo importante» (Garnham y Oakhiel 1969). De acuerdo a Vygotski (1996): «El buen aprendizaje es solo aquel que procede al desarrollo». Por tanto, no solo se debe enseñar una materia determinada, sino que el proceso de enseñanza-aprendizaje debe procurar el desarrollo de habilidades del pensamiento que favorezcan el aprendizaje de esa materia. Aprender a pensar favorece el desarrollo de

---

22    l estudiante pensante desarrollará una exitosa vida de adulto en la medida en que su aprendizaje le haya permitido ser juicioso e inteligente (Sternberg 2002, y Costa 2002).

habilidades del pensamiento ya que se aprende a saber cuándo pensar, en qué pensar (qué conocimiento utilizar) y cómo pensar (qué aptitudes, estrategias y habilidades aplicar). Así, la persona consigue ser más hábil en su forma de pensar favoreciendo el desarrollo de habilidades de pensamiento, siendo un ideal de la educación el que cada persona desarrolle su potencial individual.

Los profesores a menudo dicen a los estudiantes «permítame pensar acerca de esto», «pongamos tu imaginación a trabajar» o «pensemos profundamente». A pesar de la diversidad de expresiones, sin embargo, hay poco acuerdo acerca de la naturaleza del pensamiento que los profesores deben esperar. Posiblemente hay expectativas de una «respuesta correcta», la cual los estudiantes estarían sosteniendo silenciosamente en su cabeza y alguno podría anticipar un intento de respuesta que ofrecería una visión con conceptos erróneos. Son muy pocos los que esperan una respuesta de lo solicitado del tipo «yo pienso que… porque…». Muchos profesores no sabrán el alcance o naturaleza del pensamiento de la mayoría de sus estudiantes que están participando porque, como Astington y Olso (1995) comenta: «Un gran problema es que […] pensar no tiene ninguna dosis de índices conductuales (de comportamiento)». Por lo tanto, es difícil para los profesores observar en acción. Los profesores solo pueden realmente deducir qué tipo de pensamiento puede tener lugar por la escucha de la voz del alumno (a través de las respuestas a las preguntas, la conversación entre pares), viendo sus acciones (mediante la revisión de sus escritos), observando cómo van sobre una tarea concreta o juzgar lo que la producen (una obra de arte, una historia o un informe, o incluso una simple invención de algún tipo).

Los estudiantes en la escuela primaria, secundaria y la universidad llegan a comprender, por experiencia y reflexión, que los profesores esperan cosas sobre el significado de «pensar». Los docentes, en efecto, tienen percepciones muy diferentes del pensamiento que desean manifiesten sus alumnos, así como hay muchas opiniones diferentes sobre lo que constituye el pensamiento educativo en un sentido. Como Bruner (1996: 25) corrobora: «No solo hay muchas maneras de utilizar la mente sino que muchas funcionan distintas en diferentes situaciones». Hay varios educadores que describen el proceso de pensar, pero esto necesita mayor investigación y nosotros solo mencionaremos algunas descripciones aquí.

Bruner (1996: 126), describe de qué forma el pensamiento es esencial en la educación:

*«Debe ser una invitación a generalizar a extrapolar, a hacer un intento de salto, incluso para construir una teoría (tentativa) provisional. El salto desde el mero aprender a utilizar lo que se ha aprendido en el pensamiento original es un paso esencial en el uso de la mente. De hecho, plausibles adivinar, el uso de la heurística corazonada, el mejor empleo de necesariamente pruebas insuficientes. Estas son las actividades en las que el alumno necesita práctica y orientación. Ellos están entre los grandes antídotos a la pasividad».*

Por su parte, Philip Adey *et al.* (2001: 2) describe el pensamiento como:

*«Algo que hacemos cuando tratamos de resolver problemas; se trata de procesar la información que tenemos a nuestra disposición ya sea desde el mundo externo o que se forma dentro de nuestros propios recuerdos. El pensamiento nos permite tomar las cosas que conocemos u observamos y convertirlas en nueva manera de entender».*

Pensar es una «actividad cognitiva», la cual reacciona a algunas tareas específicas con condiciones de desafío, problemas y lecciones que enseñan la destreza de pensar. Por ejemplo, el profesor debe diseñar tareas desafiantes y amplias para que los estudiantes tengan que pensar profundamente y así poder incentivarles a aplicar el conocimiento que ellos han adquirido previamente, como también ofrecerles oportunidades para trabajar en grupo colaborativo con buena calidad de comunicación y motivarles a explicar cómo han podido confeccionar sus tareas.

### Desarrollo del pensamiento creativo

Pensamiento creativo es definido en muchas diferentes formas:

- Pensamiento creativo no es solamente la generación de ideas nuevas, sino también la forma de varias fases por medio de las cuales estas pueden ser construidas y comunicadas (Pucio y Murdock 2001).

- Originalidad, productividad, imaginación, independencia, experimentación, expresión, holismo, sorpresa, generatividad e invenciones constituyen valores descriptivos característicos de pensamiento creativo (Lipman 2003: 245).
- Pensando en poner en funcionamiento un conjunto de cosas para explorar nuevas percepciones (De Bono 1967).
- La clase de pensamiento que conduce a nueva deducción y nuevas formas argumentales, ofreciendo perspectivas frescas y estableciendo una nueva y completa forma de entender y concebir las cosas (Facione 1998).
- Pensamiento creativo es una ruptura con los modelos habituales de pensar (Robinson 2001).
- Creatividad es la habilidad para producir trabajo que es novel (original), de alta calidad y apropiado a las circunstancias (Stemberg 2003).
- Generando posibilidades constituye la base tipo de pensamiento que se respalda en pensamiento crítico (Swartz, Fischer & Parks 1998).

Las tácticas pedagógicas o estrategias de enseñanza que pueden apoyar el desarrollo del pensamiento creativo incluyen:

- Proveer aprendizaje más abierto y que brinde oportunidad para resolver problemas.
- Adoptar preguntas más abiertas, no limitadas *a priori*.
- Esperar una variedad de soluciones.
- Permitir más tiempo para la incubación de ideas.
- Celebrar la existencia de resultados diferenciados.
- Incentivar una mayor extensión y exploración de ideas iniciales.
- Utilizar preguntas más abiertas como apoyo.

En conclusión, se puede señalar que el alcance y esencia de pensamiento creativo varía inmensamente. Este puede ser artístico, estético, sensitivo, musical, científico, matemático, histórico, etc.[23], pero en todas sus formas colaborará al proceso global de enseñanza-aprendizaje.

### Desarrollo del pensamiento crítico

Hay amplias opiniones opuestas del pensamiento crítico. Algunas de las opiniones descritas aquí resaltan la gama de perspectivas desarrolladas en torno a este aspecto de la educación. La definición por parte de muchos interesados en el pensamiento crítico se ha desarrollado a partir de Dewey (1910), quien abordó la naturaleza del pensamiento en la educación. Describió cómo, en un sentido, el «pensamiento educativo denota la creencia» y esto puede o no estar basado en «motivos que han sido considerados». En otras palabras, él describió cómo lo que pensamos influye en lo que pensamos subsecuentemente, y basamos nuestras creencias en las pruebas que hemos evaluado (implícita o explícitamente). Así, pasa a describir que «pensar en su mejor sentido es lo que considera el fundamento y las consecuencias de las creencias» (Dewey 1910: 5). Muchas de las definiciones de pensamiento crítico exponen los conceptos de la evaluación de la información, ideas o propuestas, considerando las consecuencias de acciones o pensamiento antes de juzgar si son plausibles o útiles. Glaser (1941: 5) extiende esta noción temprana del pensamiento crítico para incluir «el conocimiento de los métodos de investigación y razonamiento lógico». Glaser también describe cómo se requiere «persistencia en examinar las creencias a la luz de la evidencia que lo apoya y las conclusiones a las que tiende» (Glaser 1941), implicando así una disposición (o inclinación) para considerar cuidadosamente los problemas y temas que entran dentro del alcance de la experiencia.

Facione (1998) explica la idea del núcleo y habilidades de pensamiento crítico y proporciona descripciones mucho más detalladas de las características asociadas. Él identifica estas como el análisis, la inferencia, la explicación, la evaluación, la autorregulación y la interpretación. El *análisis* consiste en «identificar la intención y relaciones inferenciales

---

23  Más información sobre pensamiento creativo se encuentra en el libro *Developing Thinking-Developing Learning* por Debra McGregor (2007), el cual ofrece un interesante análisis sobre cómo aprender a pensar.

reales» entre las cosas (incluidas las declaraciones, preguntas, conceptos, descripciones, pruebas, experiencias, información u opiniones). La *inferencia* significa «identificar y asegurar los elementos necesarios para trazar hipótesis razonables. Lo que puede requerir la consideración de información relevante, y deducir las consecuencias derivadas de datos, pruebas, declaraciones, principios, creencias, conceptos de opinión, descripciones o juicios». La *explicación* es ser capaz de establecer el «estado de resultados de un razonamiento en términos de las pruebas, conceptuales, metodológicas, criteriológicas, contextuales y las consideraciones en que se basan los mismos; y presentar su razonamiento en la forma de argumentos coherentes». La *evaluación* es la valoración de la «credibilidad» de las declaraciones u representaciones que son cuentas o descripciones de una percepción de la persona, experiencia, situación, juzgamientos, creencia u opinión. La *autorregulación,* significa «conscientemente supervisar las actividades cognitivas, y los resultados que se deducen, en particular mediante la aplicación de habilidades en el análisis y la evaluación para traer las propias sentencias con miras a interrogarlos, confirmando, validar o corregir cualquiera de sus ideas o sus resultados». Facione, como muchos otros, describe al buen pensador crítico como quien es capaz de interpretar, analizar, evaluar y deducir de la información o las pruebas dadas y luego también explicar lo que piensan y cómo se llega a la conclusión.

Alec Fisher (2001: 8) aclara aún más el núcleo constituyente de habilidades de pensamiento crítico y define como fundamentales:

- Identificar los elementos en un caso razonable, especialmente razones y conclusiones.
- Identificar y evaluar suposiciones.
- Clarificar e interpretar expresiones e ideas.
- Juzgar la aceptabilidad, especialmente la credibilidad de reclamaciones.
- Evaluar argumentos de diferentes tipos.
- Analizar, evaluar y hacer deducciones.
- Extraer inferencias.
- Producir argumentos.

## *Conclusión*

Muchas de las actividades de aprendizaje de los estudiantes constituyen una oportunidad para aplicar pensamiento crítico. Es fundamental utilizar el desarrollo de pensamiento crítico en el desarrollo de las habilidades propias de la formación en cada ámbito disciplinario, ya que ello permitirá aumentar la creatividad e innovación en los estudiantes como algo propio de la formación que están obteniendo, induciendo así al uso de una mente más racional. Permitirá también que desarrollen una disciplina autocrítica, en la medida en que el fruto de su pensamiento sea sometido a evaluación.

# Introducción al aprendizaje de los estudiantes

El uso del término «aprendizaje centrado en el estudiante» puede simplemente referirse a actitudes o métodos instruccionales que reconocen diferencias individuales en los estudiantes. En este sentido, el aprendizaje centrado en el estudiante enfatiza los intereses de cada uno, sus habilidades y sus estilos de aprendizaje, colocando al profesor como facilitador del aprendizaje por parte de individuos más que para la clase como un todo.

Innumerables modelos han sido desarrollados para explicar los procesos de aprendizaje o los tipos de habilidades *(skills)* que obtienen las personas. Hay dos importantes escuelas de pensamiento acerca de cómo el aprendizaje se ha desarrollado. Una primera explicación se refiere al comportamiento de la escuela que toma como punto de vista el aprendizaje desarrollado a través de estímulos, respuestas y gratificación: en otras palabras, se trataría de un proceso condicionado en que el estímulo es referido como una «entrada» y el comportamiento de aprendizaje como «salida», como en un sistema informático. Esto puede ser discutido por los énfasis presentados que están sobre la intención de expresar los resultados del aprendizaje desde el pensamiento de la escuela, y este criterio de evaluación está intentando definir la salida del aprendizaje de forma teleológica.

Una segunda forma de pensamiento procede del punto de vista cognitivo, y se focaliza en las percepciones, memoria, formación de conceptos y habilidades que muestran cómo las personas han aprendido a resolver problemas. Una de las más populares teorías de la escuela «cognitiva» viene del trabajo de Lewin (1952) en *Field theory in Social Science.* Esto fue ampliado por Kob en su libro *El modelo de Kob* (1983), el cual identifica el efecto que las personas mejor conocen y experimentan. Muchas otras fuentes de información y publicaciones describen diferentes puntos de vista sobre el proceso de aprendizaje[24]. Es importante considerar que los académicos necesitan contar con un objetivo en común, para que a ello se dirija una enseñanza efectiva para los estudiantes. «No hay una forma ideal para enseñar», puesto que ello depende enteramente de los objetivos generales y específicos planteados para el proceso formativo. Además, el aprendizaje puede ser muy aburrido para todos, si todos los profesores usaran exactamente los mismos métodos de enseñanza. Sin embargo, si se escoge un procedimiento (método de enseñanza) para enseñar, vale la pena detenerse a pensar exactamente en cómo eso ha de impactar al estudiante en su proceso de aprendizaje.

La especie humana es única en su capacidad para aprender. ¿Por qué nuestra especie ha evolucionado tanto? La formación del ser humano involucra el aprender, lo cual nos lleva de vuelta al desarrollo de la civilización. Por ejemplo, es demasiado lo que se ha escrito acerca de cómo aprendemos los diferentes idiomas que no nos son familiares y algunos de ellos ni siquiera relacionados a lo que la mayoría de la gente quiere aprender. Antes de estudiar una mirada práctica del proceso de aprendizaje, presentaremos una pequeña revisión de algunas de las más significativas ideas relacionadas en la literatura o nuestra experiencia.

El contenido en este libro está diseñado para ayudar a comprender y discutir con otros académicos y colegas los variados problemas existentes, y producir debate o controversia en relación con los aspectos específicos del aprendizaje de los estudiantes, por ejemplo, como:

- Producir resultados de aprendizaje a diferentes niveles y en algunos casos relacionados al contenido del curso.
- Ayudar y clarificar el entendimiento de los actuales procesos de aprendizaje en la educación y otras experiencias de los actores involucrados.

---

24   Incluyen a Vark (2005), Skinner (1954), Biggs (1999) y Ramsden y Entwiste (1981).

- Considerar algunos de los debates actuales acerca de la calidad de la enseñanza y el aprendizaje del estudiante.
- Obtener algunas recomendaciones o conclusiones acerca de cómo se podría enriquecer el aprendizaje del estudiante, con referencia particular al uso de la inteligencia creativa, crítica y emocional asociada a la enseñanza.

Es evidente que el estudiante necesita aprender diferentes rangos de cosas. El psicólogo Benjamin Bloom identifica tres dominios de aprendizaje: cognitivo, afectivo y psicomotor. Por ejemplo, escribir un ensayo puede concebirse como una actividad esencialmente cognitiva e intelectual, aunque posee elementos de afectividad expresiva y aún aspectos psicomotores, porque hay procesos que construir para tener confianza en sí mismo y resolver su propio conocimiento, como también desarrollar la manipulación física de un computador, otras materias y equipamiento. El uso y manipulación apropiada de una ecuación matemática es también un ejemplo de una gran actividad cognitiva, usando casi puro nivel de habilidades y conocimiento.

Bloom *et al.* (1956) desarrollan extensivamente la categoría correspondiente a las habilidades cognitivas. En esta línea, resulta aconsejable para los profesores aplicar la clasificación de cuestionarios o tareas a los estudiantes, comprendidos en el concepto de educación para evaluar el nivel de pensamiento aplicado. Las preguntas o tareas envuelven análisis, síntesis o evaluación que demandan procesos considerados más desafiantes y demandantes que solamente el recordar o comprender.

Las clases de pensamiento asociado en cada una de las habilidades cognitivas de Bloom *et al.* (1956) son las siguientes:

**Conocimiento.** Incluye comportamientos y situaciones basados en preguntas y que hace énfasis en recordar. Esto implica habilidades tales como: definir, reconocer, recordar, identificar, entender, examinar, mostrar, colectar.

**Comprensión.** Requiere énfasis sobre lo que el estudiante entiende del significado e intención de la materia que le ha sido comunicada, para ser capaz de explicar la información. Esto implica las habilidades de: traducir, interpretar, extrapolar, explicar, describir, resumir.

**Aplicaciones.** Implica la comprensión aplicada a una situación nueva presentada al estudiante, y que requiere transferencia de conocimiento y comprensión a una situación real *(solving closed-ended problems)*. Esto implica habilidades como: aplicar, resolver, experimentar, mostrar, predecir.

**Análisis.** Requiere un énfasis sobre cómo dividir el material de estudio en sus partes constituyentes y detectar la relación entre las distintas partes y la forma como ellas son organizadas y conectadas *(solving open-ended problems)*. Esto implica las habilidades de: conectar, relatar, diferenciar, clasificar, arreglar, chequear, agrupar, distinguir, organizar, categorizar, detectar, comparar, inferir.

**Síntesis.** Implica poner elementos y partes como una sola forma integrada, creando una única respuesta a los problemas. Esto implica las habilidades de: producir, proponer, diseñar, planear, combinar, formular, componer, crear hipótesis, construir.

**Evaluación.** Requiere realizar un juicio acerca del valor de la solución para algunos propósitos, consistente en ideas, trabajos, soluciones, métodos, materiales, etc. Envuelve el uso de estándares de evaluación, los cuales pueden ser cuantitativos o cualitativos, posibilitando la realización de una crítica con un juicio basado en un conocimiento considerado verdadero. Esto implica las habilidades de: valorar, enjuiciar, criticar, decidir.

Todas estas habilidades cognitivas pueden ser susceptibles de una clasificación jerárquica. La evaluación es considerada la mayormente demandante, puesto que su realización requiere fundarse en conocimiento. Por ejemplo, la presentación y defensa de opiniones juzgando la información, la validez de ideas o la de una obra en relación a un conjunto de criterios o juicios en términos de evidencia interna o externa.

En la actividad humana, pensar y aprender es un proceso de vasta importancia en el desarrollo educacional. El aprendizaje es un concepto altamente complejo y muchas teorías se han desarrollado tratando de generalizarlo. Aunque muchas teorías están de acuerdo en que es el propio estudiante el constructor del conocimiento, hay desacuerdo acerca de la forma en cómo ocurre el aprendizaje: si es que ello ocurre solamente en la mente o simplemente a través del lenguaje. Piaget

(1950) y su teoría sobre el aprendizaje, describe la influencia del lenguaje en la psicología del aprendizaje partiendo de la consideración de que este se lleve a cabo a través del desarrollo mental, mediante el lenguaje y la comprensión. También destaca (Piaget, J. 1926) la influencia que podría ejercer el contexto en el proceso de aprendizaje, ya sea la estructura social, histórica o cultural. Por otra parte, puede haber debate sobre los resultados que se considerarán una señal de que el aprendizaje ha ocurrido (conocimiento, habilidades, realidad, entendimiento).

## Teorías del aprendizaje

El aprendizaje es uno de los procesos más complejos de la actividad humana y varias teorías se han esgrimido para tratar de generalizar acerca de cómo este surge o se construye. A pesar de que varios teóricos están de acuerdo en que el estudiante (o el niño) es el «constructor del conocimiento», hay desacuerdo acerca de cómo el aprendizaje efectivamente tiene lugar (los procesos involucrados) y dónde esto ocurre (si solamente en la mente, a través de una cooperación entre cuerpo y mente, o si solamente a través del lenguaje). Una pregunta vital es acerca de cuáles influencias podrían tener una mayor o menor importancia en la adquisición de conocimiento (contexto, estructura, histórico, social, cultural). Al mismo tiempo, debe debatirse acerca de qué resultados constituirían una señal de que un cierto aprendizaje ha ocurrido (conocimiento, pericias, habilidades, realidad, entender).

Hay varios autores[25] que han intentado resumir las siguientes propuestas básicas como: Behaviorismo (comportamiento o conducta), Constructivismo, Constructivismo social y Constructivismo social-cultural. Este punto de vista del aprendizaje está basado en actividades cognitivas (habilidades de procesamiento de información, las habilidades de razonamiento, la investigación, la creatividad y la evaluación) implícitas (incondicional) o explícitas. La característica pedagógica implica que

---

25 Entre estos se cuentan: Skinner (1953), Pollar (2002), Piaget (1950), Adey *et al.* (2002) y Vygotsky (1980).

estos puntos de vista pueden influenciar la naturaleza del pensamiento del estudiante.

## Behaviorismo

Se trata de la teoría del conductismo en educación, basado en el desarrollo de Thorndike (1911) cuya «ley de efecto» indicó la manera en que la naturaleza de una respuesta (premiar o castigar a un alumno por parte de un profesor) en determinada situación puede afectar la fortaleza o la debilidad de una asociación «Bond» entre una experiencia de aprendizaje, pensamiento o comportamiento. Thorndike también desarrolló la «ley del ejercicio» que puso de manifiesto cómo la probabilidad de respuestas particulares (por ejemplo, desde un profesor) en determinadas situaciones puede influir en el comportamiento del alumno. Asimismo, el pensamiento de Skinner (1968) construido sobre este trabajo, demostró cómo una rata podría ser condicionada a «empujar una palanca para encontrar comida», para así ilustrar cómo una respuesta puede reforzar positivamente comportamientos determinados. Él llamó a esto «operador acondicionado». Sobre esa base desarrolló su teoría del aprendizaje que incluye el estímulo, respuesta, refuerzo y corrección de la respuesta de los alumnos, a lo que llamó la «ley de efecto». La «ley de ejercicio» se reflejó en un énfasis en la práctica. Hay variaciones en el punto de vista del conductismo, pero, en esencia, se centra en reforzar lo «correcto», lo repetitivo, por medio de conductas observables para que el alumno llegue a dominar una habilidad o un conjunto de información (ortografía, tablas matemáticas y así sucesivamente). El conductismo es percibido como la adquisición de nuevos comportamientos.

## Constructivismo

El fundamento teórico del constructivismo *piagetiano* se basa en nociones acerca de la forma en que los alumnos (niños) aprenden. Piaget describe la situación cuando los niños encuentran una nueva experiencia que adaptar cognitivamente. El proceso de adaptación inteligente (Piaget 1950) incluye «acomodación» actual de su pensamiento y «asimilación» de aspectos de la nueva experiencia. El desarrollo del pensamiento infantil surge de acumular vivencias, tras sucesivas experiencias con el mundo que les rodea. Con el tiempo se encaminarán a reestructurar su comprensión para explicar fenómenos. Piaget describió cómo las habilidades cognitivas de los alumnos siguen un patrón a través de varias fases jerárquicas.

### Constructivismo social

En esencia esta descripción ha sido desarrollada por el trabajo de Vygotsky (1986), en que sus aspectos prominentes son resumidos bajo el subtítulo «Profesor constructivista». La naturaleza interactiva del aprendizaje entre profesor y estudiante está descrita bajo el subtítulo «Profesor constructivista social». Los constructivistas sociales perciben como pensamiento aquello derivado socialmente a través de las comunicaciones con los demás. Reflexión instrumental se asume a partir del intercambio interactivo. El pensamiento puede ser compatible, a la vez que mejorado y ampliado a través de la discusión e «interacción» entre los compañeros de una clase y el profesor. El lenguaje es, por tanto, fundamental para otros más expertos para trabajar con los novicios y apoya el desarrollo cognitivo dentro de su zona de desarrollo proximal. Así, el desarrollo cognitivo surge de una verdadera colaboración en que el apoyo del profesor es vital, pasando por tareas «andamios» y promoviendo interacciones centradas en la explicación de significados acerca de las cosas. Los profesores y maestros, en este paradigma, son percibidos como caracteres más dinámicos. Ellos serán más intervencionistas y formularán muchas preguntas para captar y provocar a los alumnos en sus grupos sociales, para que aprendan colaborativamente, más frecuentemente preguntando: «¿qué piensas tú?» y «¿por qué?». Compartir abiertamente lo potencial del conflicto social al interior de un pequeño grupo como parte del proceso de aprendizaje interactivo.

Es interesante investigar las varias teorías prominentes del aprendizaje: constructivista social; comportamiento y expectaciones del profesor, y la teoría del constructivismo social-cultural desde el punto de vista del aprendizaje sociocultural. Aplicando esta teoría se puede ayudar a explicar cómo podríamos visualizar «pensar a aprender» y «aprender a pensar». Los educadores necesitan prestar atención a cómo los estudiantes son estimulados o inspirados colectivamente, e introducirlos a pensar juntos[26].

En el cuadro 2.1. Pollar (2014) presenta un resumen muy simple de algunos puntos clave de las discusiones anteriores de interacción profesor-alumnos en términos de behaviorismo, constructivista y los modelos de aprendizaje constructivista social en la sala de clase. Las percepciones particulares de cada perspectiva de aprendizaje son evidentes.

Más adelante mostraremos un modelo simple de una aplicación constructivista, el cual ilustra cómo un profesor constructivista podría hacer preguntas reflexivas y preguntas que apoyen al aprendiz para poder desarrollar comprensión personalizada. Esto significa un constructivismo moderno, que enfatiza la necesidad que debe generarse en el estudiante para que se involucre en actividades que le permitan construir su propio conocimiento y comprensión.

## Profesor constructivista

- Espera que el estudiante reconozca el desequilibrio y reflexivamente «reequilibre».
- Formula preguntas desafiantes de naturaleza reflexiva.
- Evalúa la comprensión del estudiante acerca del concepto que se enseñó.
- Espera que los alumnos demuestren iniciativa.
- Espera que los estudiantes desarrollen modelos abstractos o explicaciones para fenómenos observables.
- Presenta tareas y aprendizajes que requieren participación.
- Espera que los alumnos comprendan el significado de la actividad.
- Espera determinados tipos de actividad cognitiva (por ejemplo, clasificar, analizar, predecir).

---

26  Basado en Pollar, A. *et al.* (2014).

## *Cuadro 2.1.*

| | **Behaviorismo en la sala de clases** | **Constructivismo en la sala de clases** | **Constructivismo social en la sala de clases** |
|---|---|---|---|
| **Imagen del alumno** | -Pasivo<br>-Individual<br>-Extrínsecamente motivado | -Activo<br>-Individual<br>-Intrínsecamente motivado | -Activo<br>-Social<br>-Socialmente motivado |
| **Imágenes de la enseñanza y el aprendizaje** | -Docente transmite<br>-Conocimiento y habilidades<br>-El aprendizaje depende de la enseñanza y el refuerzo sistemático de los comportamientos correctos | -El profesor le da al niño oportunidad para construir conocimiento y habilidades gradualmente a través de la experiencia<br>-El aprendizaje puede ser independiente de la enseñanza | -Conocimientos y habilidades se construyen gradualmente a través de la experiencia, interacción y apoyo de adultos<br>-El aprendizaje viene a través de la interdependencia del profesor y niños |
| **Características de las actividades escolares** | -Clase escuchando a un adulto<br>-Clase trabajando en un ejercicio | -Individuos haciendo, experimentando, jugando o de lo contrario haciendo algo | -Clase, grupo o discusión individual con un adulto u otros niños<br>-Resolver problemas de grupo |
| **Algunas características** | -Saca directamente<br>-De los actuales conocimientos sobre el tema en una forma lineal lógica<br>-Cuando coinciden al entendimiento existente, puede ser una forma rápida y eficaz de aprender | -Utiliza la experiencia directa y permite al niño explorar a su manera y a su propio ritmo<br>-Puede generar confianza y práctica, perspicaz entendimiento | -Fomentar la colaboración y el desarrollo del lenguaje<br>-Mediante la estructuración de desafíos puede aclarar las ideas y ampliar la comprensión significativa |
| **Algunas cuestiones** | -No se puede conectar con el conocimiento existente y por lo tanto puede conducir a la superficialidad.<br>-Difícil motivar a todos los alumnos en clase<br>-Difícil adaptar la estructura de la materia a la variedad de necesidades de los alumnos | -Tiene importantes implicaciones organizacionales y recursos<br>-Manejo de la sala de clases a menudo dominan la enseñanza real Anticipa la motivación y autonomía responsable de niños | -Requiere en la sala de clase un ambiente adecuado orientado hacia el aprendizaje<br>- Requiere alto nivel de juicio de adultos, conocimientos y habilidades<br>-Anticipa el lenguaje, el razonamiento y la capacidad social de los niños |

## Profesor constructivista social

- Espera que los estudiantes se comuniquen entre sí en su proceso de aprendizaje.
- Formula preguntas más abiertas a la colectividad sin resolverlas.
- Provee plataformas y medios para apoyar la tarea de aprendizaje.
- Estimula a los estudiantes para debatir ideas y compartir entendimientos.
- Espera a los alumnos colaborativamente para desarrollar estrategias y soluciones colaborativas.
- Fomenta un entorno de aprendizaje de apoyo mutuo.
- Presenta tareas que requieren activa participación.
- Espera que los estudiantes incorporen actividades significativas a través de sus interacciones con otros.
- Estimula a los estudiantes a buscar colaboración, racionalizar las ideas, dar prioridad a las proposiciones y deliberar sobre la dirección del aprendizaje.

### *Constructivismo social-cultural*

Se focaliza en la influencia social, cultural e histórica sobre el aprendizaje. Esto forma y educa a los estudiantes en el conocimiento del aprendizaje, entendimiento, habilidades y destreza en varias situaciones. Bruner (1986: 126) aclara que algo existente en la conexión entre los mundos sociales (del profesor y el estudiante) y la manera en la cual los estudiantes pueden comprometerse en torno a ello, llega a convertirse en un entendimiento conceptual.

## Profesor constructivista sociocultural

Comportamientos prominentes del profesor y expectativas implícitas en la teoría social-cultural del aprendizaje:

- Participación en el aprendizaje comienza como una participación periférica legítima.
- Espera que el proceso de aprendizaje sea mutuamente beneficiosa tanto para novatos como para expertos.

- Pericia está más centrada en interpretaciones y concepciones que en el logro de conocimiento fáctico o rendimiento calificado.
- Como novicios del conocimiento, los estudiantes participan más plenamente en una comunidad de práctica.
- Experiencia práctica es apropiada y puede manifestarse de varias formas.
- Novicios son alentados a participar en comunidades de aprendizaje.
- Anticipa el proceso de aprender a ser gradual y percibido como un aprendizaje *(apprenticeship)*.

Podemos concluir que, haciendo uso de estas teorías, ellas pueden ayudar a explicar cómo podemos revisar el pensamiento para aprender a aprender y aprender a pensar. Los educadores necesitan chequear si los estudiantes están colectivamente entusiasmados con el proceso.

Andrew Pollar (2004) desarrolló un resumen muy simple de algunos de los puntos más importantes en las discusiones anteriores sobre la interacción del profesor-aprendiz[27]. Allí señala que es importante que todas las personas que están involucradas en el proceso de enseñanza y aprendizaje tengan una capacitación y desarrollo personal acerca de cómo enseñar, cómo hacer pensar a los estudiantes, y tener presente una metodología de enseñanza, aprendizaje e investigación considerando el desarrollo curricular y de los contenidos de los cursos de cada carrera de estudio, siempre evaluando el aprendizaje del estudiante.

## Crear las condiciones para el aprendizaje

Es importante hacer una breve revisión de algunos de los factores contextuales que son importantes en la educación, y cómo los profesores, estudiantes y la familia responden al control de calidad en el proceso de enseñanza y aprendizaje. La influencia del contexto social determina, en realidad, todos los resultados que se derivan del trabajo del aula escolar.

---

27  Algunas características de modelos de comportamiento, constructivismo y constructivismo social de aprendizaje en las salas de clases pueden conseguirse en www.reflective teaching.co.uk

En las escuelas primarias de algunos países existe una gran colaboración entre los padres y los profesores para ayudar a los estudiantes a aprender. Eso se realiza, por ejemplo, a través de tareas diseñadas para que el estudiante trabaje junto con sus padres en el rol de apoyo (ciertamente, no para que los padres hagan las tareas).

En el amplio tema del contexto social, podemos considerar cuatro aspectos que son significativos en los colegios y universidades: ideología, cultura, oportunidades y responsabilidades.

**Ideología.** Concerniente a la forma de pensar políticamente sobre el hecho educativo. Por ejemplo, en Chile hay un gran debate ideológico con respecto a qué tipo de educación necesita el país: si guiada por el Estado o centrada en los proyectos educativos diversos de los colegios. Hay que tener en cuenta que este es también un debate a nivel global, ya que los ciudadanos quieren mejorar la calidad de la educación para sus hijos, porque vivimos en una sociedad más compleja y competitiva que requiere mejores habilidades para trabajar, siendo además muy rápidos los cambios en la tecnología. Todo esto también traerá efectos sobre cómo enseñar en el futuro, lo que debe considerar una estrecha colaboración público-privada, especialmente en el campo de la normativa y la consideración de la educación como un bien público.

**Cultura.** Esto posee relación con los valores y prácticas en que el individuo desarrolla su proceso de socialización. También afecta a las expectativas del alumno hacia el profesor, y la naturaleza de la relación entre estos dos actores.

**Oportunidades.** Se refiere a los desafíos consistentes en crear oportunidades a través de la educación, considerando la inclusión social, la igualdad de oportunidades y la no discriminación por clase social o económica, por capacidades diferentes, comportamiento sexual o pertenencia a grupos políticos o religiosos.

**Responsabilidades.** En cualquier organización, los académicos y no académicos son pagados para entregar servicios a los estudiantes. Por lo tanto, es importante proveer adecuados servicios de apoyo directo e indirecto que resulten en una buena calidad de educación. La calidad de la educación de hoy día en comparación a tres décadas atrás contrasta severamente. Por lo tanto, enfrentamos en el presente la responsabilidad de crear procesos y métodos de la enseñanza mucho más inteligentes para poder estar a tono con los progresos en el conocimiento y los cambios científicos y tecnológicos que están ocurriendo y ocurrirán en la sociedad.

La responsabilidad del Gobierno es discutir la relación entre la universidad, los profesores y los estudiantes, quienes son los actores principales. Este diálogo es también vital en la enseñanza básica y media, especialmente centrado aquí en padres y profesores. La discusión debe centrarse en enriquecer la calidad de la educación considerando explícitamente que las prácticas en las escuelas y las clases son influenciadas por las circunstancias sociales, culturales, económicas y políticas.

# CAPÍTULO III

# Principios de desarrollo curricular y evaluación para la enseñanza y el aprendizaje

*«Los docentes deben ser mejor compensados, liberados del aco-so burocrático, dado un papel en la gobernanza académica y dotados de los mejores métodos y materiales posibles. Pero nada de eso va a transformar la educación si no logramos apreciar y desafío en el corazón humano, que es la fuente de la buena enseñanza».*

Parker Palmer (1998: 3)

## Introducción

La existencia de un currículo nacional para cada nivel educativo se ha convertido en cosa común en todos los países. Tal provisión asegura cobertura de un rango particular (mínimo) de conocimientos, satisfaciendo así los derechos de los alumnos y las aspiraciones nacionales, proveyendo, además, un sentido «nacional» a la educación. El propósito de este capítulo es presentar los principios, elementos y estructuras relevantes de desarrollo curricular para la enseñanza y el aprendizaje. Es importante en el desarrollo curricular de una educación moderna el incluir conceptos como diseñar un currículo en torno al desarrollo de conocimientos, destrezas y actitudes para un eficaz proceso de enseñanza y aprendizaje. En cuanto a la evaluación, incluimos los procesos y prácticas de la enseñanza-aprendizaje, estableciendo por qué evaluamos y qué es lo que efectivamente evaluamos, discutiendo algunos métodos, diseño y técnicas de exámenes escritos y su correspondiente retroalimentación. En el Reino Unido el proceso de innovar y modernizar los currículos y contenidos de los módulos de los cursos se realiza continuamente, se actualiza la malla curricular y se crean nuevos módulos («ramos» en Latinoamérica) siguiendo los cambios sociales, científicos y tecnológicos. Esta modernización curricular es analizada y aprobada en los departamentos y por un panel de control de la calidad en las universidades, e informada al examinador externo; también el QAA y los paneles de acreditación profesional han de aprobar estos cambios.

## Eficacia de la enseñanza

Andrew Pollar, en su libro *Reflective Teaching* (2014) describe lo siguiente:

> *«La efectiva enseñanza y aprendizaje equipa al aprendiz de por vida en el crecimiento de sus conocimientos y sentidos. El objetivo del diseño del currículo de aprendizaje es ayudar a las personas en su desarrollo intelectual, personal y como recurso social que les capacita para participar como ciudadanos activos, contribuyendo así al desarrollo económico y a florecer como individuos en una sociedad diversa y de cambios, cada vez más compleja. Esta visión permite un amplio punto de vista para evaluar los resultados del aprendizaje y asegurar equidad y justicia social. El desarrollo curricular de la enseñanza y el aprendizaje es importante para satisfacer las aspiraciones de una educación moderna».*

Tres principios son de relevancia en los requisitos curriculares:

- **La eficacia de la enseñanza y el aprendizaje equipan a los estudiantes para la vida en su sentido más amplio.** El desarrollo curricular debe consistir en una efectiva enseñanza y aprendizaje introduciendo valores para formar conocimiento y apoyar el desarrollo personal.
- **La eficacia de la enseñanza y el aprendizaje se relaciona con valiosas formas de conocimiento.** El desarrollo curricular debe comprometerse con grandes ideas, hechos, procesos, idiomas y narrativas de las asignaturas, para que los estudiantes comprendan lo que constituye calidad y estándares en una particular disciplina.
- **La eficacia de la enseñanza y el aprendizaje exige marcos de política *(frameworks)* coherentes con el apoyo para la**

**enseñanza y el aprendizaje como su principal objetivo.**
Las políticas a nivel nacional, local e instituciones educacionales necesitan reconocer la importancia fundamental de la enseñanza-aprendizaje y esto debe reflejarse en los objetivos principales de las estrategias destinadas a mejorar y enriquecer la calidad de la enseñanza y el aprendizaje. Ellos deben crear medioambientes o climas eficaces para el aprendizaje en los cuales los estudiantes puedan prosperar. Estas políticas son fundamentales para reconocer la importancia de enriquecer la calidad de la educación del país.

El rol educacional en cuanto a proveer currículos efectivos y pertinentes está relacionado con tres consideraciones básicas: la naturaleza del conocimiento, la necesidad de los aprendices y, la más crucial, la interacción entre ellos[28].

La pregunta es si acaso estos principios están incluidos o están especificados en Latinoamérica dentro de los protocolos referidos al desarrollo curricular, porque esto representa el valor de comprometerse con una educación apropiada. Este aspecto es de fundamental importancia en el caso de la educación superior.

**Los elementos del currículo para el aprendizaje que aquí se discutirán son:**

**Conocimiento.** Esto implica seleccionar qué se necesita conocer, a la vez que determinar la importancia e interés por conocerlo. La raíz de esto lleva de regreso a la filosofía, la psicología, la teoría de la educación y la sociología. Por ejemplo, hay muchos conceptos en ingeniería y ciencia que no funcionan en el mundo actual y práctico (aunque hoy día se continúan enseñando en las universidades), haciendo necesario, por lo tanto, seleccionar el contenido de conocimiento que es útil y relevante para los estudiantes y la sociedad de la actualidad.

---

28   Por ejemplo, en Inglaterra, sección 78 del acta de educación 2002, describe que el currículo debe ser basado en: «promover lo espiritual, moral, cultural, mental y desarrollo físico de los estudiantes en la escuela, y en la sociedad, y preparar los estudiantes en los colegios por las oportunidades, responsabilidades y experiencias de su vida futura».

**Conceptos.** Es decir, las «grandes ideas» que forman un curso, o generalización en la cual se capacita a los estudiantes para clasificar, organizar y predecir, como asimismo para entender modelos, relaciones y significados. Por ejemplo, los conceptos de flujo, cambio, consecuencia, temperatura, potencia, energía, etc.

**Destrezas** (habilidades). O sea, la capacidad o competencia para realizar una *(performance)* tarea, sea ella personal o social (escuchar, colaborar, reflexionar), física o práctica (correr, escribir, cortar), intelectual (observar, razonar, imaginarse) o relativa a las comunicaciones (oral, literario, numérico).

**Actitudes.** Son consideradas como la expresión abierta en una variedad de situaciones, valores y cualidades personales susceptible de formación y desarrollo. Por ejemplo: iniciativa, tolerancia, confiabilidad, resiliencia, disciplina, ingenio.

Es crucial el análisis para hacer la distinción entre conocimientos, conceptos, habilidades y actitudes. Este es un aspecto vital en el diseño curricular, porque cada concepto se asociará a diversos contenidos y estrategias de enseñanza. Dentro del currículo debe haber un balance entre estos cuatro aspectos, y así asegurarse de que cada uno tenga su lugar e importancia. Esto es importante para quienes mantienen la estructura *(frameworks)* curricular de los colegios y educación superior.

### Los currículos nacionales estructurados son atractivos:

- Las metas y objetivos para cada etapa de educación deben ser clarificadas con anticipación para ambos, estudiantes y profesores.
- La amplitud y el balance curricular puede considerarse como un conjunto.
- La progresión del currículo y la continuidad de este pueden ser planeados y monitoreados ambos clase a clase, así como en la transferencia entre colegios.
- La capacitación y programas de desarrollo profesional para los docentes pueden ser adaptados a las necesidades de los planes de estudios nacionales conocidos (currículo nacional) y las organizaciones educacionales a nivel local.

- Los recursos para programas de enseñanza y aprendizaje pueden desarrollarse a gran escala y en forma organizada y rentable.
- Los sistemas de evaluación e inspección pueden ser utilizados para reforzar las intenciones (qué será capaz de hacer el estudiante).
- Los padres, empleados y otros actores interesados *(stakeholders)* tienen la oportunidad de conocer y comprender lo que se está enseñando y pueden ser capaces de ofrecer apoyo eficaz para construir un sistema más transparente.
- La coherencia, la alineación y la mejora del sistema en conjunto pueden ser desarrollados a través de procesos de evaluación, investigación y perfeccionamiento.
- El sistema de inducción para el nuevo personal académico y no académico reafirmaría las intenciones del desarrollo curricular y educacional. Para los profesores que comienzan a trabajar en la educación superior es recomendable seguir un curso de enseñanza y aprendizaje, que sea organizado por la institución respectiva, para conservar los aspectos específicos del currículo y de los contenidos. Eso es clave para contar con una coordinación mínima entre secciones de un mismo curso, y de su continuación en el contexto de un programa. Esto permitiría, además, que los académicos puedan obtener un postgrado en enseñanza, lo cual les otorgaría cierta protección legal en el proceso de hacer clases, habilitándolo en el conocimiento de la metodología de la organización curricular, metodología de enseñanza, guías de trabajos, regulaciones, desarrollo curricular, proceso de evaluación para los estudiantes y académicos, conocimiento del desarrollo cultural y la dinámica de la institución en particular, etc.

El currículo nacional provee una información significativa para lograr los objetivos nacionales y así enriquecer la calidad de la educación en cuanto a que el aprendizaje del estudiante sea coherente y progresivo. También clarifica las metas, los objetivos y el rol de los profesores, para así lograr que tanto la educación privada y la que proporciona el Estado tengan una guía general del desarrollo curricular y en la cual provean el mismo estándar de educación a nivel nacional (considerando que un currículo nacional no excluye las particularidades de un proyecto educativo específico).

En el desarrollo curricular es muy importante que se especifiquen los requerimientos, en cuanto al marco de trabajo *(frameworks)* y el conjunto de líneas de trabajo. El marco y las líneas de trabajo del currículo nacional deben tener un contenido particular para la enseñanza, la experiencia de estudio, el aprendizaje y la evaluación. La especificación de un currículo nacional hace la pregunta inmediata: «¿de qué trata este currículo?». Cualquier currículo ha de reflejar valores, puntos de vista de conocimiento y de aprendizaje. El profesor reflexivo reconocerá qué opiniones dominantes influencian el currículo nacional, el cual puede cambiar en el curso del tiempo. No es fácil determinar la coherencia, ambigüedad y conflicto en el desarrollo curricular entre las diferentes agencias que gobiernan la educación.

En Inglaterra, el QAA es una organización nacional sin fines de lucro; su personal consiste en personas de mucha experiencia académica elegidos por concurso, y su trabajo se dirige a desarrollar las pautas para la elaboración del currículo de carreras y programas. Bajo la metodología desarrollada por el QAA, se discute el desarrollo del «diseño de módulo o contenido del curso» y se define el desarrollo curricular de las carreras de estudios en cada universidad. Hay que usar las guías, metodología y procedimiento del QAA de enseñanza-aprendizaje previstas porque ellas están relacionadas con los *benchmarks* nacionales a través de los estándares del respectivo programa. Este comité nacional de QAA invita a académicos de las universidades para elaborar consultas, discusión, pautas y estrategias generales de desarrollo curricular, contenidos de habilidades y destrezas en diferentes áreas del conocimiento, el diseño del contenido de los cursos excepto el desarrollo de la malla curricular de cada carrera la cual es realizada por cada universidad. Es evidente la existencia de los cambios del conocimiento existente en materia de tecnología, ciencia básica y ciencias sociales, lo cual hace necesario modernizar los contenidos de los cursos y carreras continuamente. Estos cambios son significativos y necesarios en la educación superior, requiriendo por lo tanto desarrollar un sistema de trabajo que ayude a escoger un método óptimo de evaluación a nivel nacional. Este método debe basarse en su capacidad para aprobar los resultados de aprendizaje provisto, contando con un grupo de evaluadores independientes de los establecimientos educacionales para así garantizar que la evaluación será transparente.

Esto permite un nivel mínimo de medida de la calidad de la enseñanza y el aprendizaje e impactará en la mejora futura de la calidad de la educación.

Aquí no nos hemos concentrado en comentar sobre las prácticas de la implementación de los currículos a través de las políticas desarrolladas para los colegios y universidades. En Chile hay un sistema educacional universitario de muy alto costo para el gobierno, los familiares y otros *stakeholders*. La educación chilena requiere realizar un cambio funda mental en cuanto al desarrollo curricular en las escuelas de educación básica, colegios de enseñanza media y la educación superior, lo cual permitiría innovar y modernizar la educación. Para poder realizar estas transformaciones, debemos analizar dónde están los contenidos de los cursos y carreras de estudios y clasificar dónde estos contenidos deberían enseñarse. Por cierto, y como una muestra puntual de la confusión que existe en esta materia, se puede reseñar que en las universidades chilenas se programan muchos años de estudios en cada carrera, con duraciones promedio de cada carrera de entre seis a siete años, reflejando un débil análisis de los objetivos formativos y contenidos mínimos necesarios.

Si los contenidos y el currículo de los cursos de las escuelas primarias y colegios secundarios se ampliaran permitiendo que muchos de los contenidos del currículo universitario del primer y segundo año de la carrera fueran transferidos a los últimos años de la enseñanza secundaria, esto permitiría que las universidades tuvieran carreras con un máximo de cinco años de estudios. Por ejemplo, en los cursos de Ingeniería de los dos primeros años de estudios, los contenidos de ciencia básica: matemáticas, química, computación, IT, y física deben transferirse y enseñarse en los últimos años de los colegios secundarios. Lo mismo podría ser el caso de la carrera de Medicina, o con la biología, química, economía, física y matemática, etc.

# Evaluación del aprendizaje y apoyo a la enseñanza

### *¿Por qué evaluamos?*

La evaluación *(assessment)* tiene una profunda influencia sobre el aprendizaje. No consiste en solamente medir o encontrar qué es lo que el estudiante ha aprendido o no. Es mucho más importante para determinar cuál ha sido el efecto cualitativo del resultado *(outcomes)*, y lo que el estudiante es capaz de hacer con lo adquirido y qué valor agregará a su desarrollo intelectual. Es importante medir cómo el estudiante se ve a sí mismo como aprendiz, su actitud ante el colegio y sus posibilidades de futuro.

Ante la crucial pregunta de por qué evaluamos a los estudiantes, la literatura ha identificado los siguientes seis mayores propósitos[29]:

**Para seleccionar.** Una evaluación ayuda con la selección para suministrar evidencia de la capacidad de las personas para obtener alguna cosa. Así, por ejemplo, usamos evaluación como evidencia apropiada para acceder a una carrera universitaria (tener buen puntaje en la PSU de Chile, por ejemplo), para estudiar un postgrado académico (resultados de la carrera universitaria de pregrado) o para obtener un buen empleo.

**Para certificar.** Una evaluación es usada para confirmar que un estudiante ha obtenido un determinado estándar de competencia. Esto podría ser la evidencia de que un estudiante es competente para practicar medicina o veterinaria. Es por eso por lo que es muy importante tener estándares educacionales y código de calidad a nivel nacional para poder certificar las competencias de los estudiantes y si cuentan con el mismo estándar a nivel nacional para ser certificados internacionalmente.

**Para describir.** La evaluación puede ser usada simplemente para describir lo que los estudiantes saben, o son capaces de hacer o pensar.

---

29 Entre los autores más prominentes destacamos: Brown and Pendlebury (1992), Brown and Race (1998) y Freeman and Lewis (1998).

**Para asistir el aprendizaje.** El proceso de evaluación puede asistir al proceso de aprendizaje en cinco importantes formas: para mejorar la motivación de los estudiantes a aprender; para permitir a los estudiantes el practicar y ver cómo pueden conseguir resultados; para darles retroalimentación sobre las áreas de mejoramiento necesarias; para entregarle al estudiante información que le permita planificar su futuro y para que el progreso educativo se perfeccione.

**Para mejorar la enseñanza.** La evaluación puede mejorar la enseñanza indicando su eficacia y si acaso ella es o no apropiada, capacitando al estudiante para hacer ajustes en su trayectoria formativa.

**Para satisfacer los *stakeholders* (partes interesadas).** La evaluación brinda información a los *stakeholders* para asegurarles la calidad y los estándares que caracterizan al proceso formativo.

### *¿Qué evaluamos?*

En la figura 3.1 se muestra el modelo QAA destinado a evaluar la calidad de diseño de un programa de estudios de la educación superior. Este modelo vigente en el Reino Unido (QAA 1998), se puede resumir en seis proposiciones:

1. Que toda la medida educativa, ya sea un programa de grado, una etapa, un módulo o un bloque de enseñanza, tiene un propósito o un objetivo definido como una declaración general de lo que se puede esperar de los estudiantes que han completado exitosamente sus estudios.
2. Que ese objetivo definido puede desglosarse en un conjunto de objetivos o resultados específicos del aprendizaje previsto.
3. Que los resultados previstos del aprendizaje pueden ser clasificados en cuatro categorías:
   a. **Conocimiento y comprensión de la asignatura.**
   b. **Habilidades cognitivas relacionadas con la asignatura** (por ejemplo: análisis, síntesis, habilidades críticas, evaluación, resolución de problemas).
   c. **Habilidades, actitudes y prácticas profesionales relacionadas con la asignatura** (por ejemplo: habilidades *skills* experimentales, modelación matemática,

actitudes hacia la sociedad, el medioambiente o los pacientes).

d. **Habilidades claves potencialmente transferibles** (por ejemplo: escribir reportes, habilidades de presentación, habilidades de comunicación).

4. Que la enseñanza y el aprendizaje están diseñados para suministrar a los estudiantes la oportunidad de obtener los resultados previstos.

5. Que la evaluación sea diseñada para describir y medir lo conseguido por el estudiante en relación con los resultados *(outcomes)* de aprendizaje previsto.

6. Si un estudiante evaluado ha logrado estos resultados a un estándar aceptable habrá cumplido con el objetivo de la provisión educativa.

La figura 3.1 demuestra que lo que estamos evaluando son los logros de los estudiantes en la reunión de los resultados de aprendizaje previstos para la provisión educativa. Por su parte, la figura 3.2 muestra que cuando estamos evaluando los logros de los estudiantes en cuanto a los objetivos específicos, y una vez obtenidos los resultados deseados de un área de aprendizaje *(outcomes)*, es vital hacer la retroalimentación que permita cerrar el lazo desde los resultados a los objetivos. Esto permite analizar si los objetivos se han cumplido efectivamente, y determinar su grado de cumplimiento satisfactorio. Esta iteración de evaluación debe ser realizada continuamente.

*Figura 3.1*
*Evaluación de la enseñanza de los estudiantes (Basada del Programa*
*CASAP de la Universidad de Newcastle, Inglaterra, UK)*

### Figura 3.2
### Modelo del diseño del programa del QAA de la Universidad de Newcastle, Inglaterra UK (2005)

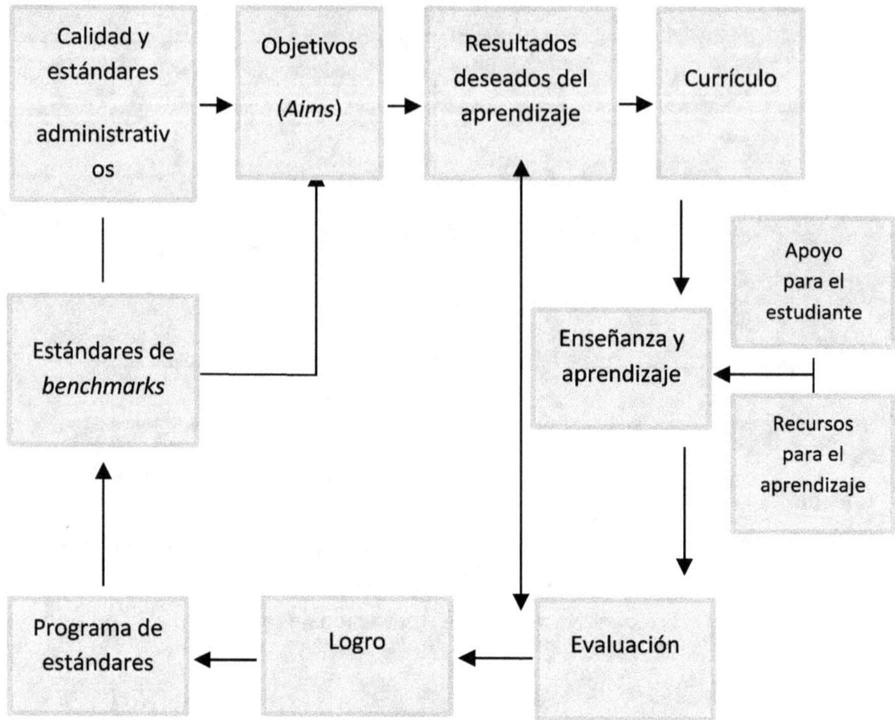


Es importante considerar las siguientes preguntas para cada uno de los siguientes métodos de evaluación indicados más abajo. Para la evaluación hay que considerar cuál de esto es lo más importante:

1. ¿Qué método es apropiado para examinar o hacer un test?
2. ¿Cómo el método puede ser usado para apoyar el aprendizaje del estudiante?
3. ¿Cuál es problema para los estudiantes no tradicionales?

## *Métodos de evaluación*

- Exámenes escritos
- Examen c/libro abierto
- Asistencia de un compu- tador y selección múltiple
- Ensayo *(essays)*
- Revisión y anotación bibliográfica
- Portafolio
- Exhibiciones de *posters*
- Reportes
- Trabajo práctico
- Presentaciones
- Examinación oral

El profesor debe determinar qué método es o no apropiado para la evaluación, cuál puede ser usado para apoyar el aprendizaje del estudiante y cuáles son los problemas que un método específico representa para los estudiantes no tradicionales. Puede también desarrollar un listado para cada uno de los métodos de evaluaciones indicados anteriormente, mencionando algunas ventajas y desventajas y ofrecer sugerencias.

Aquí presentamos un caso particular (esta información está basada en *The Lecturer Toolkit British Library*, 1998).

### Exámenes escritos

Ventajas:

- **Relativamente económicos.** Los exámenes pueden ser de costo efectivo comparados con otras alternativas de evaluación. Sin embargo, cualquier forma de evaluación podría decirse que es de costo razonable si ella contribuye realmente al aprendizaje.
- **Proveen con igualdad de oportunidades.** El proceso de examinación debe ser justo y transparente para todos los estudiantes, demostrando que todos ellos tienen que hacer la misma tarea dentro del mismo tiempo disponible.
- **El examinador sabe a quién pertenece el examen.** Es fácil asegurarse de que el examen a evaluar pertenece al estudiante y fue hecho por él o ella. Por esta razón el examen puede ser considerado una herramienta contra la «copia» por parte del estudiante. Aunque hay instantes en que algunos estudiantes

intenten copiar, con un buen diseño y planificación de la práctica de vigilancia al proceso de examinación en la sala este problema se elimina (la educación *online* representa problemas especiales a este respecto).

- **Los profesores están familiarizados con los exámenes y están disponibles para clarificar las preguntas ante consultas.** Su experiencia les permite prever posibles problemas en la aplicación. En muchos países, la práctica de vigilar exámenes está a cargo de personas que son contratadas externamente por la institución y son entrenadas para aclarar las preguntas. Diseñar un buen examen es una técnica y es necesario que los nuevos profesores sean entrenados en cómo diseñar un examen.

- **Los exámenes motivan a los estudiantes a ponerse seriamente a revisar y aprender.** Los exámenes fuerzan a los estudiantes a revisar cuidadosamente la materia de las clases y esto puede ser valioso particularmente en las disciplinas duras.

Desventajas:

- **El estudiante obtiene poca o ninguna retroalimentación acerca de los detalles de su rendimiento.** Pensando que esto puede ser un argumento por parte del estudiante, y aunque el propósito de examinar es medir y no retroalimentar, para evitar disputa de parte del estudiante acerca del sistema de puntaje o marca y el resultado de su examen, es recomendable contar con otro profesor que verifique que no hay error en la corrección. En algunos países existen los examinadores externos para verificar la calidad de los exámenes, y usualmente es un profesor con una excelente experiencia quien también verifica al azar las correcciones de los exámenes.

- **Un examen mal diseñado fomenta el aprendizaje superficial.** Se hace recomendable que los estudiantes puedan tener acceso a prototipos de exámenes de los cursos de los años anteriores, y puedan así leer, practicar y aprender la técnica de responder adecuadamente. Diseñar un examen es una técnica y su elaboración toma tiempo, porque para crear una pregunta tiene que aplicar conocimiento teórico explicado en la clase a una situación real, mientras que el diseño debe cumplir con el contenido del curso. Debe ser escrito con bastante anticipación y guardado con adecuada seguridad. También, por medio de una pauta, tiene que escribir las respuestas de todas las preguntas con el puntaje de cada pregunta y el diseño del examen debe cumplir con el contenido del curso[30].

## La técnica de diseño de un examen es fundamental

El examen tiende a medir cuánto bien el estudiante responde las preguntas, antes que cuán bueno ha sido el aprendizaje. La consecuencia es que estos estudiantes que son buenos en la técnica de responder los exámenes son favorecidos una y otra vez, mientras otros estudiantes que han dominado el material del curso *(subject)* a un mayor grado no pueden obtener el debido crédito por su aprendizaje si su técnica para responder un examen los limita repetidamente.

## Escribir las preguntas de un examen

Muchos profesores con experiencia recuerdan con tribulación la primera vez que usaron el computador para escribir las preguntas de un examen. Algunos se sintieron preparados para hacerlo, lo cual es diferente a sentirse con los conocimientos para escribir un examen. Es muy importante manejar la técnica para escribir un buen examen, ya que esto puede determinar el futuro del estudiante en su carrera profesional. Solamente cuando el profesor está corrigiendo el examen, este podrá darse cuenta de cuán importante es diseñar preguntas adecuadas y contar con un criterio adecuado para corregir.

Las siguientes sugerencias pueden ayudar a evitar dolores de cabeza (para los profesores sin experiencia) sobre cómo escribir las preguntas de un examen:

---

30  En las universidades británicas, los exámenes son enviados a examinadores externos para su verificación en cuanto a buen estándar de diseño y contenidos.

- **No confeccionar las preguntas sin tener opiniones.** Asegurarse de tener comentarios (segunda opinión) y ayuda de otros colegas. Ellos podrían darse cuenta de si las preguntas tienen el nivel correcto, y constituirían una valiosa segunda opinión.

- **Preguntar a colegas, y así establecer si lo que se redactó en una pregunta significa realmente lo que se desea consultar**, o si acaso la pregunta debe ser modificada.

- **Consultar a uno o dos colegas sobre cómo preparar la pregunta.** Aunque sepamos que los colegas son personas ocupadas, la inversión de su tiempo por una vez es valioso.

- **Incluir las intenciones de los resultados *(outcomes)* en cuanto a situaciones de aprendizaje.** Esto debe especificarse en el contenido del programa del curso o módulo.

- **Es importante que las frases sean cortas y precisas**, y no se presten a interpretación.

- **Pensar realmente en lo que se está preguntando.** En cada pregunta se plantea una medida de decisión, estrategia, planificación, resolución de problemas o proceso de datos, ¿o la respuesta depende mucho de memorizar? La mayoría de las preguntas del examen miden varias cosas al mismo tiempo y ellas deben ser diseñadas en ese espíritu.

- **Que las preguntas no midan las mismas cosas una y otra vez.** Por ejemplo, es muy fácil incurrir en esto en preguntas de exámenes tipo ensayo: medir repetidamente las habilidades para escribir buenas introducciones, argumentos bien estructurados, conclusiones firmes. Valiosas como son estas habilidades, necesitamos estar midiendo otras cosas también importantes.

- **Incluir datos o información en las preguntas para reducir los énfasis en memorizar.** Hay profesores que hacen memorizar ecuaciones a los estudiantes y diseñan la pregunta para que el estudiante use la ecuación «memorizada» usando datos numéricos para realizar cálculos. Eso es una muy mala práctica en un examen. Es mejor proveer la ecuación y crear una situación de una aplicación para demostrar que la ecuación es válida o deducir una ecuación en ciertas condiciones y después realizar cálculos numéricos.

- **Hacer la pregunta fácil de seguir.** Ella debe ser fácil de leer y que no tenga doble interpretación.
- **No exagerar el estándar de las preguntas del examen.** Cuando el profesor conoce demasiado el área del curso y ha escrito muchos exámenes, es fácil a través de los años crear preguntas mucho más difíciles. Esto genera una situación de tratar de empujar los estudiantes al límite. Si se quiere mejorar los desafíos que envuelven las preguntas y elevar el estándar de las respuestas se necesitaría realizar varios tutoriales previos al examen (ayudantías).
- **Escribir la respuesta por cada pregunta.** Esto es obligatorio en muchas universidades. Tener el examen con las respuestas (una pauta de corrección) y puntaje de cada pregunta facilita la corrección del examen y el control de calidad.
- **Decidir qué criterio de evaluación se va a usar.** Chequear que estos criterios estén relativamente claros para cumplir con los objetivos de los resultados *(outcomes)* especificados en el programa de estudio. Esto es muy importante para demostrar a la organización el control de la calidad de la educación y posibilita verificar que el código de calidad y estándares se cumplan.
- **Trabajar con cuidado el esquema de marca (puntaje en cada pregunta y el puntaje total, balance).** El sistema para revisar los exámenes y esquema de marca en la organización es muy importante para el colega que revisa, marca y evalúa los exámenes, facilitando la tarea del examinador externo, quien verifica los procedimientos de correcciones y evaluaciones de los exámenes.
- **Tratar las preguntas en tutorías (ayudantías) o asignar trabajo a los estudiantes sobre las mismas.** Es recomendable que el profesor se siente a responder el examen para ver cuánto tiempo el estudiante tendría que utilizar.
- **Corregir sus preguntas del examen cuidadosamente.** Para ello es recomendable que exista un colega que lea el examen y verifique que no tenga errores de escritura o de notación en las ecuaciones. Nunca dejar que sean los ayudantes o tutores del curso quienes corrijan los exámenes; si ellos colaboran en esa

tarea, el profesor debe hacer una revisión de las correcciones basado en una selección aleatoria.

### Diseño de un esquema de correcciones de exámenes

Un buen esquema de corrección de exámenes puede ahorrar muchas horas de trabajo al profesor. Esto también ayudará al profesor para saber si está haciendo todo lo posible para ser justo y transparente con todos sus estudiantes. Cuando se implementa un buen esquema de corrección, normalmente este debe demostrar a quienes corresponda, incluyendo evaluadores externos, que asegura una buena calidad de la corrección de exámenes. Es importante diseñar un buen esquema de correcciones que demuestre que está en adecuadas condiciones para ser escrutado. Las siguientes sugerencias podrían ayudar en el proceso de corrección de exámenes (Thorndike, E. 1998):

- **Escribir un modelo de respuesta para cada pregunta.** Considerar cuánto tiempo en la práctica va a tomar el estudiante para responder la pregunta.
- **Tomar cada decisión tan simple como sea posible.** Asignar puntos a cada pregunta y que este puntaje esté asociado con algunas cosas que están presentes o ausentes, y que son correctas o equivocadas, en las respuestas de los estudiantes.
- **Hacer su esquema de marcado utilizable por un no experto en el tema.** Esto puede ayudar al esquema de corrección.
- **Preparar el esquema de marcado de forma tal que cualquier persona pueda corregir el examen.** Considerando las respuestas dadas, y manifestar acuerdo con el puntaje asignado por una o dos personas.
- **Permitir una corrección consecuente.** Por ejemplo, cuando un candidato comete un error de cálculo numérico temprano en el examen y el proceso es correcto (errores en cálculo), entonces es importante asignarle puntos por el proceso.
- **Tener un esquema piloto de corrección de los exámenes,** lo cual significa mostrar la corrección a otros y tener un colega asignado para que verifique la corrección. Este sistema de un

segundo corrector existe en muchas universidades y colegios, asegurando que el sistema es justo y transparente.

- **Estudiar lo que han hecho otros en el pasado.** Si el profesor asigna puntos por primera vez a las preguntas, hay que mirar cómo lo hacen otras personas.
- **Aprender de los propios errores.** No existe un sistema perfecto de preparar y corregir un examen; pero con el tiempo después de haber corregido varias veces el profesor se ajustará a un estándar.

### *Correcciones de exámenes*

Las siguientes sugerencias pueden ayudar a corregir exámenes, para que el proceso sea justo y apoye al proceso de aprendizaje:

- **Ser realista acerca del esfuerzo que se puede hacer.** Corregir exámenes puede ser aburrido, cansador y crear tensión. Hay que programarse como el tiempo de cada uno lo permita, sin intentar corregir muchos exámenes en un breve período de tiempo. El cansancio puede perjudicar a los estudiantes, haciendo recomendable organizar bien los tiempos disponibles.
- **Evitar el efecto de altas expectativas.** Si se corrige primero a estudiantes brillantes, puede esto convertirse implícitamente en un estándar que tratará de aplicarse a los siguientes. Hay que tratar de asegurar que la corrección de cada pregunta sea justa y no afecte la predisposición del corrector.
- **Evitar los perjuicios personales sobre aspectos accesorios.** Hay cosas que pueden o no gustar del examen. Por ejemplo, la escritura del estudiante o el orden como responde las preguntas. Estos factores no deben influenciar en la corrección y resultados del examen. Para evitar perjuicios contra el estudiante es recomendable que en el examen el nombre del estudiante esté cubierto, y se use solamente un código (número de registro del estudiante o su RUT). Esto permite una «corrección a ciegas». Después de que el profesor ha corregido y marcado el examen y esto ha sido verificado y aprobado por el segundo corrector, se leerá a qué estudiante pertenece el código del examen para

así poder ingresar la nota final al sistema de computación. Esto descarta cualquier comentario por parte del estudiante reprobado en orden a que el profesor fue injusto o actuó con animosidad.

- **Hay que reconocer que el estado de ánimo cambia.** Es recomendable verificar varias veces el examen que se ha corregido anteriormente para así asegurarse de que el estado emocional del profesor no afecta los resultados.

- **Tener siempre en consideración la posibilidad de tener un segundo marcador.** Muchas universidades utilizan un sistema de marcado doble ciego para corregir exámenes, en ese caso no debe hacerse ningún comentario escrito o números sobre el examen para no perjudicar el juicio de un segundo marcador.

- **Escribir comentarios en una hoja separada para el estudiante.** Algunas universidades permiten escribir comentarios en el examen, porque el estudiante necesita retroalimentación acerca de su rendimiento, y en caso de que el estudiante solicite discutir la corrección del examen.

- **No permitir al profesor llevar los exámenes a la casa, ya que no solo pueden extraviarse, sino también pueden ser cambiados.** El profesor puede también tener un accidente.

- **Proveer retroalimentación para el profesor y su equipo de evaluación del curso.** Usa las preguntas del examen como ejercicios (tutorial).

- **Usar los exámenes de los años anteriores como ejemplos** y realizar comentarios en torno a cómo responder las preguntas, pero es recomendable que el profesor no entregue al estudiante la solución escrita de los exámenes, para evitar que el estudiante se memorice las soluciones.

- **Corrige el profesor y no el ayudante.** En muchos países es común que la tarea de corregir sea asignada a los ayudantes del curso. Esto es totalmente fuera de lugar, ya que es el profesor quien puede efectivamente aplicar la pauta de corrección de acuerdo con los enfoques y contenidos del curso que ha dictado.

### *¿Cuándo deberíamos evaluar?*

Es importante crear un calendario anual para todos los métodos de evaluación en cada año de la carrera de estudios (exámenes, laboratorios, ensayos, reportes, etc.). El cómo se debería hacer la evaluación dependerá en gran medida de cuándo la evaluación del examen debería tener lugar. No hay una simple respuesta a estas preguntas y la respuesta variará dependiendo de si la evaluación también es solo formativa o sumativa (Harlen Wynne, James Mary 1997).

D. **Evaluación formativa** sirve para monitorear el aprendizaje del estudiante y proporcionar retroalimentación que pueda ser utilizado por el profesor para mejorar su enseñanza y para que los estudiantes mejoren su aprendizaje (cuadro 3.3). La práctica en un aula es formativa en la medida en que las pruebas sobre los logros del estudiante son evocadas, interpretadas y utilizadas por los profesores o sus compañeros, para tomar decisiones sobre los próximos pasos en la instrucción que probablemente estén mejor o mejor fundados que las decisiones que se hubiesen tomado en ausencia de la evidencia que obtuvo.

#### Fundamentos y práctica

La evaluación formativa sirve varios propósitos:

- Proporciona retroalimentación a los docentes para modificar las actividades y experiencias de aprendizaje posteriores. Huhta, Ari (2010).
- Identifica y posibilita remediar las deficiencias individuales o de grupo. Huhta, Ari (2010).
- Mover el foco lejos de los grados alcanzados y en los procesos de aprendizaje, a fin de aumentar la autoeficacia y reducir el impacto negativo de la motivación extrínseca. Shepard, Lorrie A. (2005).
- Mejorar el conocimiento metacognitivo de los estudiantes sobre cómo ellos aprenden. Shepard, Lorrie A. (2005).

- Una evaluación frecuente, o de tipo continua, permite afinar instrucción y centrarse en el progreso del estudiante. Cauley, K, M., McMillan, J.H. (2010).

Características de la evaluación formativa. Harlen y James (1997):

- Es positiva en la intención, en el sentido de que se dirige hacia la promoción del aprendizaje; por lo tanto, es parte de la enseñanza.
- Toma en cuenta el progreso de cada individuo, el esfuerzo realizado y otros aspectos que pueden ser especificados en el plan de estudios; en otras palabras, no se trata meramente de criterio de referencias.
- Debe tener en cuenta varios casos en los que ciertas habilidades e ideas son usados y habrá incongruencias, así como patrones de comportamiento; tales incoherencias serían «error» en la evaluación sumativa, pero en la evaluación formativa, ellas proporcionan información de diagnóstico.
- Validez y utilidad son primordiales en la evaluación formativa y deben prevalecer las preocupaciones por la confiabilidad.
- Requiere que los alumnos tengan una parte central en ella; los alumnos tienen que ser activos en su propio aprendizaje (los profesores no pueden aprender de ellos) y a menos que vengan a entender sus fortalezas y debilidades y cómo se podría tratar con sus puntos fuertes y sus puntos débiles, no podrán avanzar. Harlen, Wynne, James, Mary (1997).

La evaluación formativa incluye pruebas diagnósticas. Se trata de una gama de procedimientos de evaluación formal e informal durante el proceso de aprendizaje para modificar las actividades de enseñanza y aprendizaje y mejorar el logro. Por lo general implica resultados cuantitativos en vez de nota.

La retroalimentación es la función central de la evaluación formativa. Típicamente involucra un enfoque sobre el contenido detallado de lo que se está aprendiendo (Huhta, Ari 2010) en lugar de simplemente un puntaje de prueba u otra medida de hasta qué punto un alumno está por debajo de los niveles esperados. Nicol, David, Macfarlane-Dick, Debra (2005) hacen una lista de siete principios de buena práctica de retroalimentación:

- Aclara lo que es un buen rendimiento (objetivos, criterios y estándares esperados).
- Facilita el desarrollo de la autoevaluación en el aprendizaje.
- Proporciona información de alta calidad a los estudiantes sobre su aprendizaje.
- Se estimula el diálogo entre pares *(peer)* y docentes alrededor del aprendizaje.
- Se estimulan las creencias motivacionales positivas y la autoestima.
- Proporciona oportunidades para cerrar la brecha entre el rendimiento actual y el deseado.
- Proporciona información a los docentes que pueden utilizarse para ayudar a dar forma a la enseñanza.

B. **Evaluación sumativa** sirve para evaluar el aprendizaje del estudiante al final de una unidad de instrucción y poder así compararlo con algunos estándares. Por ejemplo, un examen a la mitad del semestre o un proyecto final de la carrera.

### *Evaluación formativa contra evaluación sumativa*

El tipo de evaluación con que los educadores están más familiarizados es la evaluación sumativa. El cuadro 3.1[31] muestra algunas diferencias básicas entre los dos tipos de evaluación que hemos mencionado.

---

31  Tomado de R. Pregent, Atwood (2000).

*Cuadro 3.1*

|  | **Evaluación formativa** | **Evaluación sumativa** |
|---|---|---|
| **Cuándo** | Durante una actividad de aprendizaje | Al final de una actividad de aprendizaje |
| **Meta** | Para mejorar el aprendizaje | Para tomar una decisión |
| **Retroalimentación** | Volver al material | Juicio final |
| **Marco de referencia** | Siempre criterio (evaluando al estudiante según los mismos criterios) | A veces normativos (comparando cada estudiante con todos los demás); a veces criterio |

## Retroalimentación

Se pueden definir tres regímenes para el sistema de evaluación, como se muestra en la figura 3.3.

- **Régimen 1.** El sistema semestral es dividido en pequeños bloques o intervalos de tiempo de evaluación y de no evaluación. Esto envuelve una buena oportunidad para la retroalimentación sobre el aprendizaje, pero puede resultar demasiado trabajo para estudiantes y profesores, resultando en problemas con la preparación y correcciones de los trabajos.
- **Régimen 2.** En el semestre hay una evaluación continua excepto por un intervalo de tiempo al inicio del semestre. Esta es una técnica importante llamada «tratar y errar», pero puede ser criticada por dejar poco tiempo para experimentar y aprender. Esta evaluación crea demasiadas actividades sobre un curso.

- **Régimen 3.** Al final del semestre se realiza la evaluación durante un período de dos semanas de examinación. Usualmente se dedica una semana para que los estudiantes revisen y hagan consultas de las materias de los cursos ante del proceso de examinación. Este es un sistema tradicional, y tiene en su favor la potencialidad para que el estudiante aprenda más profundamente la materia en función de un período largo.

*Figura 3.3*
*Regímenes para el sistema de evaluación.*

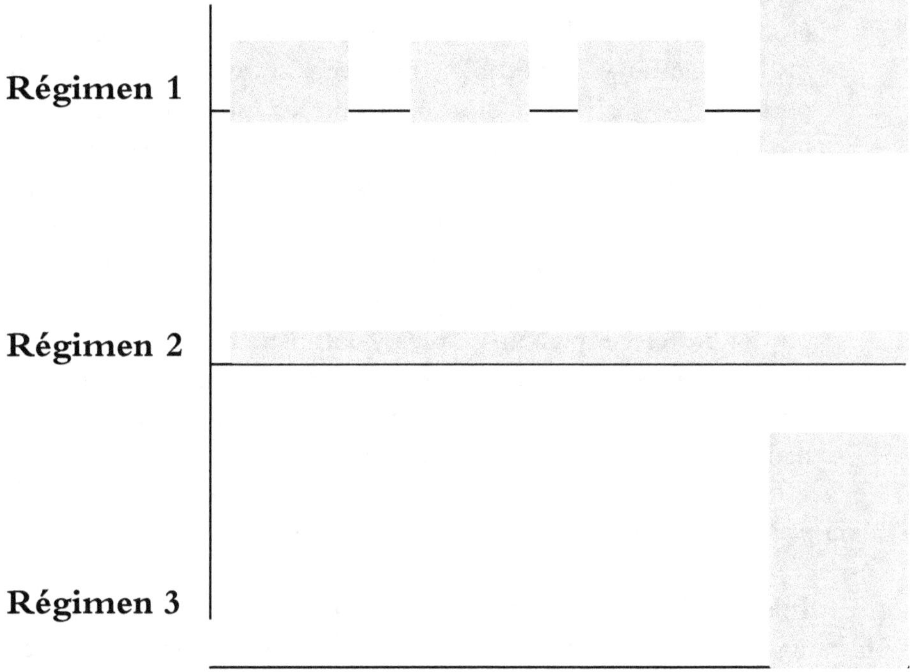


La retroalimentación es una parte integral de todas las evaluaciones formativas (Brown 1997). Ella debe entregar información adecuada a los estudiantes acerca de su rendimiento y aprendizaje. Por lo mismo, la retroalimentación debe estar claramente conectada con el criterio de evaluación empleado. Naturalmente, tal proceso debe permitir que el estudiante vea cómo podría mejorar su rendimiento, al mismo tiempo de facilitar el poder aumentar su aprendizaje.

Es fácil de entregar la retroalimentación cuando se trata de pocos estudiantes y hay bastante tiempo para discutir el récord de rendimientos asociado a cada individuo. Sin embargo, cuando aumenta el número de estudiantes y lentamente aumenta el número de profesores, es un lujo poder dar la retroalimentación en forma adecuada. Hay al menos dos posibles formas de entregar la retroalimentación, la llamada retroalimentación pre-emotiva y el uso de proformas.

- **La retroalimentación pre-emotiva**. Involucra una preparación cuidadosa de la evaluación, resúmenes de la evaluación de los estudiantes y clarificación del criterio de evaluación. Esto permitirá mejor preparación para que los estudiantes trabajen independientemente y busquen menos apoyo lectivo, puedan tener una rápida clarificación de las correcciones, y puedan así verificar los criterios de evaluación.
- **Proformas.** Hay un número de proformas que pueden aplicarse a los estudiantes antes o después de las evaluaciones, y es usada por los profesores para una rápida y completa retroalimentación, o usado por ellos mismos para ser evaluados. Ejemplos típicos de esta evaluación son: disertación/proyecto asignados, ensayo asignado, presentaciones orales, seminarios o reportes de laboratorios.

### ¿Cómo podemos asegurar que la evaluación sea justa, valida y confiable?

**Evaluación justa.** Tal vez la más obvia, significa no discriminación contra un grupo de candidatos. Sin embargo, el logro de esto es un problema que todavía existe. La evaluación no puede discriminar sobre la base de edad, género, modo de estudio, etnicidad, incapacidad o sexualidad. La evaluación debe ser justa para todos los candidatos que tomaron el curso.

**Validez.** Relacionada a los métodos apropiados de evaluación para examinar a los estudiantes, éxitos definidos en términos de los resultados de aprendizaje.

**Confiabilidad.** La consideración final es la confiabilidad de la evaluación. Si un examen es corregido varias veces, los resultados deben ser los mismos. En el caso cuando se tienen dos o más examinadores los resultados también deben ser los mismos.

## Comité de evaluación de los exámenes

En muchas universidades y colegios de la educación superior existe un comité de evaluación de los exámenes para todos los cursos en cada departamento. Este comité de evaluación está constituido por el jefe del departamento o escuela y todos los profesores que enseñan en la carrera. Aquí se analizan y comparan las notas de los estudiantes de cada nivel de la carrera, donde los datos son presentados en una planilla de evaluación que consiste en filas donde se escriben los nombres de los estudiantes y cada columna muestra sus notas, para cada curso o módulo de la carrera. La planilla también contiene el valor medio y la varianza de las notas por cada curso o módulo.

Con esta información los profesores y el examinador externo analizan y discuten el rendimiento de los estudiantes, la consistencia y comparación de las notas de cada módulo o sección de un curso con los otros. También hay un análisis de las notas si acaso son muy altas o bajas en cada curso. Hay casos, por ejemplo, en que un curso tiene notas muy altas comparativamente; de ello se pueden deducir problemas con el contenido del curso o el grado de dificultad del examen (el examen puede haber sido muy fácil o muy difícil) o problemas relativos al diseño del mismo. Esto se debe analizar después en una reunión especial en el departamento para así tomar acciones de mejora del proceso de enseñanza y aprendizaje para el período próximo.

El comité de examinación tiene la atribución de ponderar las notas para hacer comparativamente equivalentes a las distintas secciones. Existen guías y criterios para subir o bajar las notas en un curso para relativizarlas. Después de la reunión y de la decisión final del comité de examinación, los resultados de la evaluación de todos los exámenes de los cursos son publicados. A ningún profesor le está permitido publicar o entregar las notas de su curso a sus estudiantes. El proceso de ponderación se garantiza como justo y transparente, y así se evita cualquier comentario inadecuado.

En el Reino Unido existe un método de clasificación del rendimiento de los estudiantes: Clase 1, Clase 2.1, Clase 2.2 y Clase 3 (grado no clasificado). Las indicaciones de estos resultados son muy importantes para que el estudiante tenga mejor oportunidad de trabajo o ser aceptado para continuar directamente en un postgrado. Por ejemplo, un egresado con Clase 3 no es aceptado para continuar directamente a estudiar un doctorado.

## Cómo preparar una clase

Dando clase ha sido el más generalizado método de enseñar a través del mundo por siglos. Preparar una clase es un proceso delicado, profundamente vinculado con el estándar educativo y los contenidos establecidos, pero también implicando aspectos motivacionales y un buen sistema de evaluación. Desde hace muchos años, grandes cambios han ocurrido en la forma cómo se enseña; actualmente, por ejemplo, se hace usando el desarrollo de nuevas tecnologías de la información, las comunicaciones y las plataformas de *software*, tal como PowerPoint, Word Office, sistema de vídeo, proyectoras y base de datos que pueden almacenar miles de millones de bits[32]. Sin embargo, el tema de fondo es el mismo: fijar contenidos, determinar una estrategia para la entrega de la información y considerar los elementos básicos para una adecuada evaluación.

El objetivo principal de la preparación de una clase es hacer pensar a los estudiantes. Esto implica la necesidad de ayudar a los profesores a reflexionar sobre cómo hacer una clase de calidad y así mejorar la enseñanza y el aprendizaje de los estudiantes.

---

32 Todo esto ha permitido, por ejemplo, que las notas o apuntes de cada clase de los cursos preparada por el profesor usando PowerPoint sea almacenada en la base de datos de las universidades (UK) o institutos superiores. Después de varias discusiones entre los profesores y los centros de educación superior, se ha llegado a un acuerdo en cuanto a que el profesor y las instituciones tienen la propiedad intelectual de los apuntes de las clases, y los alumnos de cada curso tienen acceso a los apuntes del sistema de base de datos usando una identificación codificada. Esto es siempre bienvenido por los alumnos y las instituciones de educación superior. También los prototipos de exámenes anteriores y tutorías de los cursos están almacenados en los datos de base central de las universidades.

Por lo tanto, los objetivos del proceso de preparación de una clase son:

- Revisar el rango de propósitos de la clase en cuanto contenidos a examinar.
- Examinar brevemente las cualidades típicas de clases eficaces.
- Considerar la práctica académica que respalda estas cualidades y propósitos.
- Proveer un estímulo para reflexionar sobre las prácticas docentes.
- Identificar en general los propósitos de la clase y articular estos en detalle por un ejemplo seleccionado para así ser usada para el instructor.
- Discutir las cualidades de las clases eficaces en términos generales, incluida la accesibilidad y cómo se relacionan con su propia área de disciplina.
- Estar consciente de las prácticas académicas que sustentan estas cualidades.
- Estar listo para analizar con más detalle los conceptos de aprendizaje como preparar una clase y discutirlo con los colegas.
- Trabajar con ejemplos de colegas y vídeo para desarrollar su propio pensamiento y práctica en estas áreas y así mejorar la calidad de la enseñanza.

Con respecto a cómo hacer una clase y mejorar la práctica docente: si se organiza un grupo de trabajo *(workshop)* con el propósito de mejorar las habilidades docentes del profesor, esto consistiría en cortas presentaciones, individuales y de grupos de trabajo, por ejemplo, usando un sistema de grabación con vídeo de una clase.

Por ejemplo, un colega dicta una clase y otro colega lo graba con un vídeo. Después el colega que dictó la clase junto a los colegas del grupo observa la grabación de la clase y hacen una crítica constructiva positiva acerca de cómo se podría mejorar la calidad de la clase, la enseñanza y el aprendizaje para los estudiantes. Esto se debe hacer con todos los miembros del grupo para que sea justo y transparente para todos. Esto formaría parte del proceso de desarrollo académico de los profesores.

## 1. Los propósitos de la clase

El profesor debería pensar individualmente por unos pocos minutos sobre cuáles fueron los propósitos de una clase, y compartir la información entregada por el grupo. Entonces esto debería discutirse con el grupo y los académicos que fueron nombrados para reportar dicha clase.

## 2. La calidad de la efectividad de la clase

Los profesores que han atendido varias clases de pregrado, postgrado y postdoctorado, y han preparado y hecho varias clases, deberían tener bastantes experiencias, permitiéndoles poder clasificar lo que es una buena o mala clase. Por lo tanto, podrían hacer una lista de cualidades o características de una «buena» clase.

El profesor, individualmente, debería mirar los vídeos de las clases que ya se han grabado en los grupos de trabajo *(workshops)* y cada uno debería individualmente escribir algunas de las características o cualidades que piensa sobre qué hace una buena y efectiva clase desde la perspectiva de la enseñanza.

En la literatura, hay bastante material sobre la calidad de una «buena» clase[33]. Lo principal puede ser resumido en cuatro proposiciones clave:

- Bien diseñada en término de los contenidos (profundo o superficial) y la estructura del material y del apoyo al aprendizaje.
- Bien planeada en términos de maximizar la oportunidad que se brinda a los estudiantes de aprender.
- Bien preparada en términos de la forma en la cual el material es presentado a los estudiantes.
- Bien entregada en términos de motivar y mantener el interés de los estudiantes.

---

33   Ver, por ejemplo: Biggs (1999: 97-120), Horgan (1999: 84-94) y Race and Brown (1998: 19-46).

### 3. Cómo diseñar la clase

Los profesores deben pensar sobre cómo podrían inspirar y entusiasmar a los estudiantes a través de sus clases. Primeramente, ayuda el considerar las siguientes preguntas clave para el diseño de una clase:

- ¿Cuáles son los propósitos de esta clase? (Los objetivos de la clase).
- ¿Qué tienen que haber aprendido los estudiantes al final de la clase para satisfacer los objetivos?
- ¿Qué resultados de aprendizaje tendrán los estudiantes *(learning outcomes)*?
- ¿Qué material se precisa para usar o discutir con los estudiantes, de modo que ellos accedan a los resultados de aprendizaje? (El contenido de la clase).
- ¿Cómo se organizarán estos materiales? (La estructura de la clase).

### 3.1. Objetivos *(aims)*

Cada clase debería tener un propósito general u objetivo que esté relacionado con el currículo de estudios. Cada uno debería escribir esto en términos de lo que está ofreciendo como profesor, desde su perspectiva (por ejemplo, discutir, revisar, introducir, comparar, demostrar, mostrar, analizar, proveer, etc.) y no escribir sobre lo que los estudiantes harán (al menos no en esta sección).

### 3.2. Resultados del aprendizaje *(learning outcomes)*

Una vez establecidos los objetivos o propósitos, el profesor debería estar en una posición adecuada para fijar las metas en cuanto a los resultados del aprendizaje. Es decir, especificar lo que el estudiante necesita conocer y entender, pensar, o ser capaz de hacer para así lograr los objetivos del aprendizaje.

Los resultados son siempre descritos desde el punto de vista de los estudiantes y dan cuenta de lo que ellos deberían ser capaces de hacer después del período de aprendizaje.

Una parte muy importante de un resultado del aprendizaje es el «verbo» que apunta a capturar precisamente lo que un estudiante será capaz de hacer. Por ejemplo: «Los estudiantes diseñarán, pintarán, etc.». No debe usarse el verbo **«comprender»** porque es muy impreciso.

### 3.3. Contenido

Una vez que el profesor establece lo que los estudiantes tienen que aprender, eso le determina lo que tiene que enseñar. Estos contenidos están en el currículo del curso. Es importante no enseñar contenidos fuera del *syllabus*, porque esto frecuentemente lleva a una sobrecarga de contenidos. Hay mucho más que lo que el estudiante puede entender y el aprendizaje es indistinto, como el objetivo principal del estudiante es conseguir todo independientemente de su real importancia.

**Para evitar sobrecarga del contenido y aprendizaje indistinto, es útil utilizar estas tres etapas**:

- Listar
- Priorizar
- Seleccionar

**Listar.** El profesor debería hacer una lista con las metas y objetivos. Asimismo, debería listar todas las cosas que son relevantes para el tópico de enseñanza, teniendo en consideración que hay muchos conceptos e ideas que no tendrán relevancia práctica.

**Priorizar.** El profesor debe priorizar, clasificando su material dentro tres categorías:

- Material esencial para conseguir sus objetivos y que **debe ser** incluido.
- Material importante o valorable, pero no esencial, y que **debería ser** incluido.
- Material no esencial y no especialmente importante, aunque interesante y **podría ser** incluido.

**Seleccionar.** Por definición, material asociado al concepto «debe ser» forma el núcleo de la clase. Si el profesor tiene tiempo puede incorporar material «debería ser», o incluso material «podría ser» si esto no es del todo posible debido al tiempo asignado a su clase. Esto puede hacerse disponible por otros medios, por ejemplo, referencias o un folleto.

Una vez que se han listado los posibles temas, puede ser útil que el profesor identifique el «debe», «debería» y «podría» en términos del contenido para la clase. De este modo, el profesor puede usar una cuadrícula para empezar a trazar el contenido de la clase y empezar a pensar en cómo el material de la categoría «podría ser» se puede proporcionar a los estudiantes.

### 3.4. Organización del material

Una vez que el profesor decidió qué incluir en la clase, es importante decidir cómo el material ha de ser estructurado. Cualquier estructura que el profesor adopte debe ser apropiada para el objetivo de la clase.

Bligh D. (1971: 71) describió en su libro titulado *What's the use of Lectures?* cuatro tipos de estructuras, cada una cumpliendo diferentes objetivos:

* Clasificación
* Secuencia progresiva
* Resolución de problema
* Red

**Clasificación:** El material para la clase es estructurado por medio de una clasificación jerárquica. El tema se estructura dividiéndolo en sus componentes principales y cada componente es subdividido en partes. Cada una de las partes es tratada separadamente. Esta estructura se usa cuando el profesor quiere hacer una clasificación del rango del material.

**Secuencia progresiva:** El material para la clase es estructurado en un modo secuencial. Un tema fluye del anterior en forma acumulativa. Esta estructura se usa cuando el profesor quiere demostrar una progresión.

**Resolución de problema:** El material para la clase es estructurado en un formato de resolución de problemas. Esta estructura se usa cuando el profesor quiere resolver un problema o demostrar cómo puede ser resuelto.

**Red:** El material para la clase se organiza en términos de las interacciones con otros tópicos relacionados. Esta estructura se usa para enfatizar la complejidad de los problemas a tratar.

## 4. Cómo planificar una clase

Hasta aquí hemos decidido lo que queremos que los estudiantes aprendan. También hemos determinado las materias que ellos necesitan para conseguir los objetivos formativos y la forma en la que el material es estructurado. Lo que no hemos decidido todavía es cómo enseñaremos esto, lo cual forma parte del proceso de planificación (Biggs 1999: 99-102).

Una vez que la clase ha sido diseñada y planificada, es entonces posible preparar la clase que se entregará a los estudiantes. Antes que nada, es necesario tener todos los medios de apoyo (TIC y sistema de audio). Existen varias estrategias y consejos posibles sobre cómo preparar una clase. Por ejemplo, usando el sistema de mentor, que es usualmente desarrollado por el Departamento de Desarrollo Académico o en el Curso de Postgrado de Enseñanza y Aprendizaje para los nuevos profesores que se reclutan en las respectivas universidades. Si su universidad no tiene este «sistema de mentor» o el Curso de Postgrado de Enseñanza y Aprendizaje, es altamente recomendable que el mismo sea implementado[34].

---

34  Ver a este respecto, el capítulo VI de este libro.

# CAPÍTULO IV

# Los recursos para el proceso de enseñanza y aprendizaje

## Introducción

En este capítulo presentamos varios aspectos del apoyo necesario para los estudiantes en orden a crear un mejor ambiente de aprendizaje y que ellos tengan buenas experiencias de una enseñanza efectiva. Para este logro de la enseñanza es importante elegir buenas prácticas, desarrollar adecuada inspiración del profesor, lograr una apropiada evaluación de la enseñanza. Asimismo es importante aprender de los profesores con experiencia, tener un compromiso de aprendizaje compartido, lograr un trabajo en equipo y formar redes de trabajo. En el sistema educacional británico son usados los principios y buenas prácticas de la enseñanza en grupo, la evaluación de los académicos a través de observación de las clases, y los estudiantes tienen un apoyo profesional y supervisión en sus proyectos académicos durante los estudios y el proyecto final de su carrera. También aquí introducimos los manuales como un sistema de información, guía y apoyo para los estudiantes.

## Prácticas efectivas para enseñar

### ¿Por qué los profesores necesitan desarrollarse para enseñar?

Los profesores son también aprendices ya que el proceso de aprender a enseñar es un requisito histórico que nunca termina. Ideas y acciones para desarrollar mejor sus prácticas pueden significar mejorar la efectividad y aumentar su eficiencia, lo cual puede resultar en obtener una mejor evaluación de parte de los alumnos y del colega que observa su clase. Aquí presentaremos algunas ideas para el profesor que desee cambiar sus prácticas de enseñanza, y al mismo tiempo continuar con su continuo desarrollo profesional como profesor. La meta de este libro es sugerir algunas prácticas sobre cómo mejorar y desarrollar la forma en que el profesor enseña[35].

En algunos países los profesores nuevos están obligados, como un requerimiento formal de su institución, a tomar parte en un programa dirigido al desarrollo de la calidad de su enseñanza. Esto frecuentemente envuelve atender grupos de trabajos, miniproyectos de investigación de la enseñanza y reflexionar sobre sus prácticas. Esto es especialmente importante considerando que muchos profesores no tienen realmente formación pedagógica, sino una vasta experiencia en el desempeño de su disciplina. Estos programas de enseñanza y aprendizaje piden a los participantes desarrollar su propio portafolio de enseñanza y proveer evidencia de sus destrezas, habilidades y entendimiento sobre cómo enseñar. La actividad escolar de enseñanza es usualmente importante en el aspecto del portafolio de enseñanza: investigar la teoría de enseñanza y aprendizaje en la literatura. Sin embargo, cuando la persona está comenzando su carrera en la enseñanza debe existir una presión necesaria respecto a cómo se debe diseñar y realizar una clase efectiva.

En muchas instituciones, el número de profesores de media jornada y por horas es mayor que el número de profesores de jornada completa. Siendo esto muy común en Chile, la provisión de *training* formal y desarrollo para profesores de jornada parcial es más esporádico. Por lo tanto, es muy importante que el profesor conozca las guías para los estudiantes, el monitoreo y evaluación del aprendizaje, y cómo su curso donde enseña está conectado con el desarrollo curricular de la carrera de estudios. Es vital que los profesores sin dedicación exclusiva al trabajo académico obtengan orientación en torno al proyecto educativo y diseño curricular, como con relación a su capacidad de enseñar[36].

---

35    Se recomienda leer *Developing your Teaching, Ideas, Insight and Action* (Peter Kahn and Lorraine Walsh 2006), el mérito de este libro son particularmente las discusiones acerca de problemas corrientes que son impactantes sobre la enseñanza y el aprendizaje en educación superior.
36    Por otra parte, resulta a menudo fundamental contar con docentes que dedican solo tiempo parcial a la enseñanza, ya que estos traen las vivencias del mundo del trabajo y de la práctica disciplinaria, cosas que mutan con notable frecuencia en los días del cambio tecnológico.

Trabajar hoy día en el sector de educación superior significa operar dentro de un campo de constantes cambios de las prácticas. Este cambio puede venir como consecuencia de las innovaciones tecnológicas, del cambio social, de un nuevo programa de desarrollo de educación comunitaria, de nuevas herramientas de enseñanza interactiva, o de una iniciativa del gobierno a nivel nacional, tal como aumentar el acceso a la educación superior, o de algún cambio legislativo que puede tener una diversidad de impacto. El problema del debate ideológico, político y financiero sobre la educación a nivel nacional puede afectar notoriamente la enseñanza y el aprendizaje de los estudiantes.

A continuación, presentamos varias iniciativas y reflexiones sobre el modo en que el profesor puede enriquecer sus experiencias de enseñanza en la clase y lo importante que es que el profesor realice una autocrítica sobre su capacidad de enseñar en la clase (R. Carrasco 2010):

*Enseñanza efectiva*

Nuestro objetivo en esta parte de este libro es proveer a los profesores con una variedad de ideas que se centre en aspectos concretos de su práctica y que implican la evaluación del profesor y las maneras como su práctica se desarrolla. Animamos a todos los profesores a que piensen en sus propias ideas para desarrollar su práctica con una mayor conciencia y enfoques propios. Así, todos estarán en mejores condiciones para estudiar y desarrollar nuevas ideas para la enseñanza–aprendizaje.

Elegir las prácticas didácticas eficaces. Iniciamos este proceso eligiendo enfoques y estrategias eficaces de enseñanza. Comenzamos por sugerir que cada uno evalúe su experiencia, de donde puede venir buena parte de la riqueza y el potencial del aprendizaje.

- **Cómo centrarse en el proceso de mejorar la calidad de la docencia (enseñanza)**
  - Mejorando la práctica de esta.
  - Observando la actitud de los estudiantes y las reacciones de los colegas.
  - Estimulando y motivando a los estudiantes.

- — Formando grupos docentes o compartiendo experiencias con los colegas.
- — Trabajando con otros y aceptando las críticas de los estudiantes.
- — Sometiéndose a evaluación por sus pares.
- **Escogiendo prácticas efectivas para la docencia**
  - — Metas y objetivos de las clases.
  - — Cómo se empieza la clase es una evidencia de la experiencia.
  - — Listar las consecuencias aprendidas y planificar sus propias clases.

<u>Razones para adoptar buenas prácticas en la enseñanza</u>

- **Personales**
  - — Esto me ha funcionado en el pasado (no quiero cambio).
  - — Estoy interesado en hacerme cargo de esto.
  - — Estoy cómodo enseñando de esta manera.
  - — Esto se asemeja a mi manera personal de enseñar.
  - — Me parecía útil cuando era estudiante.
- **Estudiantes**
  - — Los estudiantes dicen que les gusta este método.
  - — Los estudiantes aprenden de manera efectiva y obtienen buenas notas.
  - — Recibo buenas críticas de los estudiantes.
  - — Los estudiantes se involucran y hacen preguntas perspicaces.
  - — Mis preguntas son elegidas por los estudiantes en los exámenes.
- **Profesional**
  - — Los recursos están presentes (tecnología, técnicos, materiales).
  - — Tengo tiempo para este enfoque.
  - — Esto está acorde con los métodos de enseñanza del departamento.
  - — Tengo permitido hacer esto y el proceso es eficiente.
  - — Mis colegas me dicen que les gusta el método.

<u>Inspiración del profesor en la enseñanza</u>

- **Literatura práctica para el aprendizaje y la enseñanza**
  - General.
  - Enseñando y apoyando el aprendizaje.
  - Diseño de un curso y evaluación.
  - Apoyo al estudiante, literatura específica a la materia.

- **Enseñanza sin inspiración**
  - Los estudiantes se duermen.
  - Cargas de trabajo excesivas.
  - Tiempo limitado para consultar a los estudiantes individualmente.
  - Burocracia y mejores recompensas para la investigación de calidad.

- **Enseñanza con inspiración**
  - Conectado con tu materia y analizar tu enseñanza.
  - Conectado con tus estudiantes y fomentar el diálogo.
  - Conectado con tus colegas y discutir evidencias teóricas y prácticas.
  - Obteniendo ideas de otros y de grupos de docentes.

<u>Evaluación de la enseñanza</u>

- **Autoevaluación de tu enseñanza**
  - Enseñanza centrada en uno mismo, sus acciones y pensamientos.
  - Planificando y apoyando la enseñanza puede ser valioso para el profesor y sus estudiantes.
  - Evaluando el impacto que nuestras acciones ejercen sobre el aprendizaje del estudiante.
  - El por qué, el qué y el cómo de la evaluación.

- **Aspectos del enfoque de la enseñanza reflexiva**
  - La enseñanza reflexiva «para acciones» planificadas llevadas a cabo de antemano para sobreponerse a ciertas situaciones.

- La enseñanza reflexiva «a través de acciones» actuando en respuesta ante ciertas situaciones.
- La enseñanza reflexiva «en acciones» examinando y planificando lo que se hará la próxima vez que nos encontramos ante una situación similar con respecto a la experiencia obtenida.

- **Enfoque cíclico para aprender desde la experiencia**
  - ¿Qué pasó? y ¿cómo se siente el profesor al respecto?
  - ¿Qué similitudes se pueden extrapolar entre la teoría y la práctica?
  - ¿Qué es lo siguiente que el profesor va a hacer?

Aprendiendo de los demás y aprendizaje compartido

- **Etapas del aprendizaje**
  - El contenido es individualizado.
  - Lo recopilado es compartido; lo constructivo queda integrado.
  - El aprendizaje continuo que se consigue integrar se convierte en método central.
- **Aprendizaje compartido involucrando a los demás**
  - Amigos críticos, observación de la enseñanza.
  - Experiencia compartida a través de traspasos temporales a otros lugares de trabajo.
  - Crítica de los estudiantes, involucrarse en los comités.
  - Aprendizaje a través de los pares en la enseñanza de educación superior.
  - Mentores y grupos de amigos, valoración o crítica, socializa con los colegas.

Trabajo en equipo y redes de trabajo

Consideramos que los enfoques de colaboración (nacional e internacional) para el desarrollo de la enseñanza y el trabajo en equipo deben considerar lo siguiente:

- **Trabajando con otros**
  - Discusiones de contactos en las clases, contactos por departamento.
  - Invitar a colegas a un café o comer para descubrir sus intereses y temáticas.

- **Contactos institucionales**
  - El profesor piensa tanto vertical como horizontalmente.
  - Se une a comités relevantes a sus áreas de investigación, estudios e intereses.
  - Explora oportunidades de traspasos a otras áreas de la universidad.
  - Toma parte o considera ser responsable de las sesiones de desarrollo del personal docente.
  - Atiende eventos institucionales y curso de desarrollo académico.

- **Contactos (inter) nacionales, conferencias de educación e investigación**
  - Siempre hay que intentar presentar en vez de simplemente asistir.
  - Empieza con presentaciones de *posters*.
  - Revisa la lista de delegados con antelación e intenta conversar con la mayoría de los participantes; intercambia tarjetas de profesionales.
  - No tienes que asistir a todas las sesiones, escoge aquellas que crees que te puedan aportar algo para aprender.

- **Trabajo en equipo** *(team work)*
  - Tener una idea clara de lo que aportas al grupo en términos de conocimientos, aptitudes para la comunicación, valores.
  - Prepararse para renegociar las responsabilidades de cada miembro del grupo.
  - El profesor debe clarificar y discutir con los colegas la interpretación del concepto de trabajo en equipo.

- **Aprendiendo a hacer equipo y habilidad de comunicación**
  - Aprende a discutir con argumentos sin enfadarse (racionalidad).
  - Aprende a escuchar y mantener la mente fría.
  - Menos defensivo, más objetivo y crítico para aprender la habilidad de autoevaluarse, sentirse menos afectado por las críticas y abrirse a las nuevas ideas de los colegas, trabajando en equipo como un miembro más.

## Principios y prácticas de enseñanza en grupos

La enseñanza en pequeños grupos es una característica clave en la educación y se percibe como una buena práctica para la enseñanza y el aprendizaje. El propósito de esta sección es mirar las buenas prácticas en enseñanza en grupo.

- **Los objetivos son:**
  - Considerar los propósitos de la enseñanza en grupos.
  - Considerar las características distintivas de tipos de grupo de enseñanza.
  - Identificar las variables más importantes que tienen una influencia para obtener dichos propósitos.
  - Ver la forma como gestionar grupos.

- **Características y propósitos de la enseñanza en grupos:** La característica distintiva de aprender en grupos es que ofrece la posibilidad de explorar la actitud social constructivista. El mejor grupo (pequeño) de enseñanza usa la dinámica de interacción de grupo para lograr los resultados de aprendizaje que no pueden ser fácilmente logrados de otra manera. La enseñanza es frecuentemente conducida cara a cara.

### La naturaleza social del aprendizaje

Si queremos maximizar la eficacia del aprendizaje en grupo es útil considerar cómo se comporta la gente en los grupos. Las situaciones sociales tienen ciertas estructuras, expectativas y convenciones. Pensemos, por ejemplo, sobre lo que sucede cuando invitamos a un amigo a tomar el té por la tarde. En gran medida nuestras expectativas acerca de lo que va a suceder, el tono de la reunión y la manera en que cada persona se comporta es algo compartido con el invitado. Sin embargo, cuando se trata de la enseñanza de grupos pequeños, la clase se queda a menudo como algo tácito, con una suposición de que todo el mundo sabe lo que sucederá, sea ello verdad o no.

Un enfoque para entender las necesidades de los estudiantes en el aprendizaje viene del trabajo de Maslow, A. (1970). Su enfoque como psicólogo sugirió que todos los seres humanos están motivados para satisfacer determinadas necesidades y que estas necesidades son jerárquicas: «No es posible abordar las necesidades de orden superior si las necesidades de más debajo de la jerarquía no se han solucionado» (Maslow, A., 1970).

Jerarquía de necesidades de Abraham Maslow (1970)

- En el primer nivel, el más básico tenemos «necesidades fisiológicas», por ejemplo: el sueño, el alimento, la temperatura apropiada, el descanso, etc.
- El segundo nivel, una vez que esas necesidades básicas están satisfechas la gente recurre a la «necesidad de sentirse seguro». En un ambiente de enseñanza esto rara vez significa seguridad física, pero podría significar una cierta seguridad psicológica.
- En el tercer nivel, hay una «necesidad de pertenecer, de sentirse parte de un grupo». Se trata de una necesidad «social».
- En el cuarto nivel, de esta necesidad de ser parte de un grupo se vuelve más especifica la «necesidad de sentirse valorado y respetado por los demás».
- En el quinto nivel, en la parte superior de la jerarquía, surge la necesidad de la autoactualización. Lo que Maslow quiere decir es la «necesidad de usar sus talentos y habilidades al máximo».

Dado que la mayor parte de la educación superior está pidiendo a los estudiantes que operen a este último nivel, se deduce que los profesores deben asegurarse de que las necesidades en los otros niveles de la jerarquía se cumplan.

<u>Las etapas de A. Tuckman del desarrollo del grupo</u>

Tuckman (1960) sugirió que grupos de personas cuyo objetivo es trabajar juntos pasan por una serie de procesos antes de que sean capaces de trabajar con éxito en forma mancomunada. Este autor ha sugerido maneras en las que podríamos ayudar a grupos pequeños a enseñarles situaciones para trabajar mejor

- **Etapa 1. Formación:** En esta etapa los miembros del grupo son nuevos, y es probable que haya una medida de cautela e incertidumbre (poca confianza). Los miembros del grupo probablemente son corteses, pero ligeramente distantes entre sí.
- **Etapa 2. Experiencia tormentosa:** En la medida en que los miembros del grupo empiezan a conocer a sus colegas emergerán tensiones, pudiendo desarrollarse diversos grados de conflicto.
- **Etapa 3. Normalizando:** El grupo empieza a desarrollar formas de trabajar conjuntamente, esto se hace explícitamente a través de reglas acordadas o procesos particulares.
- **Etapa 4. Rindiendo/Fusionándose:** Cuando se completan las tres primeras etapas, el grupo puede trabajar con sus miembros efectivamente juntos. Esto en gran medida depende de la formación cultural de cada país (prevalece o no la confianza entre personas).

*Cómo aumentar la efectividad de los procesos de enseñanza en un grupo pequeño de aprendizaje*

- El profesor debe discutir con los estudiantes los propósitos de formar un grupo.
- El profesor establece lo que espera de ellos como estudiantes y determina cuáles son sus expectativas como alumnos. Busque reconciliar las diferencias donde estas sean más bien aparentes.

- Introduce las reglas del grupo lo más pronto posible una vez organizado. Esto puede ser importante cuando sucedan conductas no apropiadas.
- Se asegura que el estudiante tenga la oportunidad de aprender los nombres de cada uno de los miembros del grupo lo antes posible.

Una vez organizado el pequeño grupo de enseñanza, es importante introducir las actividades de trabajo del grupo, y especificar las actividades de aprendizaje. Es siempre adecuado proceder a la revisión de la última sesión, y establecer una breve clarificación de los puntos a ser abordados en la clase, y describir las actividades importantes.

Para enseñar pequeños grupos se utiliza un grupo muy específico de habilidades profesionales. Planificación y facilitación eficaz del grupo pequeño son elementos clave, sin embargo, hay otros elementos que son críticos:

- **Poniendo el tono.** Por ejemplo, el diseño de la sala es muy importante en la eficacia de la comunicación, y para el mejor desenvolvimiento del profesor. El profesor debe acordar reglas básicas para la forma en que los estudiantes se comportarán (condiciones de trabajo).
- **Interrogatorio.** El profesor debe formular preguntas relacionadas con el tema de la clase; planificará cómo usará las preguntas para sacar lo mejor de los estudiantes, usando interrogantes que existen en la discusión del estudiante hasta niveles más altos de sofisticación.
- **Escuchando y respondiendo.** Buenas técnicas de cuestionamiento necesitan ser igualados por una capacidad de escuchar atentamente la respuesta y contestar adecuadamente. Esto permite una discusión valiosa de trabajo de grupo y el aumento del aprendizaje en una forma más efectiva.

***Ejemplos de temas de trabajo para grupos pequeños tipo seminarios***

- Experimentos en métodos alternativos de enseñanza para curso de pregrado usando nueva tecnología para la enseñanza y el aprendizaje.
- Aplicación de la inteligencia artificial a un robot.
- Diseño de una aplicación de un robot.
- Sistemas de seguridad en un aeropuerto, etc.

# Desarrollo y evaluación de académicos y no académicos

Ser miembro de la profesión docente constituye un especial estado en la trayectoria personal de la vida de cada uno. Para algunos, enseñar constituye una larga carrera. Para otros, puede tratarse de una dedicación parcial o tal vez transitoria. Sin embargo, para todos los profesores de planta (jornada completa) y calificados (pedagogos), una certificación oficial es necesaria, que valide su dominio de las técnicas de enseñanza y de la materia misma del curso que enseña. Debe además dar prueba de su entendimiento de la organización de la institución a la que está adscrito. El nuevo profesor, seleccionado por sus calificaciones y competencias, debe demostrar las dotes por las que fue contratado.

Es necesario desarrollar un plan docente o conjunto de cursos para todos los profesores ayudantes y profesores que sea parte de su desarrollo profesional. Esto debe comprender a todos quienes estén involucrados en la educación superior, permitiendo a los académicos conocer los procesos y prácticas educacionales en la universidad, el apoyo que ofrece la universidad a los profesores para realizar su contribución a la enseñanza y el aprendizaje, como asimismo las tareas de investigación y colaboración con las empresas, negocios y la comunidad. Es decir, debe tratarse de un programa que involucre el desarrollo de las competencias para enseñar, y que también informe adecuadamente sobre las características y organización de la institución a la que se adscribe.

### *Sugerencia de la naturaleza del programa de desarrollo profesional*

Es importante que el nuevo docente tenga conocimientos sobre metodología de la enseñanza y el aprendizaje, y que tenga adecuada comprensión de la malla curricular de la carrera en que va a enseñar, como asimismo del diseño de metas y objetivos de cada curso o módulos. Eso significa entender el todo de la organización a la que se adscribe[37]. Debe estar al tanto de los métodos pedagógicos utilizados, entender cuáles destrezas o habilidades se necesitan para enseñar, como también las competencias que se necesitan para diseñar una guía de laboratorio o el contenido de un nuevo curso. Debe saber bien qué se necesita para planificar y cómo preparar y dar una clase eficaz. También debe entender cómo diseñar un examen y el sistema de evaluación, para así evaluar en forma adecuada los resultados de la enseñanza y el aprendizaje de los estudiantes.

El programa de desarrollo profesional para los nuevos profesores que se han reclutado debe diseñarse como objetivo específico, y que ellos conozcan los niveles de apoyo que tienen para iniciarse como profesor y para el desarrollo profesional continuo. Esta inducción diseñada para los nuevos profesores es un proceso crucial en toda institución educativa para elevar permanentemente los estándares de calidad. El programa de desarrollo profesional para los nuevos profesores podría incluir los siguientes aspectos:

- El sistema de inducción al nuevo trabajo, incluyendo orientación a las guías de trabajo.
- El sistema de tutoría y apoyo *(mentoring system)*.
- Metodología de enseñanza y aprendizaje y retroalimentación.
- Diseño, planificación, preparación y entrega de una clase eficaz incluyendo estrategias generales en la sala (los puntos más importantes de la práctica en la sala de clase) para que todos los estudiantes entiendan la clase.

---

37 Esto es particularmente importante, aunque siempre más complejo de lograr, en el caso de los profesores a tiempo parcial, que atienden de modo transitorio las labores de enseñanza.

- Sistemas de evaluación para la enseñanza y el aprendizaje incluyendo autoevaluación.
- Estrategias como trabajar con otros colegas en equipo.
- Sistema de disciplina incluyendo guías y procesos.
- Cómo manejar el estrés en el trabajo y sistemas de apoyo para ello.
- Cómo manejar el acoso y la intimidación en el trabajo *(harassment and bullying)*.
- Salud y seguridad en el trabajo.

El profesor debe saber cómo escoger prácticas efectivas para la enseñanza y el aprendizaje. Debe también saber trabajar con otros y aprender desde la retroalimentación por parte de los estudiantes. Debe seguir un sistema de mentor para enseñanza, aprendizaje e investigación, y cómo desarrollar proyectos de investigación[38].

El personal (no académico) de apoyo a la docencia debería también tener varios cursos de desarrollo personal. Por ejemplo: aprender cómo usar los paquetes de *software* de apoyo al proceso educativo o poseer un código de prácticas administrativas y dominio sobre las regulaciones existentes. Deben saber cómo ofrecer buenos servicios a los estudiantes y apoyo a los académicos en las labores del proceso de enseñanza y aprendizaje *(customer care)*, etc.

La evaluación académica de los profesores es muy importante para el proceso de mejora continua de la calidad de la educación. Puede, sin embargo, ser complejo convencer a los académicos de ser evaluados, pero ello debe constituir un sistema formal existente en la institución. Por cierto, el proceso de evaluación tiene que ser confidencial, justo, transparente y confiable, y debe constituir un gran valor ético respeto al futuro desarrollo de los académicos. El sistema de evaluación debe ser parte integrante de la carrera académica, con grados y reconocimiento claramente preestablecidos.

Para evitar malas prácticas con la evaluación académica, es importante que ella sea independiente de cualquier relación personal, conexiones políticas y religiosas u otra índole de conexión. El sistema

---

38 La mayoría de las universidades en UK ofrecen cursos de desarrollo profesional de una duración de un año y tres horas de clases por semana. El académico obtiene sobre esta base una calificación de postgrado en educación.

requiere colectar la información en base a parámetros de evaluación técnicamente bien diseñados y definidos para medir el rendimiento *(performance)* de cada académico. Ejemplo de parámetros que se incluyen en la evaluación académica son: horas de clase por semana; número de estudiantes que ha supervisado (pregrado, máster y doctorado); número de estudiantes de doctorado que ha culminado exitosamente; número de publicaciones por año publicadas en revistas científicamente reconocidas (rankeadas) y número de citaciones; contratos de investigación; labores y responsabilidades administrativas; elaboración de proyecto de enseñanza y aprendizaje, etc.

Una vez que la información sobre la productividad de cada académico ha sido colectada, entonces puede ingresarse a un programa inteligente (desarrollado por expertos) en un computador (base de datos), como es el caso en varias universidades de UK. El programa *(software)* determinará automáticamente un puntaje de rendimiento académico. El programa está diseñado por expertos en evaluación académica de la universidad, y asigna puntos para cada parámetro de evaluación y medición de los diversos aspectos del rendimiento. Se calcula un *ranking* de los miembros académicos del departamento, y el desempeño satisfactorio depende de si el puntaje está o no por encima de un cierto umbral *(threshold)*. Este proceso de evaluación no es igual para todas las universidades del Reino Unido, varía dependiendo de si la universidad es más fuerte en investigación, consultoría o enseñanza *(teaching)* o si el modelo de financiamiento o ingreso depende de los estudiantes o actividades de investigación y consultoría. En el caso de la Universidad de Chile, este proceso radica en Comisiones de Pares (profesores de la más alta jerarquía) que califican los logros académicos de sus colegas sobre la base de un estándar reconocido de merecimientos en materias de investigación, docencia, innovación y vinculación con el medio.

En UK, los resultados de las ponderaciones de los diversos aspectos después son analizados y discutidos en una entrevista entre el profesor y el jefe de departamento *(appraisal)*. Esta reunión debe ser muy acotada y debe llegar a un acuerdo después de un análisis y síntesis de los datos, analizando también los problemas y éxitos del profesor. A partir de estos resultados se elaborará un plan de trabajo para el próximo año académico de modo tal que el profesor pueda mantener o mejorar su productividad. Esta evaluación y recomendaciones sobre la productividad del profesor se envía a un «panel de evaluación académica de la universidad», quienes pueden recomendar o no la promoción del académico. Así, el jefe de departamento (o escuela) no toma ninguna decisión sobre promoción del profesor, sino que es solamente responsable de colectar la información e informar las decisiones al panel. El panel de evaluación es secreto e independiente para así garantizar confidencialidad y transparencia.

### *Observación de las clases*

En muchas instituciones está implementado el proceso de observar las clases, para así asegurar el control de la calidad docente en la institución. En la observación de una clase es crucial que los profesores puedan entender el proceso de evaluación de la misma, aceptando que su clase será observada por un colega (paso crucial). La observación de una clase puede ser evaluada por el mismo profesor que dicta la clase, el cual completa una «proforma de autoevaluación de la clase por el profesor que la dictó», y por el observador, que puede ser un profesor o mentor quien completa la «proforma para la clase de observación por colega». El beneficio real viene cuando ambos se reúnen después de la clase sobre la base de sus respectivas observaciones y reflexiones. La comparación de notas permite discutir detalles más finos, lo cual constituye un insumo para una próxima clase en particular.

La sugerencia que sigue tiene la intención de ayudar a ver los beneficios de tomar parte en un sistema de observaciones de una clase en particular. El objetivo es colaborar a que el profesor pueda mirar su clase «desde fuera», y pueda también obtener retroalimentación de los colegas sobre la forma más apropiada de enseñar.

Sería recomendable que, en aquellas universidades en que no existe este sistema de evaluación, se implementara ya que la comparación de notas permite al profesor:

- Mirar su clase desde fuera donde puede ver las fortalezas y debilidades de su método de enseñanza y las repercusiones que ello tiene en el aprendizaje de sus estudiantes.
- Obtener una retroalimentación del colega sobre la forma más eficaz y apropiada para enseñar.

- Mejorar la calidad de la enseñanza y el aprendizaje al implementar los cambios requeridos por la retroalimentación.
- Obtener una «consultoría gratis» que contribuye a su formación.
- Se trata de una excelente práctica para cuando haya una visita de un panel de acreditación o panel de control de la calidad a nivel nacional.

Podríamos describir y sugerir los siguientes eventos para observar una clase[39]

- **Valorar la retroalimentación provista por los colegas.** Es útil acostumbrarse a recibir comentarios críticos de alguien a quien conoce, como preparación a la crítica de alguien a quien no se conoce.

- **No permitir que la práctica salga equivocada.** Asegurarse de que todas las personas involucradas en simulacros de visitas sientan que a los visitantes se les permita jugar el papel de observadores críticos en vez de tratarlos como «enemigos».

- **Aceptar observaciones sobre la clase entregada como algo normal.** La práctica es necesaria antes de una verdadera visita. Así será más fácil encontrar el tiempo y disposición para practicar y aceptar las observaciones como algo positivo. También muchos de los posibles problemas ya se habrán reconocido y tratado.

- **Hacer uso de la oportunidad de ser observado, en los programas de desarrollo de los académicos.** Cuanto antes el profesor se acostumbre a la experiencia de ser observado, mayor es su confianza en el manejo de tales situaciones.

- **Hacer un uso apropiado de listas de control.** Es recomendable que las universidades tengan listas de verificación específicas relacionadas a las características clave de las clases,

---

39  Esta información está basada en las notas de *The Lecturer Toolkit*, British Library, 1998.

como por ejemplo, planificación y preparación de una clase, uso de recursos, etc.

- **Liderar con cuidado a nuevos colegas a los cuales se les está observando la clase.** Debe evitarse observar a un nuevo colega en base a un marco de criterios detallados para el caso de profesores con experiencia.

- **Asegurarse de que no se ponga demasiado énfasis en sus habilidades de presentación.** Incluir espacio para la calidad de los elementos de multimedia y ejercicios de clase a cubrir en los criterios de observación. Esto puede ayudar a esparcir la carga para que los colegas no estén demasiado ansiosos por sus habilidades de presentación solamente.

- **Recordar que en su clase no será observado cada segundo.** Puede que algún estudiante notara un pequeño «resbalón» que el profesor pudo haber hecho, pero es poco probable que tenga cien por ciento la atención de toda la clase en cualquier momento.

- **Tomar ventajas de la oportunidad de enseñar en equipo.** Siguiendo la práctica común de compartir la enseñanza y la evaluación de un módulo o curso por dos o tres colegas. En este tipo de enseñanza en equipo el desarrollo profesional ocurre en forma automática.

- **Ofrecer a los estudiantes la oportunidad de retroalimentar los contenidos y métodos de una clase.**

- **Entregar primero las retroalimentaciones positivas.** Si el colega recibe la noticia positiva primero es más probable que tome con predisposición el consejo de «podría hacerlo mejor» en otros campos o detalles de la clase.

- **Tratar de entregar tres observaciones positivas por cada observación del tipo «podría hacerlo mejor».** Si al colega se le da demasiados comentarios negativos, puede que se sienta estresado y no asimile cuáles son las partes esenciales que necesita mejorar.

- **Tomar siempre la actitud que toda retroalimentación es valiosa.** Es parte importante del aprendizaje diario y constructivo para mejorar la calidad y eficacia de la enseñanza y el aprendizaje.

- **Estar preparado a recibir retroalimentación positiva tanto como la negativa.** Considere la crítica como retroalimentación útil. Si es negativa evite ser hostil y presentar excusas por las cosas que se encontró que faltaban.

- **Compartir la retroalimentación sobre la clase con los estudiantes.** A ellos les gusta estar involucrados.

- **Recordar que es parte de una actividad de desarrollo profesional académico.**

*Tareas para la observación de la clase y mejoramiento de la calidad de la clase*

Es recomendable describir las siguientes tareas en el contexto del desarrollo de la observación y mejoramiento de la clase:

**Tarea 1. ¿Qué hacen los estudiantes durante la clase?**
Piense en los estudiantes durante la clase. Describa honestamente lo que hacen.

**Tarea 2. ¿Cómo las acciones de los estudiantes en la clase se vinculan a su aprendizaje?**
Evalúe las cosas que escribió para la tarea 1, y decida cuál de las acciones que los estudiantes hacen en las clases son productivas en términos de su aprendizaje y cuáles son activas más que pasivas.
Ver hasta qué punto las acciones más importantes del estudiante se vinculan a:

- **Quiere aprender.** El entusiasmo y motivación del estudiante aumenta, hace preguntas, da opiniones, pone atención en la clase, etc.
- **Necesita aprender.** El estudiante necesita ayuda para ver qué debería abordar con urgencia; se ve confundido, no sabe cómo priorizar el aprendizaje, qué hacer primero.
- **Aprende de la retroalimentación.** Comentarios del profesor y compañeros de curso.
- **Aprender haciendo.** Practicando o aprendiendo a través de errores que él u otros cometen, etc.

**Tarea 3. ¿Cómo podría el profesor evaluar su clase para mejorar la calidad de ella?**

- El profesor puede elegir una clase particular que dicte, preferiblemente una clase en la que pueda completar la proforma «autoevaluación de la clase que dictó» y le pide a un colega o mentor (el mentor tiene que ser un profesor) que observe su clase y se la evalúe.
- Después, el profesor le pide al mismo colega o mentor que observó su clase en la cual él/ella se autoevaluó que complete la «proforma de evaluación para la clase de observación por colega».
- El profesor que se autoevaluó compara notas con la evaluación hecha por el colega o mentor para obtener una retroalimentación de su clase y así poder aprender algunos puntos de valor adicionales acerca de su clase.
- Después el profesor implementa los cambios necesarios si esto es apropiado.

### *Anexo 1*
### *Proforma de autoevaluación de la clase por el profesor que la dictó[40]*

Elija una clase particular **que usted dicte**, preferiblemente una clase en la que pueda completar esta proforma, y pida a un colega o mentor (el mentor tiene que ser un profesor) que observe su clase y complete la «proforma para la clase de observación por colega», la cual sigue a continuación (ANEXO 2). Después compare notas con la evaluación hecha por el colega o mentor para obtener una retroalimentación de su clase y aprender algunos puntos valiosos adicionales sobre su clase. A continuación, implemente los cambios necesarios si es apropiado.

---

**Fecha:** ...............................
**Curso**.................................
**Tema de la clase**....................
**Número de estudiantes**............
**Resumen de los resultados de aprendizaje previsto para la clase.**

---

### 1. Lugar de la clase
- ¿Es el lugar adecuado para hacer la clase en términos de: asiento, luz, temperatura, ventilación, facilidades de audiovisuales?
- Si el lugar no es adecuado, ¿podría usted haber hecho el lugar más agradable?

### 2. Contenido
- ¿Hizo disponible la información adecuada para los estudiantes sobre la clase y el curso en su conjunto?
- ¿Fueron suficientes vínculos entre lo abordado en clase y clases previas, libros, otras partes del curso, material de estudio?
- ¿Qué tan bien cree usted que vinculó esta clase a clases anteriores?

---

40   Esta información está basada en las notas de Phil Race: *The Lecturer TOOLKIT*, segunda edición 2001, British Library).

- ¿Qué tan bien vinculó esta clase con el curso en su conjunto?
- ¿En qué medida hizo referencias a libros de texto u otros materiales de estudio?
- ¿Se basó en apuntes de la clase, o solo oralmente?

## 3. Estructura

- ¿Fue su material de la clase bien organizado, de modo que los estudiantes pudieran seguir la estructura o secuencia que usted adoptó?
- ¿Siente que se enfatizaron los puntos clave claramente?

## 4. Nivel

- ¿Siente usted que hizo su clase a un nivel que sus estudiantes pudieran comprender?
- ¿Cómo trató el caso de cualquier estudiante que experimentó dificultades?

## 5. Claridad

- ¿Cree usted que llevó a cabo la clase claramente?
- ¿Cómo saber si la explicación que dio fue fácilmente entendida por los estudiantes?

## 6. Uso de ejemplos

- ¿Utilizó ejemplos o ilustraciones siempre que fueran útiles para los estudiantes para poder entender los puntos clave?
- Anote el tipo de ejemplos que utilizó para esto.
- ¿Los ejemplos que utilizó se conectaron con los conocimientos e intereses de los estudiantes?

## 7. Apuntes y otros materiales de estudio

- ¿Hizo uso adecuado de los apuntes u otros materiales de estudio?
- Si es así, ¿fueron estos útiles para los estudiantes a la hora de resumir, amplificar o reforzar el material de la clase?
- Explique cómo usó los apuntes u otro material de estudios.

## 8. Apoyos audiovisuales

- ¿Fueron los apoyos audiovisuales utilizados siempre cuando fueron necesarios para transmitir la materia?
- ¿Qué tipo de apoyos audiovisuales fueron utilizados en esta clase en particular?
- ¿Fueron los apoyos audiovisuales exitosos para apoyar la comprensión de los estudiantes?

## 9. Audibilidad

- ¿Pudo ser escuchado claramente, incluso por los estudiantes en la parte posterior y los costados de la sala de clase?

## 10. Ritmo y tiempo

- ¿Fue su clase presentada a una velocidad adecuada?
- ¿Qué evidencia tiene usted desde su punto de vista sobre la velocidad de la clase?
- ¿Mantuvo el tiempo especificado para la clase?

## 11. Entusiasmo e interés

- ¿Cree usted que presentó el contenido del material de la clase de una manera animada y entusiasta?
- ¿Era el interés de los estudiantes en el contenido del material de la clase sostenido o mejorado?
- ¿Qué evidencia tiene usted desde su punto de vista sobre el tema?

## 12. Interacción

- ¿Encontró posibilidades de interactuar con los estudiantes, por ejemplo, oportunidades para preguntas o comentarios, o basándose en los intereses, preocupaciones o experiencia de los estudiantes?
- Proporcione detalles de las formas como involucró a los estudiantes en la clase.

## 13. Las cosas que salieron bien

- ¿Qué cree que fueron las tres mejores cosas acerca de la forma en que manejó esta clase en particular?

## 14. Las cosas que podrían haber sido mejoradas

- ¿Qué (si algo) cree que puede tratar de hacer de manera diferente si usted fuera a dar la misma clase nuevamente la próxima semana?

## 15. Algunos otros comentarios que le gustaría añadir sobre su clase

### *Anexo 2*
### *Proforma para la clase de observación por colega[41]*

Pídale a un colega o mentor (el mentor tiene que ser un profesor) que observe y complete esta proforma para la misma clase que usted se autoevaluó usando la anterior «proforma de autoevaluación de la clase por el profesor que la dictó».

**Nombre del observador:** ..............
**Fecha de la clase:** ....................
**Curso:** ...................................
**Tema de la clase:** ....................

**Resumen de los resultados de aprendizaje previstos para la clase, como se muestra o se habla a la clase**

---

### 1. Lugar de la clase

- ¿Era el lugar adecuado para hacer la clase en términos de: asiento, luz, temperatura, ventilación, facilidades de audiovisuales.
- Si el lugar no era adecuado, ¿podría el profesor haber hecho más para ayudar a hacer el lugar más adecuado y agradable?
- Por favor, anota la ubicación del lugar.
- ¿Cuál es su opinión sobre el lugar?

---

41 Esta información está basada en las notas de Phil Race: *The Lecturer Toolkit*, segunda edición, 2001, British Library.

- ¿Hay maneras en que el profesor podría hacer este lugar más adecuado y agradable para el aprendizaje de los estudiantes?

## 2. Contenido

- ¿Fue la información adecuada para los estudiantes sobre la clase del curso en su conjunto?
- ¿Fueron suficientes vínculos entre esto y clases previas, libros, otras partes del curso, material de estudio?
- ¿Qué tan bien cree que la clase fue vinculada a las clases anteriores?
- ¿Qué tan bien fue la clase vinculada al curso en su conjunto?
- ¿En qué medida se han dado referencias a libros de texto apropiados u otros materiales de estudio?

## 3. Estructura

- ¿Fue el material de la clase bien organizado, de modo que los estudiantes pudieron seguir la estructura o secuencia adoptada? Por favor, indique su opinión.
- ¿Fueron los puntos clave enfatizados claramente?

## 4. Nivel

- ¿Fue la clase hecha a un nivel que los estudiantes pudieron comprender? Por favor, indique su opinión.
- ¿Fue alguna disposición adoptada para aquellos que experimentaron dificultades?
- Por favor, dé ejemplos si es apropiado.

## 5. Claridad

- ¿Fue la clase claramente presentada?
- ¿Fue la explicación dada fácilmente entendida por los estudiantes?

## 6. Uso de ejemplos

- ¿Fueron los ejemplos o ilustraciones usados útiles para los estudiantes para entender los puntos clave?
- Por favor, explique el tipo de ejemplos que se usaron.

- ¿Los ejemplos utilizados se conectaron con los conocimientos e intereses de los estudiantes?

## 7. Apuntes y otros materiales de estudio

- ¿Hizo el profesor uso adecuado de los apuntes u otros materiales de estudio?
- Si es así, ¿fueron estos útiles para los estudiantes a la hora de resumir, amplificar o reforzar el material de la clase?
- Por favor, explique cómo el profesor usó (o ayudó al estudiante a usar) los apuntes u otro material de estudios.

## 8. Apoyos audiovisuales

- ¿Fueron los apoyos audiovisuales utilizados siempre cuando fueron necesarios para transmitir la materia?
- ¿Qué tipo de apoyos audiovisuales fueron utilizados en esta clase en particular?
- ¿Fueron los apoyos audiovisuales exitosos para apoyar la comprensión de los estudiantes?

## 9. Audibilidad

- ¿Fue el profesor escuchado claramente, incluso por los estudiantes en la parte posterior y los costados de la sala de clase?

## 10. Ritmo y tiempo

- ¿Fue la clase presentada a una velocidad adecuada?
- ¿Qué evidencia tiene usted desde su punto de vista sobre la velocidad de la clase?
- ¿Mantuvo el profesor el tiempo especificado para su clase?

## 11. Entusiasmo e interés

- ¿Presentó el profesor el contenido de la clase de una manera animada y entusiasta?
- ¿Fue el interés de los estudiantes sobre el contenido de la clase sostenido o mejorado?

## 12. Interacción

- ¿Encontró el profesor posibilidades de interactuar con los estudiantes, por ejemplo, dando oportunidades para preguntas o comentarios, o aprovechando el interés de los estudiantes, preocupaciones o experiencias?
- Proporcione algunos detalles de las formas en que el profesor involucró a los estudiantes de la clase.

## 13. Las cosas que salieron bien

- ¿Cuáles cree que fueron las tres mejores cosas acerca de la forma en que el profesor manejó esta clase en particular?
  
  **1**
  
  **2**
  
  **3**

## 14. Las cosas que podrían haber sido mejoradas

- ¿Existe algo que el profesor pueda tratar de hacer de manera diferente si él fuera a dar la misma clase nuevamente la próxima semana?

## 15. ¿Le gustaría añadir algunos otros comentarios sobre la clase?

# Supervisión de los proyectos de pregrado. Conceptos básicos

### *Desarrollo de proyectos dentro del aprendizaje*

La razón principal por que los profesores practican la actividad de enseñar es para mejorar y aumentar el aprendizaje de los estudiantes, realizando así uno de sus objetivos de vida. Los académicos pueden ver que introduciendo un nuevo desarrollo dentro de la enseñanza se puede hacer una diferencia para los estudiantes. El desarrollo de proyectos en grupos o un proyecto individual al final de su carrera de estudios produce una nueva experiencia al estudiante en el proceso de su aprendizaje, que puede consolidar y proyectar lo adquirido.

El objetivo de esta sección es describir el proceso para preparar y desarrollar un proyecto de pregrado. Esto tiene una influencia significativa para revisar la forma de enseñar en los cursos o módulos de aprendizaje existentes e introduce un nuevo método de experimentación para una innovación con respecto al método de enseñanza. Los estudiantes adquieren conocimiento desde la revisión literaria y la metodología de desarrollo del proyecto, y obtienen una variedad de conclusiones destinadas a incorporarse en el proyecto. En el proceso de desarrollo de un proyecto hay siempre un riesgo al probar algo nuevo. ¿Funcionará esto?

## *Problem–based learning*

Introducimos el concepto de resolver un problema basado en un proyecto de aprendizaje *(problem-based learning)*. Esta metodología es tradicional en varias disciplinas, incluyendo ingeniería, derecho, economía, etc. Por ejemplo, está en el currículo de Ingeniería Electrónica, donde esta forma de aprender es virtualmente inédita, el diseño de este método de aprendizaje basado en un proyecto se ha hecho familiar, y hay varios experimentos desarrollados en la universidad que tienen excelentes resultados en el aprendizaje de estudiantes y académicos.

Con los cambios tecnológicos de apoyo que se han desarrollado en la educación, como el uso de un nuevo sistema de multimedia, la plataforma de *software*, la inteligencia artificial y el aumento del nuevo conocimiento en la sociedad en general, es necesario pensar cómo debemos seleccionar el contenido de los *syllabus* y currículos. Hay teorías en ciencia, en ingeniería y en otras áreas del conocimiento que no tienen relevancia en el mundo real, ya que falta una validación en ambientes prácticos como en la industria u organizaciones de negocios. Dijo Peirce[42] que la teoría no puede existir sin la práctica, ya que hay que practicar para teorizar. Sin embargo, hay teorías que no funcionan en la práctica, y hay prácticas que tienen lugar sin teorías explicativas. La nueva propuesta que está en discusión es desarrollar la enseñanza y el

---

42   Peirce, Short (2007): *Peirce's Theory of Signs*, Cambridge University Press.

aprendizaje en los laboratorios. Esto significa que el profesor debe diseñar proyectos de enseñanza y aprendizaje para enseñar la teoría, e implementarla en el laboratorio. Esto permite al estudiante aprender a diseñar, modelar, clasificar y evaluar la información, trabajar en equipo, analizar y criticar, clasificar información, evaluar, implementar, medir, sintetizar y sacar conclusiones. Usando la nueva tecnología para desarrollar proyectos, esto es aplicable a todas las carreras de estudio. Por ejemplo, en ciencias sociales, en los seminarios y charlas se puede usar internet, sala de videoconferencia, televisión y laboratorios de computación y robots. En la enseñanza de la estadística y la econometría en muchas escuelas de Economía, los estudiantes disponen en clase de un *laptop* donde pueden realizar experimentos con datos, y comparar y discutir resultados. Este nuevo concepto de enseñanza creará nuevos desafíos para los profesores y estudiantes en el proceso de aprendizaje.

### Desarrollo de la implementación de un proyecto

El proceso de desarrollo de un proyecto involucra un estado inicial donde se evalúa un rango de consideraciones para darle forma a un determinado plan. Hay muchos procesos en la implementación de un proyecto que se podrían realizar para desarrollar habilidades para la enseñanza y el aprendizaje. Hay que definir iniciativas que tengan una posibilidad realista de poder llevarse a cabo.

Las cuatro siguientes consideraciones son importantes a dicho respecto:

- Desarrollar objetivos claros para un proyecto y describir con detalle qué es lo que se trata de hacer y conseguir, cuáles son los desafíos para los estudiantes y los profesores y qué es lo que ellos tienen que solucionar.
- Entender las necesidades del proyecto con respecto a todos los que están involucrados. El entender es parte de la propia experiencia, pero esto podría concluir en un análisis más formal.
- Estar consciente de las actividades que otros han realizado. Es claro que se necesita hacer una revisión de la literatura existente:
  - Determinar los objetivos de la revisión.

- Especificar las estructuras teóricas y prácticas.
- Desarrollar preguntas para la revisión.
- Localizar las mejores evidencias para el desarrollo de la implementación del proyecto.
- Apreciar críticamente los conceptos de estudios que se han encontrado y aplicar estos conceptos con evidencia a la práctica.
- Apoyar o impedir el éxito del desarrollo de la implementación de un proyecto, por las siguientes razones[43]:
  - **Personal:** motivación, habilidad, experiencia y recursos.
  - **Social:** colaboración, cultural.
  - **Organizacional:** prioridad institucional, financiamiento.
  - **Sector:** prioridades nacionales.

### *Evaluación y diseminación del proyecto final de la carrera de pregrado*

La evaluación es uno de los elementos más importantes en el desarrollo de un proyecto. Este necesita ser seguido desde el comienzo hasta el final del plan por parte del profesor; desde examinar si acaso los datos fueron colectados en forma apropiada y las hipótesis fueron planteadas correctamente. De esta manera el estudiante se compromete a aprender integralmente el proceso de evaluación de cerca y monitorear el progreso del proyecto. Hay varias metodologías del proceso de evaluación para un proyecto que no vamos a describir en este libro[44].

La diseminación del proyecto es también importante que sea especificada, tanto como la necesidad de seguir la implementación de la investigación desde el comienzo hasta el final. Lo más significativo es saber a quién pertenece el proyecto, quién lo sugirió como idea (el estudiante o el profesor), y especificar si es que se trata de una colaboración con una empresa u organización. Ciertamente, el respeto a la propiedad intelectual es muy importante.

---

43   Peter Kahn and Lorraine Walsh (2006).
44   Ver, a este respecto, Easterby-Smith *et al.* (2002).

Tal vez el estudiante y/o el profesor quieren diseminar el conocimiento emanado del desarrollo del proyecto escribiendo una publicación. Esto es, por supuesto, particularmente importante si el trabajo es de excelencia y es una nueva idea que contribuye a enriquecer el conocimiento.

### Administración del desarrollo de un proyecto

Este ciclo de desarrollo de diseño, implementación, evaluación y diseminación provee una base para realizar un proyecto. Cada una de estas fases puede ser asistida por una administración más experta en cada aspecto del proyecto mismo. En muchas actividades que ocupan el desarrollo de la enseñanza e investigación, el experto tiene un tiempo limitado, haciendo aconsejable dividir tareas. También es necesario tener los recursos para el desarrollo del proyecto y gestionarlos adecuadamente. La necesidad de un administrador del proyecto es ahora ampliamente aceptada a través del sector privado y público. Muchos de los proyectos fallan por una variedad de razones: presupuesto, mala implementación, las necesidades del cliente no satisfechas, personal clave deja el equipo del proyecto en puntos críticos, redundancia de los contenidos, etc.

Sin embargo, algunas técnicas han sido desarrolladas para manejar los riesgos involucrados y es a esto que nos dirigimos ahora. La primera lección, y la más importante, es que la fase de planificación del proyecto es crítica; es necesario establecer objetivos claros que se pueden identificar *a posteriori* si es que se han o no cumplido. Especificando lo que se espera lograr a través del proyecto permite también identificar el trabajo que ello implica. Se puede especificar de nuevo el trabajo involucrado en diferentes niveles de detalle, pero seguirá siendo importante dividir el trabajo.

También es importante manejar los riesgos asociados y los factores que influirán en el éxito del proyecto. Por ejemplo, ¿qué dañaría seriamente el proyecto?, ¿tiene un proceso confiable que le permita alcanzar los objetivos?, ¿qué ocurrirá si no logra obtener la aprobación necesaria para introducir el nuevo módulo?, ¿qué podría hacer al respecto? El cuadro 4.1 proporciona algunos ejemplos de riesgo diferentes, así como factores que pueden influir en el éxito del proyecto (Kahan, P., Walsh, L. 2006).

***Cuadro 4.1.***
***Para analizar los factores de riesgo y de éxito con ejemplos***
**Situación: El colega clave en el proyecto puede retirarse:**

| Escala de impacto | Probabilidad de ocurrencia | Estrategia para reducir el riesgo o maximizar el éxito |
|---|---|---|
| Fin del proyecto, o retrasado por al menos cuatro meses | Varios colegas dejaron el último año académico | Hay que asegurar que el trabajo es colaborativo para que otra persona pueda hacerse cargo |

**Situación: Aprobación no concedida o concedida solo bajo ciertas condiciones:**

| Escala de impacto | Probabilidad de ocurrencia | Estrategia para reducir el riesgo o maximizar el éxito |
|---|---|---|
| Fin del proyecto, o el proyecto es terminado, pero sin entusiasmo | El rechazo total es poco probable, pero la condición podría establecerse fácilmente | Involucrar al menos un miembro del Comité en el proyecto, y resolver los problemas de antemano con el presidente del Comité |

**Situación: El patrocinador del proyecto cambia de opinión:**

| Escala de impacto | Probabilidad de ocurrencia | Estrategia para reducir el riesgo o maximizar el éxito |
|---|---|---|
| Fin del proyecto, o se desperdicia un trabajo significativo | El patrocinador ocasionalmente se remonta a decisiones anteriores | Mantener al patrocinador informado sobre el progreso, pidiéndole que supervise cuestiones clave |

Para los estudiantes de la carrera de pregrado y nivel de máster (magíster), es crucial que cuando desarrollan el proyecto final de su carrera dominen ampliamente los conceptos de la metodología de investigación, para así poder desarrollar su tesis de pregrado o máster adecuadamente. Esta metodología es más profunda cuando es usada a nivel de doctorado.

# Administración de los recursos para la enseñanza y el aprendizaje

Enfrentar los desafíos de apoyar la enseñanza y el aprendizaje con las nuevas tecnologías es interesante y a menudo crucial. En el presente, el recurso para la enseñanza está cambiando rápidamente, lo cual constituye una oportunidad de investigar profundamente dentro de esta área y seleccionar el material que puede usarse para enseñar. Con esto vienen grandes desafíos:

- ¿Cómo se podría personalizar la educación?
- ¿Cómo se podría estar en el tope de seguir y revisar los trabajos?
- ¿Cómo se podría innovar los procesos de aprendizaje?

- ¿Cómo el personal académico y no académico podrían mejorar el manejo de su tiempo y eficiencia?
- ¿Cómo se podría crear un equipo de investigación para la educación?

Las facilidades para la enseñanza, el aprendizaje y la investigación han cambiado rápidamente en los últimos años. Las universidades en los países avanzados han construido nuevos edificios con las facilidades más avanzadas de la nueva tecnología para apoyar la enseñanza y el aprendizaje. Salas de clases equipadas con paneles interactivos, y centros de aprendizaje donde los estudiantes se reúnen a estudiar y realizar intercambios de contenidos y conocimiento proporcionado por los cursos. Los nuevos centros de investigación tienen fácil acceso a cualquier parte del campus universitario, laboratorios y facilidades para todos los estudiantes, incluyendo los estudiantes con discapacidades. Se han instalado computadores, multimedia y facilidades de servicios de la tecnología de la información para los laboratorios de *software* y *hardware* (*laptop, workstation, notebooks,* tabletas) para así poder ofrecer una mejor calidad de servicio y experiencia para todos los estudiantes.

Otro mejoramiento para el aprendizaje, el cual es un recurso de alta calidad y de fácil acceso para los estudiantes, es que los profesores ahora ingresan en la base central de datos de la universidad sus apuntes o notas de clase, las guías de los experimentos para los laboratorios, ejemplos de exámenes y algunos con prototipo de soluciones. También en la base de datos de cada departamento o escuela hay un manual *(handbook)* que describe las actividades de cada curso de enseñanza, investigación y consultoría industrial y negocios.

El ***Manual para enseñar a un postgraduado*** (*Postgraduate-tought-handbook,* nivel de MSc, Universidad de Newcastle, UK) describe:

- Programas de actividades en el departamento.
- Calendarios universitarios (*timetable*).
- La carta de los derechos de los estudiantes.
- Programa de la carrera e información (contenidos) de cada curso.
- Objetivos/regulaciones/contenido de enseñanza.
- Habilidades del graduado.

- Apoyo al estudiante y tutor personal.
- Servicios para los estudiantes.
- Evaluación y retroalimentación.
- Procedimiento. Cómo, dónde, cuándo y a quién el estudiante le entrega su trabajo, y qué sucede si el estudiante se atrasó en la entrega del mismo.
- Proceso de examinación, corrección (*marking*) y moderación.
- Irregularidad de evaluación y el procedimiento de disciplina.
- Representación de estudiantes y retroalimentación.
- Representación de estudiantes en los comités.
- Recursos y biblioteca.

Un ejemplo de otro manual es el **Proyecto individual de la carrera de pregrado,** el cual describe:

- Fechas importantes de entregas (entrega de la información del progreso del proyecto y tesis).
- Propuesta del proyecto y demostraciones.
- Presentaciones de *posters*.
- Proyecto individual, disertación, plagio.
- Horario de evaluación y corrección.
- Propuesta del proyecto y revisión literaria.
- Presentación de *poster* y proyecto presentación.
- Supervisión y segundo examinador.
- Propuesta del proyecto; plan de trabajo, demostración semestre 1 y 2 usando *poster* y guías de cómo crear un *poster*.
- Resultados y conclusiones.

Existen otros manuales similares para curso de pregrado, curso de máster y doctorados, etc.

# CAPÍTULO V

# Tutor personal y tutela: comparación entre universidades chilenas y británicas

## Introducción

En este capítulo se presentan algunos conceptos relacionados con el apoyo brindado al estudiante basado en el sistema llamado *Personal tutor* (consejero) existente en UK para estudiantes de pregrado. Se describe el sistema de tutorías (las ayudantías de la clase) en general en el proceso de enseñanza y aprendizaje[45], estableciéndose la diferencia entre estos dos procesos. El propósito es destacar la manera en que dicho sistema se aplica en la realidad británica, y la experiencia útil que el mismo puede representar para el caso latinoamericano, en el propósito de promover mejores prácticas para elevar la calidad y efectividad de la enseñanza. Las ideas que se vierten en este capítulo se basan en la experiencia de los autores en la docencia universitaria tanto en Gran Bretaña como en Chile.

## El profesor tutor y el sistema de asesoramientos

El tutor es un académico designado para hacerse cargo de orientar y aconsejar a los alumnos en la elección de asignaturas o en sus trabajos y progreso académico. La evaluación de cada ciclo supone que el tutor, teniendo en cuenta los informes de los otros profesores, tiene que decidir si el alumno pasa o no de ciclo.

---

45   No debe confundirse con el sistema de *mentoring* referido posteriormente, diseñado para que los académicos jóvenes obtengan guía y acompañamiento por parte de aquellos más experimentados.

Para comenzar el análisis tenemos que decir que en las universidades chilenas no existe este sistema como tal, excepto en la Pontificia Universidad Católica de Santiago y la Universidad de la Frontera en Temuco (incluida dentro de la metodología docente en la Facultad de Medicina). En ambos casos, existe un apoyo extracurricular parcial para los alumnos, pero no con el carácter y modalidad que posee en las universidades británicas. Debido a esto no existe la posibilidad de compararlo exhaustivamente[46].

### El sistema de tutoría (asesoramiento) o de proporcionar consejo

A cada estudiante, cuando ingresa al primer año de su carrera de estudios, se le asigna un tutor personal para que lo apoye y lo guíe en sus estudios y problemas extraacadémicos. Este profesor/tutor acompañará al estudiante durante todo su desempeño académico en la respectiva escuela y/o facultad, constituyéndose para este en su relación más directa y activa con «la escuela» o «la carrera».

Entre los muchos roles que se espera cumpla un académico con dedicación de jornada completa o media jornada en el desempeño de la misma, está el de asumir el rol de tutor personal de estudiantes de pregrado. Esto obedece a un sistema de asignación que deben establecer los respectivos departamentos o escuelas. Observando la experiencia británica es posible decir que estos roles académicos no han sido de difícil desempeño en el contexto de un relativamente pequeño número de estudiantes (esto ha cambiado en las últimas décadas) como el que prevalecía en la típica universidad británica. Estos estudiantes siguen programas tradicionales de pregrado, especialmente, y provienen de grupos sociales de relativamente altos ingresos. Ciertamente, esto contrasta con el caso chileno, por ejemplo, donde ha existido una verdadera explosión en el número de estudiantes atendidos, los cuales provienen de una notable mezcla de diversos grupos económicos y socioculturales, así como de una muy heterogénea formación preuniversitaria. Al mismo tiempo,

---

46  Las universidades británicas pioneras en este sistema han sido las universidades de Oxford y Cambridge, así como Durham y las universidades del grupo de Russell que son las universidades más tradicionales de Inglaterra. Este sistema ha sido paulatinamente incorporado por las universidades más modernas por el resultado positivo en el rendimiento académico de los estudiantes.

una dificultad adicional es que ellos participan en programas de pregrado con una estructura curricular de tipo modular y multidepartamental, lo cual sin embargo no hace más difícil la ejecución de un adecuado sistema de tutorías.

Sin embargo, todos esos factores hacen, en el caso latinoamericano, así como en el Reino Unido, más exigente la adopción de un sistema de asesoramiento (consejo) al estudiante, el cual debe servir, además, para encauzar al estudiante en medio de un diverso panorama concerniente a la oferta académica vigente. Labor que se torna más compleja en la medida en que también prevalece una heterogénea mezcla de antecedentes formativos anteriores (enseñanza media), a la vez que de un amplio espectro de expectativas sobre el cumplimiento del currículo y las situaciones al egreso de la carrera. Al mismo tiempo, ha habido en Chile (y en Latinoamérica) tres desarrollos que hacen aumentar las expectativas alentadoras sobre el desempeño de un tutor académico. En primer lugar, ha prevalecido un cambio que tiende a ver a los estudiantes como «clientes» con derecho a esperar un buen servicio, parte de lo cual es ciertamente el proceso de inducción y orientación para promover un mejor rendimiento y productividad de los estudios, labor en la cual los consejeros o tutores deben cumplir una tarea fundamental. Segundo, el empoderamiento que se ha hecho en los estudiantes para recurrir a la ley y a tribunales, si es del caso, cuando se considera que la provisión del servicio es inadecuada, acción que puede verse disminuida si existe una atención personalizada de las inquietudes de los estudiantes. Tercero, hay creciente preocupación por relativamente altas tasas de abandono escolar y de no finalización de los estudios de grado, situación que es incompatible con una educación de calidad. También existe una alta tasa de titulación fuera de plazo. La existencia de tutores que propendan a diagnosticar las situaciones prevalecientes y de tal modo prevenir el abandono por razones no estrictamente académicas, puede contribuir significativamente a elevar la eficiencia de los programas en torno a estos problemas usualmente observados.

### Las funciones del tutor personal (consejero personal)

Es importante que la institución elabore un manual *(handbook)* para describir y especificar el sistema de asesoramiento, incluyendo los deberes del profesor tutor y las funciones que debe cumplir el tutor personal. De acuerdo a Wheeler and Birtle (2007), el tutor debe facilitar los desarrollos personales y académicos de sus *tutees*, manteniendo una relación estrecha que permita diagnosticar problemas, implementar orientaciones y sugerir soluciones. En segundo lugar, el tutor debe proveer información para que el estudiante tome mejores decisiones sobre los asuntos académicos que correspondan (por ejemplo, ramos electivos, dedicación horaria al estudio y al debate con otros compañeros de su curso), monitoreando el progreso del estudiante y elevando las consideraciones a que haya lugar sobre las dificultades y tropiezos que deban asumirse. Tercero, el tutor debe ser la persona responsable dentro de la universidad en la que el estudiante pueda confiar, es decir, debe convertirse en el «rostro» de la universidad ante el estudiante individualmente. Finalmente, el tutor debe proporcionar el vínculo con otros alumnos con similares intereses o problemas, a la vez que con otros colegas académicos tutores y los servicios disponibles en la universidad (por ejemplo, apoyo psicopedagógico, asistencia social, servicios de biblioteca o informática, etc.). El manual debe contener las reglas operativas para la nominación y desempeño de los tutores.

### *Requisitos generales*

Ciertamente, los tutores deben ser asequibles a los estudiantes, especialmente al principio y al final de cada semestre. Por ello, los académicos deben disponer de una porción de sus horas de docencia para este importante trabajo que implica reuniones y conversaciones con sus *tutees*. Al mismo tiempo, es crucial que los tutores deban respetar la confianza que en ellos depositan sus alumnos, lo cual usualmente debe envolver la protección de delicada información de tipo personal, comprometiéndose a no divulgar ninguna información sin el permiso de un *tutee*, incluyendo la que el profesor pueda reportar a autoridades superiores de la universidad. En tercer lugar, los tutores siempre deben mantener un registro de las reuniones oficiales con los alumnos a fin de proporcionar pruebas en el caso de consultas sobre el progreso y disciplinas.

# EL ORIGEN HISTÓRICO DEL SISTEMA *PERSONAL TUTOR*

La característica que explica la personalidad del sistema anglosajón de educación es la utilización de la asesoría o consejo como elemento esencial de la actividad docente. Ahora bien, bajo el concepto de *personal tutor* debemos de observar dos cosas diferentes. Por una parte, la asesoría académica, que es la relación estrecha que se establece entre un alumno y un profesor para que este último guíe la formación del primero. Este modelo se desarrolló plenamente en Oxford y Cambridge, donde los alumnos tienen una reunión semanal con el tutor/profesor que se les asigna. Por otra parte, está la asesoría/mentoría basada en la ayuda que un estudiante de cursos superiores ofrece a otro de cursos iniciales. Hoy día el sistema del *personal tutor* es similar en todas las universidades en UK.

El origen de tradición institucional del *personal tutor* está en Inglaterra, en la experiencia que desarrollara Thomas Arnold (1795–1842) como director de la Escuela de Rugby entre 1828 y 1841. Arnold estableció un sistema pedagógico fundado en mentores nombrados de entre los alumnos más antiguos, que debían supervisar la educación de los más jóvenes. Este sistema aplicado al nivel universitario permitía una extensión del modelo basado en la relación personal/asesora que se establecía entre alumno y profesor, propia del sistema universitario de Oxford y Cambridge. En la actualidad, cuando hablamos de sistema tutorial nos referimos a un modelo basado en la combinación de la actividad asesora del profesor (académica) y la de mentor por parte de alumnos de cursos superiores. No hay que confundir el sistema de *personal tutor* con el sistema de tutorías que en muchos países, incluyendo USA y Latinoamérica, es la ayudantía.

El modelo británico se mejoró en las universidades norteamericanas, en especial en la Universidad de Harvard. En la segunda mitad del siglo XIX, bajo la dirección de Charles William Eliot, Harvard se adecuó a los principios generales del modelo alemán de universidad denominado *humboldtiano*. La universidad *humboldtiana* se caracterizó por los principios de autonomía en la gestión y apertura a las necesidades de la sociedad. Esto implicó la aparición en el siglo XIX del sistema más potente de educación superior. La universidad alemana pasó así a ser el modelo de referencia hasta la Segunda Guerra Mundial, pero la carga de la actividad tutorial era menor. El modelo alemán ponía el énfasis en la autonomía institucional, pero con el apoyo económico básico del Estado y complementario de las empresas, preconizaba la libertad individual y, sobre todo, la combinación de la función docente con la investigadora, especialmente cuando las investigaciones eran de carácter aplicado.

La combinación del modelo *humboldtiano* y la tradición tutorial británica se desarrolló plenamente en las universidades norteamericanas, y ha sido la base del éxito de estas instituciones en la segunda mitad del siglo XX y hasta la actualidad. A esta combinación, las universidades norteamericanas han añadido las reglas del mercado a la actividad universitaria. La inmersión de la universidad en el mercado se ha realizado gracias a dos transformaciones, que han hecho de buena parte de las universidades americanas las más atractivas del mundo para estudiar, investigar y colaborar.

La primera fue la introducción de la cultura de la calidad, la que pasó a ser entendida como el sistema de evaluación constante por parte del mercado y de agencias públicas y privadas de los índices de calidad de las instituciones académicas. Esto creó un típico engranaje de mercado cuya finalidad era trasladar al «consumidor» (estudiantes que quieren educación y empresas que solicitan servicios de investigación y formación) información acerca de la calidad a través de índices y *rankings*.

La segunda fue el mecenazgo postindustrial. Se trataba de una mejora del sistema *humboldtiano* de relaciones con las empresas. Se basaba y basa en el hecho de dejar una parte de los presupuestos dedicados al desarrollo de investigaciones aplicadas como donación para la financiación de investigaciones de carácter más básico, o simplemente alejadas de la preocupación inmediata de la aplicabilidad. Esta es la filosofía que está detrás de los llamados *overheads*. De esta manera, parte del dinero privado pasa a tener una utilidad de nuevo «pública». Este mecenazgo ha permitido desarrollar intensas relaciones empresariales entre universidades y compañías. Incluso ha permitido que las propias universidades hayan dado origen a iniciativas empresariales *(spin-offs)*. Las *spin-off*s surgidas de los semilleros universitarios, y que están insertas en la cultura del mecenazgo moderno, a su vez pasan a ser mecenas de la universidad en el medio plazo, dedicando de nuevo parte de sus beneficios a la financiación de nuevas investigaciones. El hecho de denominar a este modelo como de mecenazgo postindustrial se debe a que solo las sociedades del conocimiento (sociedades cuya base económica está evolucionando hacia la utilización e intensificación del capital humano de alta cualificación en los procesos de producción de bienes y servicios) pueden implementar este tipo de mecenazgo de manera eficiente y rápida. En realidad, el mecenazgo postindustrial es consustancial a las sociedades del conocimiento.

### *Conocimientos, programas de estudios, organización del departamento y la universidad. Aspectos relativos a las regulaciones de la universidad*

Lo que sigue a continuación es una comparación que surge como producto de varios años de enseñanza y aprendizaje en la educación superior de algunas universidades de Inglaterra y Chile. En ella se analizan fundamentalmente los procedimientos en cuanto a las regulaciones vigentes con relación a la selección y capacitación de personal académico, la utilización de mecanismos y monitoreo de controles de calidad, las metodologías de la enseñanza, la innovación pedagógica, la política de promoción y retención de académicos, el sistema de *mentoring* y tutorías docentes (ayudantías).

Esto es de una importancia fundamental pues incide en gran medida en el rendimiento académico de los estudiantes universitarios y lógicamente es una condición *sine qua non* que incide también en la excelencia y calidad académica de los profesores que debieran perfeccionarse continuamente a través de capacitaciones sistemáticas en estas áreas que se mencionan. Ignorar estos aspectos en la educación superior es negar la posibilidad de progreso y adecuación moderna a los sistemas y procedimientos necesarios para la construcción de una educación crítica, reflexiva y consciente.

### *Análisis del sistema académico chileno y británico*

Las universidades británicas cuya experiencia se considera en este trabajo son la Universidad de Londres, la Universidad de Staffordshire, la Universidad de Newcastle, *Birkbeck College*, Departamento de Educación. Seguidamente, una universidad que se dedica a la educación continua, la *Open University* que es una universidad que se concentra en educación a distancia. En general este proceso tutorial (ayudantes académicos) existe en todas las universidades del Reino Unido, hay una mínima diferencia de implantación y hay varios ejemplos en las universidades nuevas (que fueron politécnicos) de que este proceso es mucho más riguroso que las universidades tradicionales.

El último *ranking* de las universidades británicas se considera como factor de calidad la experiencia del estudiante en la universidad y la calidad de enseñanza y aprendizaje en las universidades[47]. El *ranking* Times muestra que las mayorías de las universidades (nuevas) no tradicionales tienen un *score* en materias de efectividad de la docencia mucho más alto que las universidades tradicionales (grupo de Russell). Lo importante de notar es que, si bien antes los *rankings* de universidades se concentraban fuerte o exclusivamente en materias de investigación (por ejemplo, el *ranking* de la *Jia Tong University* de Shanghai o el *ranking* Scimago), hoy en día tanto el *ranking* Times HE o el QS, le otorgan un peso importante a la calidad y efectividad de la docencia. Por cierto es un tema más difícil de medir cuantitativamente que cosas como las publicaciones o citaciones por académico (impacto internacional). Pero la opinión de los empleadores, la calificación de los docentes, la relación de profesores a estudiantes, etc., actúan bien en una materia que se considera central al hacer universitario.

En Chile, las universidades que se incluyen en estas consideraciones son la Universidad de La Frontera de Temuco (UFRO) en su Facultad de Educación y Medicina, la Universidad estatal Arturo Prat Departamento de Pedagogía, de cobertura nacional y la Universidad Católica de Temuco en sus facultades de Antropología y Agronomía. Además, se encuentra la Universidad de Chile, especialmente en su Escuela de Economía y Negocios[48].

---

47    The Times, Monday September 25, 2017: «The Best Universities Teaching Guide».

48    De acuerdo a los últimos *rankings* internacionales (Shanghai, Scimago, Times HE), la Universidad de Chile figura entre las primeras de Latinoamérica y bien posicionada en el mundo. Su Facultad de Economía y Negocios está considerada como una de las de mejor calidad en Latinoamérica, de acuerdo a la calificación otorgada por la American Association of College and Business Schools (AACSB).

# La experiencia con universidades británicas

El sistema de tutorías (en Reino unido estas tutorías pueden ser realizadas solamente por académicos y no por estudiantes) en pregrado es muy eficiente en el apoyo académico. Esta última modalidad apunta a preocuparse de los problemas personales, familiares, de adaptación y de lenguaje del alumno, es decir, es muy comprehensivo y cercano. En este sistema se puede observar un sistema presencial de «uno a uno», con tutorías a la conveniencia y necesidades académicas de los alumnos. Las sesiones pueden durar hasta cuarenta y cinco minutos si el alumno quiere preparar sus habilidades para estudiar *(study skills)*, planificar los estudios, o preparar deberes o ensayos. Podría haber más sesiones para el estudiante si hay tiempo y tutores disponibles.

También existen los *workshops* o seminarios en habilidades para estudiar *(study skills)*, que están disponibles durante todo el año para cursos de primer grado *(undergraduates)*. Existen *workshops* específicos disponibles para estudiantes de cursos de pregrado. Estos pueden ser en áreas de enseñanza y estudios de aprendizaje proactivo para todos los estudiantes y son gratuitos. También se puede acceder a módulos que capacitan en habilidades académicas, pensamiento crítico, desarrollo del inglés escrito (muy útil para ensayos) y cómo escribir las citas y referencias. Además, hay cursos para aprender a mejor administrar el tiempo *(time management)*.

En las universidades del Reino Unido existe un manual para estudiantes, reflejando la responsabilidad de ofrecer cursos de asesoramiento y apoyo personal para sus alumnos. A cada alumno se le asigna un tutor personal que debe reunirse en una base regular por lo menos cinco veces en el trimestre *(term)*. Tres de estas reuniones deben ser presenciales *(face to face)*. Además, los alumnos pueden pedir o requerir más tiempo de sus tutores. Los tutores personales son miembros del personal académico que ayudan a los estudiantes con consejos académicos y lo que se denomina apoyo extraacadémico (o *pastoral* en inglés) con consejos en materias personales incluyendo salud y apoyo financiero.

Los supervisores de disertaciones o tesis de pre- o postgrado (en el caso de curso de máster) deben ayudar a los alumnos a definir el tópico de la disertación (en ciencia e ingeniería los supervisores sugieren los proyectos de la tesis) y también aconsejar sobre libros y tópicos a leer, formular ideas e hipótesis y definir la estructura de la tesis. Las primeras reuniones deben ser iniciativa del supervisor, pero luego deben ser también responsabilidad del alumno. Los supervisores deben mantener una relación con los estudiantes a través de todo el curso consistente en leer y comentar el progreso académico del alumno o alumna. El supervisor debe aconsejar la estructura de la disertación o tesis en capítulos y sus secciones, pies de páginas y bibliografías. Debe evaluar primeramente la disertación o tesis y entregar comentarios sustanciales con una fecha final de un mes después de la entrega. Tiene, además, que vincularse con el segundo académico que evaluará. Si ellos no están de acuerdo en la evaluación deben consultar con el presidente *(chair)* del *Board* (consejo de docentes) de exámenes para que el primer y el segundo académico evaluador puedan llegar a un consenso en la evaluación.

Además, las universidades (UK) ofrece su Moodle que es su sistema *online* de espacio para aprender. Este sistema es utilizado para complementar las materias que los alumnos han aprendido en los cursos presenciales, que entregan información y materiales esenciales para su completa formación.

Como se puede apreciar, el sistema de *personal tutor (tutorials)* es un componente esencial del aprendizaje que está orientado a apoyar y ayudar al alumno a desarrollarse y alcanzar un grado superior de excelencia académica que probablemente no podría obtener sin este mecanismo.

El que en las universidades del Reino Unido sus sistemas de tutorías (ayudantías) para hacerlo más efectivo y moderno significa el valor que se está concediendo a este sistema de apoyo al alumno de pregrado. En toda la educación superior el sistema de tutoría es muy importante para el proceso de enseñanza y aprendizaje. Por cada curso o módulo de dos horas de clase semanales los estudiantes tienen una hora de tutoría por semana, el académico tiene que preparar una descripción sobre en qué consiste la tutoría y entregarla al inicio del curso, tutoría que debe ser supervisada por un académico (no por un ayudante).

También existen los laboratorios de apoyo al proceso de enseñanza de los estudiantes para cada uno de los cursos, dos o tres laboratorios por curso de tres horas cada sección. El experimento del laboratorio tiene que estar conectado con el contenido teórico y los objetivos, y los resultados deben demostrar lo que es capaz de hacer el estudiante.

El diseño de la especificación del contenido del laboratorio tiene que explicar con detalle los conceptos teóricos y experimentales. Esto es muy importante en las carreras de Ciencia e Ingeniería, es usual que un 20 % de la nota del curso; hay tutores que guían a los estudiantes para realizar el laboratorio.

## La experiencia con universidades chilenas

En las universidades chilenas no existe un sistema de *personal tutor* equivalente o comparable al sistema que ya opera en las universidades británicas con excelentes resultados. Consideramos que sería extremadamente productivo que un sistema semejante se incorporara a las universidades chilenas para aumentar la excelencia y el rendimiento académicos de sus alumnos, y además, de paso, construir más comunidad universitaria. Lógicamente para implementar esto sería necesario que se dedicaran más recursos a la educación superior, lo que redundaría también en mejorar sus metodologías e instrumentos en el proceso enseñanza–aprendizaje. Si las universidades chilenas pudieran implementar un sistema similar, podría elevarse el rendimiento académico, disminuir la deserción y apuntar a la excelencia, con lo cual se incrementaría la credibilidad de las instituciones de educación superior.

Además, sería especialmente relevante el sistema de apoyo comprehensivo que se preocupa de ayudar a los alumnos con sus problemas personales y extracurriculares de salud, acomodación e incluso financieros (el tutor personal refiere al estudiante al departamento de bienestar y salud de la universidad, así el estudiante tiene una opinión de un experto). Podría así humanizarse más a la universidad, contribuyendo a reducir la deserción académica en los primeros años de educación universitaria cuando es, desgraciadamente, alta. También colaboraría a aumentar la motivación con los estudios universitarios como un factor permanente de éxito.

En las universidades chilenas, el consejo y la ayuda que se ofrece a los estudiantes se deja supeditado a la buena voluntad del profesor de la asignatura, que es frecuentemente asistemático, errático e infrecuente. En el caso de la Pontificia Universidad Católica de Chile, Santiago, existe un sistema de apoyo parcial para el alumno en esta materia de orientación. En las restantes universidades no existe un sistema formal en esta materia de orientación y tutoría, a pesar de que la Universidad de la Frontera (UFRO) tiene un sistema en la Facultad de Medicina que está inserto en la metodología docente, no como apoyo extra, y en la Facultad de Economía y Negocios hay un sistema que opera a nivel de escuela, no como una actividad asignada a los profesores.

En general, en el caso chileno la supervisión y monitoreo de los grados académicos de *Bachelor (B. Sc)*, primer grado, postgrados, másteres (M.A, MSc.) y doctorados (PhD) se caracterizan por un buen sistema de selección y esfuerzos por una adecuada supervisión. Sin embargo, la excesiva carga académica por profesor, por una parte, y la gran diversidad de estudiantes con relación a sus experiencias previas y situaciones extrauniversitarias, dificultan una supervisión adecuada. La misma no puede ser personalizada y más cercana por parte de los académicos supervisores. En realidad no existe una asignación especial de estudiantes (pregrado) a ser supervisados por el equipo académico, y estos aspectos dependen mucho de la voluntad (y el tiempo disponible) por parte de los profesores. Además existen muchos profesores *part time* (que son mínimos o no existen en los departamentos en Reino Unido) cuya obligación con la institución universitaria se restringe a brindar docencia directa, con muy escaso tiempo disponible para atender estudiantes aparte de las situaciones específicas que pueden darse en el contexto de un curso o cátedra. Es también muy común que los profesores jornada de la misma universidad estén sobrecargados de docencia (tres o cuatro cursos por semestre), haciendo inviable la asignación de tiempo para un sistema de tutoría, considerando también la magnitud de la matrícula de estudiantes que, en muchos casos, diseña clases para un gran número de estudiantes.

Ciertamente en los niveles de postgrado hay mayor tiempo para una relación directa de profesor a alumno. Sin embargo, este tipo de contacto se vincula fuertemente con la realización de la investigación dirigida a preparar la tesis de graduación. Poco hay en ese tipo de trabajo que se haga similar a un sistema tutorial, en el cual el académico debe compartir situaciones con el estudiante que le ayuden en su progreso general y realización personal. Ciertamente, muchas instituciones chilenas han avanzado para incluir programas de apoyo, que incluyen asistencia psicopedagógica y de tipo social para atender situaciones especiales. Sin embargo, los estudiantes deben manifestar su demanda por este tipo de apoyo, lo cual no necesariamente se genera por el ejercicio de la tarea docente propiamente dicha.

En el caso británico, como se ha dicho, predomina una política destinada a la atención personalizada por parte de un sistema de tutores. Existe una plena disposición de los tutores que son asignados en estudios de pregrado y que normalmente exceden positivamente los límites de las propias regulaciones y siempre orientados al máximo rendimiento del estudiante. Esto lleva a superar incluso problemas de lenguaje (en los estudiantes extranjeros) en su semántica y construcción gramatical[49].

Sin embargo, aun en esta experiencia británica existe cierta disimilitud. La supervisión que se lleva a efecto en el Centro de Estudios Latinoamericanos e Ingeniería, universidades de Liverpool, Staffordshire y Newcastle, etc., por ejemplo, parece un tanto más laxa y no siempre cercana y dedicada de parte del supervisor del grado o de máster. Aunque hay reuniones periódicas no siempre estas fueron personalizadas, y ellas más bien transcurren a nivel de grupo. El supervisor no siempre comenta regularmente el trabajo del estudiante, dejando espacios muy amplios sin comentar para al final analizar negativamente un capítulo entero que debió ser retirado de la disertación debido a diferencias de enfoque y el poco tiempo disponible para la rectificación de esta[50]. La supervisión fue despersonalizada, hasta cierto punto inflexible y no siempre periódica y sistemática. De acuerdo a la experiencia que reportamos, esto incluso conspiró en contra de una relación más armónica entre supervisor y estudiante supervisado.

El apoyo de tutores y el apoyo académico en las universidades del Reino Unido son amplios y extensivos en sus cursos *online (Open University* y las universidades en que existen estos cursos). En los cursos regulares tal apoyo es más bien discontinuo y poco sistematizado. También los

---

49   Esto sería de gran beneficio en casos como el chileno, en que la preparación de los estudiante en cosas como expresión oral y escrita dejan mucho que desear, incluyendo también su deficiente formación en matemáticas.

50   Hoy día existe un proceso riguroso de monitoreo por medio del cual se obliga al primer y segundo supervisor a tener una reunión con el estudiante para informar el progreso, lo cual se pone por escrito en un formulario que deben firmar el alumno y los supervisores.

estudiantes *online* pueden participar en pequeños grupos de estudiantes en cursos presenciales y hacer preguntas a los tutores acerca de las clases formales y practicar ejercicios de ensayos y presentaciones orales. Las clases pueden ser de carácter completo presencial o cursos de *part time*. Las clases *online* ofrecen materiales de estudio complementarios y clases por audio y vídeo. También los estudiantes pueden escribir sus ensayos y recibir comentarios de sus tutores.

En general, como se ha dicho, el caso chileno y latinoamericano está muy desfasado en esta materia de apoyo al estudiante en vistas a su mejor rendimiento. En realidad, la evidencia en el caso chileno reporta altas tasas de abandono como asimismo bajas tasas de titulación oportuna, lo cual seguramente se vincula a este defecto de las instituciones, muchas de ellas abrumadas por la alta matrícula y baja disponibilidad de tiempo académico. Estas situaciones tienen mucho que ver con la desadaptación de los estudiantes, las fallas derivadas de su formación inicial, y el transcurso de estudios en una institución que no se preocupa de los aspectos personales que se vinculan a un bajo rendimiento académico y a una posible «desilusión» con el proyecto formativo.

## Procesos de ingreso y selección

En las universidades británicas hay protocolos formales muy específicos para el ingreso a programas de estudios. Para el ingreso a *Bachelor (B. Sc)* o primer grado de las universidades británicas, por ejemplo, se requiere una entrevista informal y otra formal por parte del supervisor a cargo del departamento donde el estudiante ingresa, cuya decisión es posteriormente ratificada por el director del departamento. Para el ingreso a estudios de máster en las universidades, hay un procedimiento aún más riguroso consistente en una entrevista formal con el supervisor a cargo con la venia del director del departamento, quienes recaban información sobre el rendimiento académico del postulante, más referencias personales del supervisor anterior. En toda postulación se requiere al menos dos o tres referencias de otros académicos de las universidades, más una constatación de títulos y méritos académicos.

El ingreso a doctorado, en las universidades, consiste en una entrevista formal con el supervisor a cargo del postulante, más una referencia de un académico de la universidad (existe un proceso de selección en la escuela de postgrado de las universidades). Se requieren también tres referencias de académicos de otras universidades, y el postulante debe presentar una propuesta de tema de investigación con una cronología de las etapas a cubrir, especificando el marco teórico y el trabajo de campo.

En el caso chileno, la selección es de muy variada naturaleza en cuanto a exigencia, como también en cuanto al tipo de universidad. En general, los programas de postgrado requieren cartas de recomendación de académicos reconocidos que manifiestan su opinión sobre un postulante. Seguidamente, el comité académico efectúa una selección rigurosa, especialmente en el caso de las universidades y programas de mayor prestigio. Sin embargo, hay instituciones que mantienen sistemas muy superficiales de selección para los programas de máster especialmente, que son considerados una fuente de ingresos para muchas universidades, y no solamente uno de otorgamiento de un grado en función de competencias o conocimientos adquiridos. A nivel de pregrado sucede algo similar. Muchas universidades seleccionan sobre la base de puntajes obtenidos en pruebas diseñadas *ad hoc* para tal propósito (la Prueba de Selección Universitaria de Chile, por ejemplo). Este mecanismo de selección, sin embargo, no garantiza un rendimiento adecuado en la medida en que muchos «puntajes bajos» son admitidos por razones de exceso de oferta, sin que al interior de la universidad existan suficientes programas «remediales» que superen las condiciones de que son portadores los estudiantes. Otras universidades, además, ni siquiera seleccionan por este tipo de puntaje, siendo simplemente una oferta abierta que cumple más bien propósitos de financiamiento que ninguna otra cosa. Sin duda, esto suma una gran dificultad dado, además, la inexistencia de un sistema formal de tutorías y apoyo al estudiante en la mayoría de las instituciones universitarias chilenas. Aún en países como Argentina, el sistema de ingreso a las universidades públicas es totalmente abierto, dejando la selección al proceso de instrucción que ocurre en el primer y segundo año de las carreras.

# Metodología de la enseñanza e innovación pedagógica

Las experiencias de metodología de la enseñanza varían de universidad a universidad, dependiendo del nivel o grado que se está estudiando. Por ejemplo, la Universidad de Durham privilegia (o privilegiaba, hablamos de 1974) la clase magistral en un anfiteatro en que había a lo menos sesenta estudiantes de pregrado. También ocurría esto en la Universidad de California, Berkeley, que se preciaba de tener la clase «más grande del mundo» con alrededor de seiscientos estudiantes en un auditórium, que se complementaba por un grupo de unos veinte ayudantes que proveían la asistencia a grupos pequeños. En Durham, para complementar la clase magistral, se realizan tutorías *(tutorials)* de seis a diez estudiantes en que se analizaban más en detalle, con participación de todos los estudiantes, los contenidos que se habían entregado en la clase magistral. Sin embargo, estas prácticas son muy escasas en las universidades en esta década.

En el grado de maestría de las universidades británicas que dura un año calendario, se analizan los progresos alcanzados en las disertaciones escritas, más los conceptos fundamentales que se enseñan en los cursos especializados de otras asignaturas y departamentos (Historia Económica, Geografía o Sociología). El estudiante debe tomar al menos dos o tres asignaturas que complementen su formación. Además, se realizan *tutorials* en el tema principal (Sociología de América Latina, por ejemplo) con la participación de todos los estudiantes.

Las conferencias anuales de los departamentos de doctorado son más espaciadas y constituyen sesiones personalizadas de una hora o más con cada estudiante o aspirante a doctor. En los períodos extensos de trabajo de campo existe la posibilidad de comunicarse con el supervisor, pero por problemas de distancia, ya que a menudo son realizados en otro país, la comunicación es dificultosa a pesar de los sistemas de comunicación disponibles.

El proceso enseñanza–aprendizaje en las universidades chilenas depende en gran medida de difíciles circunstancias en materia de infraestructura y capacitación de los académicos. Una de las universidades más adelantadas de las universidades regionales, es la Universidad de La

Frontera (UFRO) de Temuco (estatal), por ejemplo, la cual desarrolló un programa de innovación pedagógica conformando equipos interdisciplinarios de académicos en donde confluían filósofos, sociólogos, antropólogos, historiadores y psicólogos para determinar diversos métodos de enseñanza y transferirlos a los alumnos. Se estructuraron dúos de académicos que tomaron a su cargo tres diferentes carreras de Pedagogía (Historia, Castellano y Educación Física), en las que ensayaban diversos métodos de enseñanza desde la clase magistral, clases dinámicas con interactividad en grupos, presentaciones de temas realizadas por los alumnos o grabaciones en vídeo y repetición para analizar la metodología empleada. Sin embargo, esto a veces no prosperaba porque algunos académicos seguían utilizando métodos tradicionales obstruyendo la observación de clases de profesores, y algunos alumnos eran reacios a adoptar los nuevos métodos.

En otras universidades chilenas (como la Arturo Prat, que es también estatal), a pesar de emplear métodos modernos, la enseñanza se hacía difícil por el excesivo número de estudiantes en una clase, a veces de setenta u ochenta en Pedagogía. La única alternativa posible era la clase magistral seguida por análisis de temas por grupos que después eran expuestos a la totalidad del curso. Las clases se complementaban con sugerencias bibliográficas, más libros o apuntes del académico. La capacitación de los académicos era nula y esta quedaba supeditada a la iniciativa personal.

La metodología de enseñanza en el Departamento de Antropología de la Universidad Católica de Temuco (privada tradicional) se hacía más productiva por el nivel académico de los estudiantes y profesores (algunos investigaban, y eran reconocidos a nivel nacional) y el reducido número de estudiantes. Se empleaban métodos modernos de construcción del conocimiento y había una participación más activa de los estudiantes. La capacitación de los académicos, sin embargo, estaba ausente. En cuanto a la designación del cuerpo docente, este quedaba supeditado a la voluntad y elección del director sin la participación de otros docentes. En la Universidad de Chile la docencia ocupa una alta prioridad en las tareas institucionales, y ella es dominada por la clase expositiva, los ejercicios y laboratorio, complementadas por comunicación directa con el profesor y los ayudantes.

En general, la disponibilidad de programas de capacitación docente es bastante restrictiva en el caso chileno, como lo es típicamente en el caso latinoamericano. Y es, sin embargo, urgente puesto que existen profesores especializados en sus disciplinas, con alta formación de tipo profesional, pero que no tienen el necesario entrenamiento en materias pedagógicas. Han existido en la Universidad de Chile, por ejemplo, esfuerzos en esta materia de capacitación docente que, sin embargo, no son lo suficientemente amplios para dar cabida a un número significativo de académicos. Hay facultades preocupadas centralmente de este tema, como también de introducir innovación en materias académicas y pedagógicas sobre la base de fondos concursables. Hay preocupación por esta materia dado que la capacitación del personal docente ha sido un factor incluido en los antecedentes necesarios para obtener la acreditación de carreras e instituciones de la educación superior. En general, sin embargo, la capacitación docente y el estímulo a la innovación pedagógica y curricular son vistos más como una «fuente de gastos» que como una «fuente de calidad formativa».

La diversidad en materia de capacitación académica es notable en el caso chileno. En universidades como Tarapacá no existía hasta hace poco un programa formal que facilitara la interacción entre los académicos. Este también era el caso en la UC de Temuco. En la UFRO, en cambio, el apoyo académico era incentivado (al menos en la Facultad de Educación) a través de sesiones conjuntas de los académicos para compartir información sobre contenido y metodologías. En general, parece haber ejercido un gran peso sobre esta falta de comunicación e interacción entre académicos los años de dictadura militar e intervención de las universidades. El ambiente era poco propicio al trabajo grupal, y ello fue quedando como una forma tradicional de operar en el ambiente académico, a lo cual se sumó posteriormente el cambio radical en materia de organización y financiamiento, que ponía a programas de capacitación académica dentro de las más bajas prioridades en vistas al crecimiento de la matrícula y las demandas de inversión. En la Universidad de Chile, por ejemplo, el desarrollo de programas de esta naturaleza es solo de mediados de la década de los 90, cuando la institución captó que la calidad de sus resultados dependía en gran medida de la inversión en su cuerpo docente.

## Promoción y retención de académicos

Esta constituye la parte más débil de los procesos observados en las universidades chilenas. En general, la promoción queda supeditada a los informes verbales de los jefes de carrera, ratificada por el director en algunos casos. También se toman en cuenta evaluaciones de parte de los estudiantes, pero estas no son siempre analizadas ni se transmiten a los docentes. Esto ha estado cambiando positivamente en tiempos recientes, en gran medida como resultado de la presión que coloca en el sistema el proceso de acreditación vía pares externos. En la Universidad de Chile se desarrolló un sistema de carrera académica desde mediados de los años 80, que ha ido madurando y actualmente es un sistema no solo aceptado sino también mejorado sistemáticamente. Este sistema establece una vinculación entre jerarquía y remuneraciones, y también es la base que proporciona elegibilidad para los cargos directivos. También en el caso de la Universidad de Chile las evaluaciones que proveen los estudiantes sobre sus profesores se han transformado en práctica habitual y en muchas facultades constituye una base para la continuidad de los profesores, existiendo también programas que se destinan a fortalecer sus competencias docentes.

Respecto de la retención del personal académico la situación de las universidades chilenas no es la mejor. En las nuevas universidades privadas lo que predomina son los profesores *part time*, que tienen una vinculación institucional demasiado transitoria e inestable. Los contratos son inexistentes en muchos casos, y la vinculación del académico con sus alumnos se produce básicamente a las horas de la clase. Pero también en universidades tradicionales, donde imperan los reglamentos formales, se observa cierta arbitrariedad en la contratación o desvinculación de académicos *part time*.

### *Conclusiones*

El sistema tutorial, que casi no existe en Chile a pesar de ser una experiencia y práctica muy importante en los procesos de educación, se podría implementar en los departamentos para ayudar al mejor rendimiento y elevar la calidad de la enseñanza y el aprendizaje para los estudiantes. El intento ha sido esbozar un contraste entre las universidades británicas y las chilenas y latinoamericanas sobre sistemas tutoriales y organización de la enseñanza. Este análisis se ha basado en las experiencias de los autores. Más allá de los recursos y de los sistemas de financiamiento, se requiere destacar el gran contraste en términos del retraso del sistema chileno en materia de organización y gestión. Hay muchos procesos de la enseñanza y el aprendizaje en la educación superior, en Chile por ejemplo, que son muy diferentes entre las universidades. Para resolver estos desafíos es necesario crear un estándar educacional a nivel nacional que permita mejorar la forma de trabajo, las regulaciones y la calidad de la educación como objetivo último.

# CAPÍTULO VI

# Gestión y evaluación en el aula de la clase
## *online*

## Introducción

Los tiempos cambian y con ellos todo se transforma. Esto es lo que ha ocurrido con la pandemia del COVID-19, que ha llevado a profundas transformaciones en el desempeño de los mercados y los negocios, ha interpuesto nuevos protocolos en las relaciones personales, ha exigido un cambio importante en los sistemas de salud y la seguridad de los países. Hasta la educación ha debido experimentar transformaciones significativas, impensadas hasta hace poco, llevando a los cambios quizás más poderosos que han sucedido en el mundo, especialmente en los procesos de la enseñanza y el aprendizaje para los profesores y estudiantes. En este sentido, los avances tecnológicos y las nuevas tecnologías de la comunicación han dado surgimiento a nuevos modelos y formas de aprendizaje. La forma tradicional de enseñar y aprender pasó a un segundo plano y hoy, gracias a las nuevas infraestructuras de las redes comunicacionales y nuevos dispositivos electrónicos y al desarrollo aplicado de la computación, ha llegado a ser posible estudiar en cualquier lugar del mundo, sin necesidad de desplazarse físicamente.

Aunque hay mayores beneficios de estudiar *online*, existen personas que dudan de la eficiencia de este tipo o sistema de aprendizaje y sus alcances, tal vez por malas experiencias en cuanto a los recursos disponibles, por falta de inspiración y concentración de los estudiantes, la inexistencia de una interacción dinámica entre el profesor y los estudiantes, la no disponibilidad de una buena plataforma, o por el mal funcionamiento de la internet debido a un alto tráfico de información y escasez de dispositivos/*laptop* para los estudiantes. Este año 2021, debido a la pandemia se ha detectado (UK) problemas de rendimiento como consecuencia de la enseñanza *online* y la probable escasez de recursos (número de computadores en cada casa) para los estudiantes antes de rendir los exámenes de la educación secundaria a nivel nacional[51]. En Chile se hizo una aplicación extensiva de metodologías *online* en el sistema universitario, pero la aplicación fue muy pobre en el caso de la educación pública a nivel secundario e inferior. Existieron medidas para proporcionar capacitación al profesorado, pero ello indudablemente fue deficitario debido a un escaso dominio de la tecnología y poca disponibilidad de equipos adecuados.

La adaptación a la nueva situación ha requerido de una gran adaptación por parte de toda la comunidad de aprendizaje: los estudiantes y sus familias, y el profesorado, además de los funcionarios de apoyo a la tarea educativa. Los desafíos y roles para los académicos, en particular, es emplear una variedad de nuevas metodologías, modelos y herramientas (plataformas de *software* inteligente para la enseñanza y el aprendizaje) basada en la tecnología de la inteligencia artificial. El manejo de este instrumental por parte de académicos/estudiantes, ha de habilitarlos para participar en seminarios, clases *online*, uso de laboratorios y tutorías *online* de buena calidad, asequible y agradable para los estudiantes y la educación de adultos. Los educadores deben promover el aprendizaje colaborativo donde se usa metodología de enseñanza y aprendizaje activo como el desarrollo de proyectos de aprendizaje basado en resolver problemas de toda índole disciplinaria.

### El reto para los educadores

Hay que reconocer que el proceso educativo debe ser siempre centrado en el alumno o aprendiz, implicando una educación más activa, un nuevo y buen sistema de evaluación, y una educación cuyo diseño la conecte socialmente. Este desafío, en el contexto de la educación *online*, depende de la existencia de procesos de retroalimentación artificialmente inteligentes. Asimismo, deben adaptarse a la necesidad de una metodología *online* los procesos de gestión y evaluación, promoción del aprendizaje y el logro de un buen sistema de autoevaluación y diseñar

---

51 Debido a estas fallas y su consecuencia en materia de aprendizaje, en UK se canceló la aplicación de los exámenes de calificación a nivel nacional para ingresar a las universidades (niveles intermedios, GEC y niveles avanzados A level).

e implementar procesos de la enseñanza y el aprendizaje *online*. Del mismo modo, se requieren nuevos currículos y materias de aprendizaje interactivo y monitoreo de la calidad de la educación *online*. Esto último, puesto que la enseñanza *online* no debe ser entendida como la misma que se realiza en modo presencial, solo que llevada a una distinta tecnología comunicacional.

Nunca ha sido tan importante como en el presente ofrecer oportunidades para la enseñanza y el aprendizaje *online* a través de sistemas de alta calidad, comunicaciones de alta resolución, asequibles y agradables para los estudiantes y adultos. Los desarrollos en educación durante el año 2020, dominados por la pandemia que afecta al mundo y que ha limitado significativamente la movilidad y las reuniones, ha puesto en evidencia la necesidad de sistemas telemáticos cada vez mejores. A medida que más estudiantes recurren a métodos asistidos por la tecnología para ganar competencias, la disponibilidad, asequibilidad y el atractivo del aprendizaje *online* siguen siendo las principales consideraciones de los diseñadores de instrucción, el profesorado y los líderes académicos. La educación *online* se ha transformado en un poderoso instrumento de inclusión social, a pesar de aún subsistir serios problemas de accesibilidad a medios adecuados por parte de amplios segmentos de la población[52].

Por otra parte, en el mercado laboral, la necesidad de acceso de por vida a las oportunidades de aprendizaje continuo sigue en aumento, demandando así perfeccionar y ampliar los sistemas de educación/capacitación a distancia, que ya venían en un desarrollo creciente, pero que ahora se ven forzados a ser actividades 100 % *online*. Los líderes académicos en instituciones postsecundarias se ven presionados en medio de las prioridades de otorgar mejores capacidades competitivas a los estudiantes, como asimismo convencer de sus esfuerzos a los acreditadores, los responsables financieros las políticas públicas y, además, a los empleadores.

En respuesta a este exigente panorama, resulta ser más importante que nunca que los diseñadores de programas de instrucción sean capaces

---

52    Las entidades educacionales han hecho un esfuerzo por proporcionar los medios de conexión a internet y de trabajo en red a los estudiantes más carenciados. Este esfuerzo no ha tenido lugar muy significativamente en los países latinoamericanos, especialmente en los segmentos de educación secundaria e inferior.

de equilibrar los cuatro elementos clásicos del diseño instruccional: efectividad, eficiencia, atractivo y buen control de la calidad de la enseñanza y el aprendizaje. Los diseños efectivos proporcionan evidencia acerca del dominio de los resultados del aprendizaje; los diseños eficientes conducen a resultados rápidos; y los estudiantes deben disfrutar de diseños atractivos. Todo esto junto a sistemas efectivos y transparentes de control de calidad. Estos cuatro elementos pueden estar tensionados entre sí. El problema (en los países en desarrollo principalmente) es que, para abordar estas tensiones, la mayoría de las instituciones de educación superior carecen de las métricas (medidas de liderazgo), estándares y protocolos que permitirían tomar decisiones oportunas relacionadas con el plan de estudios y la instrucción. A menudo, cuando los líderes académicos participan en una revisión del programa en la que se analizan los datos y se toman decisiones, muchos estudiantes ya se encuentran graduados de sus programas y han comenzado a compartir impresiones (buenas o malas) con colegas y amigos.

Algunas preguntas claves deben formularse para poner de relieve el problema que destacamos: (1) ¿qué pasaría si los datos en tiempo real pudieran proporcionar una visión proactiva de las experiencias de un estudiante?; (2) ¿qué pasaría si los mentores y los líderes pudieran monitorear experiencias e intervenir para remediar la ocurrencia de situaciones de aprendizaje negativas?; (3) ¿existen comportamientos de aprendizaje *online* (en lugar de algoritmos, que pueden ser sesgados) que los mentores y los líderes pudieran observar como señales de alerta temprana de problemas con la efectividad de la instrucción, la eficiencia del diseño o el atractivo general de los cursos?; (4) ¿cuáles son los ingredientes clave del aprendizaje, y cómo estos podrían medirse y monitorearse a gran escala?

Es cada vez más claro para los instructores que educación *online* no es lo mismo que un conjunto de videoconferencias, ya que la primera envuelve un redimensionamiento de contenidos, diferentes criterios de evaluación y una efectiva retroalimentación dirigida a los estudiantes. La retroalimentación es un instrumento poderoso en el diseño de una instrucción efectiva. Por ello, parece lógico que la tecnología de entrega de retroalimentación pueda aprovecharse para aumentar la eficiencia al brindar información para toma de decisiones, mejorando así la calidad de la entrega educativa. Muchos de estos aspectos son al menos parcialmente tratados por los actuales sistemas de gestión de aprendizaje actuales, como también incorporados en el material didáctico de aprendizaje adaptativo. En Chile y Latinoamérica, por ejemplo, la disponibilidad de aulas virtuales, que condensan información que sube el instructor y a la cual reaccionan los estudiantes, y que se pueden utilizar para labores sofisticadas como foros o entrega de trabajos, mientras que su uso se constituye en un sistema de retroalimentación toda vez que se pongan en evidencia junto a los resultados. Los sistemas de acreditación, sin embargo, no se han desarrollado eficazmente para incorporar retroalimentación (en Reino Unido es un proceso muy importante en la carreras de educación) sobre el uso de las plataformas virtuales y el diseño instruccional que ellas envuelven.

En el Reino Unido, a nivel nacional, existen varios procesos de evaluación del control de calidad de la educación superior, lo cual se realiza a través de visitas para revisar las prácticas y procesos educativos, cada tres a cuatro años de parte del QAA y las acreditaciones de los colegios profesionales. Cumplen un rol esencial los examinadores externos que son seleccionados y nominados por un panel del control de calidad universitaria, y que poseen entrenamiento especial en el campo del diseño de sistemas educativos eficientes. También es implementado un proceso interno en los departamentos a fin de editar el contenido de los exámenes, revisar la asignación de los puntajes de las preguntas y la revisión del proceso de corrección de los exámenes (remarcar). O sea, en el Reino Unido se ha desarrollado mayormente una cultura de acreditación y retroalimentación permanente para mejorar los sistemas educativos.

Esta fuerte relación existente entre retroalimentación y logro de los alumnos se probó a través de un estudio correlacional en el que se comparó la experiencia de retroalimentación de los alumnos con sus logros en los exámenes estandarizados. En segundo lugar, también se compararon las experiencias de la evaluación y retroalimentación de los alumnos con su satisfacción como se informó en las encuestas de fin de curso. Para evaluar las experiencias de retroalimentación de los alumnos, se reunieron datos de las últimas generaciones que tomaron el curso antes de completar sus programas académicos.

Un nuevo paradigma en educación reconoce que la instrucción centrada en el alumno (más activa, con buenos procesos de evaluación y conectada socialmente) a menudo depende del diseño de procesos de retroalimentación efectivos. Sin embargo, quedan muchas preguntas abiertas. Por ejemplo, ¿es la fórmula ideal para la retroalimentación simplemente que la misma sea oportuna y relevante? Si ese es el caso, los sistemas de entrega de retroalimentación artificialmente inteligentes deberían ser universalmente más efectivos que los humanos en situaciones donde es posible programar una entrega de retroalimentación precisa para el 100 % de los intentos de un estudiante. ¿Existen situaciones de diseño instruccional donde la retroalimentación humana sea más efectiva que la retroalimentación programada? Nuestra investigación comienza a abordar algunas de estas preguntas al examinar los datos de una parte de la experiencia de aprendizaje en línea. En la próxima sección analizaremos algunos principios y aspectos de la gestión y evaluación en la clase para poder ofrecer un punto de vista más claro de la enseñanza y el aprendizaje *online*.

## Gestión y evaluación en la clase
### (basada en Slavin 2015)

Los ingenieros civiles son asesores en el proceso de construcción de puentes y carreteras. Hacen que un sistema complejo sea manejable al formular decisiones críticas, establecer resultados cuantificables y trabajar en estrecha colaboración con otros profesionales, al tiempo de alentar a sus colegas a emplear las mejores prácticas de la industria. El papel del profesor no es diferente. El profesor también trabaja en un sistema complejo que sirve como agente de cambio para los estudiantes. Un profesor eficaz hace que el plan de estudios y desarrollo curricular (el *qué* de la enseñanza) sea accesible a través de prácticas educativas apropiadas (el *cómo* enseñar).

El papel del profesor se hace más complejo por la inevitable diversidad presente entre los estudiantes en aspectos tales como la preparación para aprender, el idioma, los antecedentes y condiciones económicas, la cultura, la motivación, los intereses, el enfoque del aprendizaje, el apoyo de su entorno familiar y social, etc. El uso persistente de la evaluación mide e informa qué tan bien el profesor sirve como agente de cambio para la gama completa de estudiantes en el sistema complejo que llamamos aula. Un ejemplo en los últimos tiempos es la nueva experiencia del proceso de enseñanza y aprendizaje *online*. En un aula diferenciada o la enseñanza *online*, la generación y el uso de datos para informar la instrucción, así como para medir la efectividad de la instrucción, es una parte central del ciclo educativo y es fundamental para el éxito tanto del profesor como de los alumnos. Hay mucha mayor disponibilidad de herramientas para evaluar la efectividad de la enseñanza y dar lugar a una efectiva retroalimentación.

Según Slavin (2015), la recopilación y el uso de datos de evaluación para apoyar la diferenciación ocurre en tres etapas:

1. Planificación de la instrucción, incluida la evaluación previa.
2. Implementación de la instrucción, incluida la evaluación formativa.
3. Evaluación de la instrucción, incluido el ensamblaje sumativo.

<u>Etapa 1</u>. Planificación de la instrucción, incluida la evaluación previa: conocer, comprender y poder hacer.

Fundamental para el éxito del proceso de enseñanza y aprendizaje es la claridad del profesor sobre lo que los estudiantes deben saber, comprender y ser capaces de hacer (KUD)[53] como resultado de cada segmento de aprendizaje. Los KUD brindan claridad a los profesores y estudiantes sobre los objetivos de aprendizaje y también facilitan la alineación de los contenidos de la enseñanza, el aprendizaje, la evaluación y la diferenciación. Los KUD deben proporcionar un marco que involucre a los alumnos y promueva su comprensión de los contenidos clave. El compromiso es esencial para la motivación sostenida del estudiante. La comprensión es crítica para la retención, aplicación y transferencia de lo que aprenden. Los KUD, entendidos como principios orientadores de la educación, también proporcionan parámetros para la diferenciación, porque el objetivo rara vez es un contenido diferente

---

53  KUD del idioma inglés: *Knowedge, Understanding and Development* (Conocimiento, Comprensión y Desarrollo).

para diferentes alumnos, sino más bien enfoques diferentes y sistemas de apoyo para dominar el contenido requerido.

Los profesores pueden crear evaluaciones previas que midan el estado actual de un estudiante basado en KUD objetivos y prerrequisitos críticos que los profesores han de incorporar en su plan de trabajo. De lo contrario, se ven obligados a asumir implícitamente aquello que los estudiantes traen a clase de las experiencias escolares anteriores. La preevaluación puede poner de manifiesto los conceptos erróneos de los estudiantes sobre el contenido, indicando a los profesores la necesidad de abordar esas barreras de modo explícito. Además, las evaluaciones previas pueden ser valiosas para revelar los intereses de los estudiantes, permitiendo a los profesores focalizar en contenidos más relevantes y atractivos. De este modo, se ayuda a los maestros a comprender mejor la variedad de formas en que sus estudiantes pueden adquirir el aprendizaje de manera más eficiente.

Las evaluaciones previas pueden tomar muchas formas, incluidas entradas en el calendario o diario de actividades, modelos de Frayer, mapas conceptuales, «pruebas» de respuesta corta y encuestas de interés, por nombrar solamente algunas. Los estudiantes deben comprender que la preevaluación no constituye una calificación del curso, sino que sirve como apoyo al profesor para planificar la mejor manera de avanzar en las unidades de estudio. Los maestros en aulas efectivamente diferenciadas usan datos de preevaluación para seleccionar materiales para desafiar adecuadamente a sus alumnos; asignar estudiantes a grupos basados en preferencias de preparación, interés y aprendizaje; plan para la instrucción en grupos pequeños, etc. Las evaluaciones previas ayudan a los maestros a comprender la variedad de necesidades en sus aulas a medida que comienza el estudio del contenido para optimizar rápidamente la correspondencia entre la necesidad del alumno y la instrucción que entrega del profesor.

Etapa 2. Implementación de la instrucción, incluida la evaluación formativa.

## *Rol del profesor*

Una vez que se informan los planes de instrucción iniciales mediante el uso de información de preevaluación y se desarrolla una unidad de estudio, comienza la segunda fase de la planificación de instrucción basada en datos. El profesor en un aula diferenciada utiliza regularmente evaluaciones formativas formales e informales para trazar el progreso de cada alumno, y de la clase en general, hacia el logro de los objetivos designados. Si bien la evaluación formativa rara vez se debe usar con fines de calificación, es importante que los profesores brinden a los estudiantes comentarios específicos de la evaluación continua para ayudarlos a comprender su propio progreso y contribuir de manera más fácil y precisa a su propio crecimiento académico.

La evaluación continua puede ser informal (por ejemplo, hacer observaciones o conversar con los estudiantes mientras trabajan, tomar notas durante las instrucciones de grupos pequeños, pedirle a los estudiantes que indiquen su nivel de comodidad con una habilidad mediante el uso de señales manuales) o formal (por ejemplo, modelos de Frayer, tarjetas de salida, tarjetas de entrada, instrucciones de escritura, uso sistemático de listas de verificación para monitorear el desarrollo de conocimiento o habilidad de los estudiantes). Los datos de la evaluación formativa proporcionan una brújula para el profesor para la planificación anticipada, en términos de cómo varios estudiantes podrían acceder mejor a las ideas y la información, qué tipos de tareas de clase ayudarán a estudiantes particulares de manera más efectiva en un momento dado, cómo usar la agrupación flexible más efectiva, qué estudiantes necesitan apoyo adicional, cómo seguir el ritmo de la instrucción, etc.

En los últimos acontecimientos asociados a la educación en todos los países debido a la pandemia se han producido nuevos desafíos en la enseñanza de calidad para los estudiantes. La enseñanza desde la casa exige el uso de internet con una buena plataforma de apoyo y adecuada conectividad, y que los profesores tengan un buen estándar respecto del uso del *software* y conocimientos de computación. Se requiere, asimismo, un buen entrenamiento de los profesores en el uso de estos recursos tecnológicos de enseñanza y aprendizaje por medio de plataformas *online*. En el caso de Chile y Reino Unido, por ejemplo durante la pandemia, se han observado varios problemas de conectividad a internet y disposición de equipos apropiados por parte de los estudiantes, especialmente por motivos socioeconómicos, y ciertos problemas con el uso de la tecnología por parte de los profesores.

## Rol del alumno

La mejor práctica sugiere que el papel de los estudiantes en la evaluación formativa debería extenderse más allá de ser solamente sujetos de observación. No solo es importante que los estudiantes sean asertivos acerca de los criterios que indicarán el éxito en las evaluaciones, sino también es crucial que los profesores los involucren en el desarrollo de esos criterios para que estén más en sintonía y comprometidos con su propio éxito. Del mismo modo, es importante hacer que los estudiantes evalúen su propio trabajo formativo de acuerdo con los KUD especificados y desarrollen cuidadosamente las rúbricas para apoyar aún más la eficacia del aprendizaje. Cuando los estudiantes reciben comentarios que los apoyan y guían, en lugar de constituirse en solamente jueces, es más probable que desarrollen percepciones realistas sobre su estado y desarrollen la creencia de que un esfuerzo persistente de su parte contribuirá a su propio éxito como aprendices. En otras palabras, la evaluación formativa puede y debe contribuir a lo que Carol Dweck (2006) llama una «mentalidad de crecimiento»: la creencia de que las personas pueden hacerse más inteligentes y exitosas mediante un esfuerzo sostenido.

Etapa 3. Evaluación de la instrucción, incluido el ensamblaje sumativo.

Hay momentos en que los profesores buscan evidencia de comprensión de manera aditiva o sumativa. Indicado en el cuadro 3.1 (capítulo III) se especifican regímenes para el sistema de evaluación y sobre el modo como se entrega la retroalimentación. Las evaluaciones sumativas se califican y ocurren apropiadamente en puntos transitorios, como el final de una unidad, el final de un período de calificación o el final de un semestre. Una vez más, la evaluación sumativa debe estar estrechamente alineada con los KUD especificados que han guiado el diseño curricular, la preevaluación, las decisiones de instrucción y la evaluación formativa. Los datos de evaluación sumativa ayudan a los estudiantes a comparar su crecimiento y les permiten a los maestros determinar el dominio del contenido. Si bien la evaluación sumativa tiene un aspecto «final», también es de naturaleza formativa. Los profesores pueden buscar patrones en el rendimiento que sugieran la necesidad de modificación de contenidos la próxima vez que enseñen el curso. Los estudiantes pueden mirar hacia adelante desde la evaluación sumativa hasta las próximas oportunidades para aplicar habilidades o comprender aquello que han dominado o no.

La diferenciación puede desempeñar un papel en las evaluaciones sumativas, ya sean cerradas o basadas en el desempeño. El propósito de una evaluación es revelar lo que un estudiante sabe, entiende y puede hacer en relación con un conjunto de objetivos claramente definidos (KUD). Por ejemplo, si un estudiante comprende el proceso de fotosíntesis pero no puede demostrar ese dominio en una prueba porque requiere una respuesta de ensayo en un lenguaje que no es el suyo, la prueba no revelará lo que el estudiante sabe. Hubiera sido útil ofrecer la opción de escribir un ensayo, o bien completar un cuadro estructurado o presentar una serie de guiones gráficos anotados.

## Evaluación formativa y retroalimentación
## a los alumnos
(Higgins y Slavin 2011)

### *Evaluación y aprendizaje*

Como se ha dicho, la retroalimentación es una parte esencial del proceso de aprendizaje, pero tanto estudiantes como profesores, a menudo, se manifiestan decepcionados o incluso frustrados con el proceso de retroalimentación llevado a cabo. Los estudiantes se quejan usualmente de que no saben qué hacer cuando obtienen los resultados de las evaluaciones, o incluso dicen que recibir comentarios adicionales es desmoralizante. Más críticamente, a menudo dicen que la retroalimentación llega demasiado tarde para serles de alguna utilidad. Este tema es uno verdaderamente crucial en la enseñanza *online*, puesto que es mecanismo que refuerza la comunicación docente-alumnos, y puede ayudar a mejorar el proceso de enseñanza-aprendizaje.

Uno de los objetivos de la evaluación en el aula por parte de los estudiantes debe ser ayudar a los profesores a enseñar de manera más efectiva, integrando en su desempeño lo que sus estudiantes ya saben o pueden hacer, y el potencial que tienen de aprendizaje adicional. También deberían ayudar a los estudiantes a comprender lo que tienen que hacer para mejorar su propio aprendizaje a través de acciones ulteriores. Y el profesor puede también aprender mejores técnicas de comunicación, una más adecuada dosificación de contenidos y la instauración de mejores criterios aplicados a la evaluación. Pensada de esta manera, la retroalimentación no es unilateral: se trata de una verdadera transacción entre profesor y alumno.

### *Evaluación formativa y «evaluación para el aprendizaje»*

En los últimos años ha aumentado el interés en la evaluación formativa, en la que el profesor o el alumno utilizan la información como ingrediente para cambiar lo que hacen a continuación en una actividad de enseñanza o aprendizaje. La evaluación para el aprendizaje es una tarea de evaluación, en la que el objetivo principal es promover o mejorar el aprendizaje de los estudiantes. Esto es diferente de las evaluaciones que tienen como objetivo responsabilizar a los colegios y universidades o los profesores a identificar la competencia y la clasificación de los estudiantes. Una actividad de evaluación puede ayudar a aprender de esta manera solo si proporciona información que los profesores y sus alumnos pueden usar como retroalimentación para evaluarse a sí mismos y a los demás y luego para modificar la actividad de enseñanza y aprendizaje. La evaluación para el aprendizaje se convierte en «evaluación formativa» solo cuando conduce a este cambio.

Sabemos que las pruebas y evaluaciones sumativas frecuentes tienen un impacto negativo en las opiniones de los estudiantes sobre sí mismos en su calidad de aprendices. Esto es especialmente cierto con las pruebas de «alto rendimiento», cuando los profesores pueden reducir el plan de estudios que enseñan para que coincida con la prueba. Esto sugiere que tales evaluaciones son más importantes para la responsabilidad de la escuela o el maestro que para el aprendizaje.

También sabemos que practicar evaluaciones simplemente mejorará el rendimiento de los estudiantes, al menos a corto plazo, pero esto no los ayuda con su aprendizaje en un sentido profundo. Es más bien como el caso del globo de un niño: el abultamiento que se hace cuando se le aprieta hace que el globo parezca que se está haciendo más grande, pero realmente no hay más aire allí. Una vez que se suelta, vuelve al tamaño que tenía antes. La práctica del examen es un poco así, ya que los estudiantes no están verdaderamente aprendiendo nada nuevo. Solo se está apretando el globo. La forma de obtener más aire en el globo es a través de una enseñanza más efectiva. Un componente clave de esto es la retroalimentación que mantiene la enseñanza y el aprendizaje permanentemente en camino para lograr sus objetivos.

Esto sugiere que se necesita un examen más detallado sobre el proceso de retroalimentación. El análisis que sigue se centra en aquello que los profesores pueden hacer en cuanto a proporcionar retroalimentación a los alumnos y en lo que piensan acerca de ello, en lugar de otras partes del ciclo de retroalimentación. Se basa en una serie de comentarios a considerar. Se trata de la tarea en sí misma, del proceso envuelto en implementar la tarea, de la gestión de los estudiantes de su propio aprendizaje o de su autorregulación, y de ellos como individuos. Además, la evidencia muestra que debería tratarse de tareas o metas desafiantes, en lugar de aquellas simples o fácilmente alcanzables. Es aún más importante que los profesores den su opinión sobre lo que es correcto en lugar de establecer solamente lo que está mal o bien. La retroalimentación debe ser lo más específica posible e, idealmente, comparar lo que los estudiantes están haciendo bien ahora con lo que han hecho mal antes. Debe alentar a los estudiantes y no amenazar su autoestima.

### *Niveles y tipos de retroalimentación: la tarea, el proceso, la autorregulación y el individuo (Higgins 2015)*

**La tarea.** Son muy importantes los comentarios sobre qué tan bien se está logrando o realizando una tarea especificada. Debe considerar lo siguiente: indicar en qué aspectos o criterios y en qué forma específica las respuestas correctas son diferentes de las incorrectas. De la tarea y su evaluación se puede obtener más o diferente información relevante para la tarea de construir más conocimiento.

**El proceso.** Debe existir retroalimentación específica a los procesos de aprendizaje (Oliver 2011), enfatizando el cómo en lugar del qué, o relacionando y extendiendo tareas tales como identificar lo siguiente:

- Conexiones entre ideas.
- Estrategias para detectar errores.
- Aprendiendo explícitamente de los errores.
- Señales al alumno sobre diferentes estrategias y errores.
- Autorregulación, en cuanto a cómo los estudiantes monitorean, administran y regulan sus acciones hacia la meta de aprendizaje.

# Promoción del aprendizaje y el logro a través de la autoevaluación
## (Heidi Andrade 2015)

### *El propósito de la autoevaluación*

El propósito de involucrar a los estudiantes en una autoevaluación cuidadosa es impulsar el aprendizaje y el rendimiento, a la vez que promover la autorregulación académica, o la tendencia a monitorear y administrar el propio aprendizaje. La investigación sugiere que la autorregulación y el rendimiento están estrechamente relacionados: los estudiantes que establecen metas hacen planes flexibles para cumplirlas y monitorean su propio progreso. Al hacerlo, también tienen más probabilidades de aprender más y mejorar en la escuela, con respecto al caso de los estudiantes que no lo hacen. La autoevaluación es un elemento central de la autorregulación porque implica la conciencia de los objetivos de una tarea y el control del progreso de uno hacia ellos.

### *La característica de la autoevaluación*

Para que se realice una autoevaluación efectiva, el estudiante debe contar con lo siguiente:

- Conciencia del valor de la autoevaluación.
- Acceso a criterios claros en los que basar la evaluación.
- Una tarea o desempeño específico para evaluar.
- Instrucción directa y asistencia con autoevaluación.
- Oportunidades para revisar y mejorar la tarea o el rendimiento.

### *Procesos de la enseñanza y el aprendizaje online.*

En el capítulo II describimos el proceso de desarrollar un estándar y código de calidad para la educación a nivel de país, como un análisis de los estándares. También abordamos los procesos de control de calidad de la educación y para garantizar una educación óptima. En el capítulo III se han introducido conceptos y principios del desarrollo curricular, mientras que en la sección anterior de este capítulo se introducen métodos de enseñanza y sistemas de evaluación *(assessment)*. Del mismo modo, en el capítulo IV también mencionamos los recursos que se necesitan para la enseñanza, a la vez que hacemos (capítulo V) una descripción acerca del apoyo que necesitan los estudiantes para lograr su mejor desempeño, y las funciones del tutor personal y el proceso de tutorías. Todas estas prácticas y procesos de control de calidad, que son necesarias para la educación presencial, son también muy importantes para la enseñanza y el aprendizaje *online*.

Por ejemplo, en las actuales circunstancias de pandemia los estudiantes pueden informar (proceso implementado en UK) la calidad de la enseñanza de parte de los profesores a su tutor, como también sobre la existencia de problemas de salud y social a los servicios de asistencia, y al sistema de aprendizaje y apoyo. En esta sección se describe los procesos de evaluación *(assessment)*, retroalimentación e impacto de la tecnología digital en el proceso de enseñanza-aprendizaje *online*.

Hay varias formas de discutir las formas y roles que los materiales de aprendizaje *online* pueden tomar. Una estrategia útil es utilizar un esquema que permita una comparación de materiales basados en la naturaleza del objeto de estudio. De aquí debe desprenderse el compromiso de apoyar a los alumnos, en cuanto a los instrumentos y periodos más eficaces. El apoyo a los estudiantes en las universidades del Reino Unido se basa en el almacenamiento en la plataforma que corresponda y en el centro de análisis de la información tecnológica (base de datos) de la universidad, los contenidos de las clases (notas), *tutorials*, seminarios, calendarios de evaluaciones y guía de los experimentos en los laboratorios de los módulos o cursos. Lo mismo en la Facultad de Economía y Negocios de la Universidad de Chile y en todas las escuelas y facultades de la Universidad Central (Aula Virtual). Es importante que los alumnos dispongan de acceso en línea a la información de base sobre las actividades docentes para así desarrollar un aprendizaje interactivo. También es importante favorecer la organización y comunicación entre los alumnos y profesores y cuidar la forma en que se presentan y publican las materias.

### Formas instructivas de materiales de aprendizaje online (Oliver et al. 2011)

El acceso a la información transmite contenidos solo al alumno. Por ejemplo, un programa de estudios del curso (contenidos), el *syllabus* del curso, un calendario (horario) de actividades, descripciones de tareas, notas de clase y tutoriales, el rol del tutor, descripciones de talleres y descripciones de experimentos de laboratorio, etc. Sin embargo, el aprendizaje interactivo involucra elementos de instrucción que involucran al alumno, alientan reflexión y toma de decisiones del docente, para así proporcionar comentarios en respuesta a las acciones del alumno.

El aprendizaje en la red proporciona un medio para la organización, la comunicación y el intercambio de ideas e información entre los alumnos, y de estos con los profesores, en los procesos de aprendizaje. Por ejemplo, cuando la configuración *online* se utiliza como un medio para que los alumnos creen y publiquen materiales, y puedan comentar sus aportes entre ellos mismos. A modo de ejemplo los académicos pueden almacenar notas de conferencias que pueden estar disponibles en el sitio web de la universidad, y cualquier material que sirva de apoyo al proceso docente.

### Acceso a la información

La Web *(website internet)* está repleta de fuentes de información especialmente útiles para el aprendizaje. Bajo la guía del profesor, hay muchas ventajas y oportunidades que se pueden obtener de esta aplicación de la tecnología. Por ejemplo:

- El uso de la Web proporciona a los alumnos una amplia gama de recursos mucho más allá de los que el maestro podría preparar.
- Los diversos recursos brindan a los alumnos la oportunidad de ver el tema desde una variedad de perspectivas diferentes. Por ejemplo, desde diferentes perspectivas culturales o políticas, contribuyendo así a generar un juicio propio.
- Las fuentes de información online pueden incluir una variedad de formas en cuanto a medios, que incluyen gráficos, animaciones, sonido y vídeo. Todos estos elementos ofrecen diferentes oportunidades como fuentes de información.
- Cuando se enfrentan a grandes cantidades de información, los alumnos necesitan desarrollar habilidades para seleccionar y poder juzgar sobre qué información se adapta mejor a sus necesidades.
- Aprender a acceder y hacer un uso significativo de la información es un elemento importante de alfabetización que los alumnos necesitan desarrollar.

La mayoría de los materiales de aprendizaje *online* que se han diseñado principalmente para transportar información son usualmente versiones electrónicas de cursos en papel preexistentes. Las oportunidades y las ventajas derivadas de la entrega de dichos materiales *online* parecen derivarse principalmente de:

- Accesibilidad a la información: los profesores pueden publicar información a la que pueden acceder los estudiantes desde prácticamente cualquier lugar.
- Impresión reducida: los profesores pueden reducir el nivel de impresión requerido al proporcionar documentos electrónicos en lugar de impresos para estudiantes.
- Entrega oportuna de información: los profesores tienen que publicar sus notas de las clases en la base de datos en la universidad (usualmente la página o portal especialmente diseñada para proporcionar apoyo a la docencia), también pueden publicar materiales antes de la conferencia y el taller, sesiones para el

acceso inmediato de los estudiantes, por ejemplo, para usar en ejercicios preparatorios.

## Materiales interactivos de aprendizaje *online*

Los materiales de aprendizaje interactivo son instrumentos de instrucción diseñados para promover las habilidades y la experiencia de los alumnos. Por ejemplo, los alumnos de Medicina pueden sugerir tratamientos para el paciente cuya condición se les da a conocer. El entorno proporciona información para guiar la elección de tratamiento y medicamentos proporcionados por los estudiantes. En el caso de la formación en Negocios, los estudiantes pueden acceder al estudio de casos preparados para que sugieran interpretaciones y decisiones a adoptar por parte de la empresa en cuestión. En todas las formaciones universitarias es posible considerar el uso de instrumentos diseñados para aplicación práctica. En el esquema de formación por competencias que se ha venido imponiendo en la educación actual, este tipo de instrumento cumple un rol de primera importancia.

Las actividades interactivas se caracterizan por formas de participación y control de los alumnos, donde estos pueden tomar decisiones y aprender a través de sus consecuencias. Las formas de aprendizaje interactivo disponibles en entornos en línea están creciendo rápidamente y los cursos más recientes tienden a incluir elementos de aprendizaje más interactivos que aquellos desarrollados previamente. Algunas formas de elementos de aprendizaje interactivos incluyen (Oliver 2011):

- Actividades que requieren que los estudiantes busquen y revisen documentos y enlaces en una forma estructurada y organizada para encontrar información.
- Preguntas/actividades planteadas que hacen que los estudiantes reflexionen y seleccionen de entre varios resultados, con comentarios específicos sobre las elecciones de los estudiantes y capaz de influir en las instrucciones y actividades posteriores presentadas.

- Usando formularios, donde los estudiantes pueden seleccionar opciones para efectuar procesamiento de resultados, por ejemplo, búsqueda en bases de datos, procesos de selección, simulación.
- Entrada de datos para efectuar el control de dispositivos remotos controlados por microprocesador conectados a servidores web; usualmente, existen varios puntos de acceso de entrada de datos en el campus de la universidad para los estudiantes.
- Mediante el uso del contenido de un curso, en cuanto a módulos del programa que permiten procesar y actualizar la información para el alumno en, por ejemplo, películas de ondas de choque, entornos de realidad virtual, etc.

Desde una perspectiva de aprendizaje, los elementos interactivos apoyan el aprendizaje en entornos en línea a través de tales medios como:

- La provisión de retroalimentación inmediata a las respuestas dadas a tareas y problemas.
- Una capacidad de responder al usuario de manera que reconozca las necesidades discretas de los individuos.
- La presentación de actividades de tipo tutorial que apoyan la adquisición de conocimiento a través de tareas como ejercicios y práctica (todo esto está en el centro de base de datos de las universidades en el Reino Unido).
- Simulaciones de eventos de la vida real que los alumnos pueden aprender a gestionar y controlar de forma segura y en un entorno estructurado.

### *Aprendizaje en red*

Hay muchas opciones dentro de la configuración *online* para permitir que los alumnos se comuniquen de diversas maneras entre sí. Las formas comunes de comunicación en red incluyen correo electrónico, tableros de anuncios y salas de chat (ANTA). Existe una fuerte justificación que respalda esta forma de actividad de aprendizaje. El lenguaje juega un papel importante en el proceso de aprender, y las formas de comunicación y conversación son integrales componentes para el aprendizaje. Vygotsky (1978) sostiene firmemente que el aprendizaje se logra mejor en entornos sociales, y que el lenguaje y el discurso pueden influir significativamente en el nivel y formas de aprendizaje logradas.

Aplicaciones en línea y entornos de aprendizaje incluidos y descritos por la categoría de comunicación en red incluyen:

- Correo electrónico, donde las personas se comunican directamente con otras personas con fines privados o públicos; mensajes enviados entre partes en modo uno a uno o uno a muchos.
- Tableros virtuales de anuncios, donde se publica información para que el público la vea y comente, y donde los hilos se pueden utilizar para apoyar una discusión detallada de los temas.
- Foros de discusión utilizados para apoyar el aprendizaje interactivo, como debates y juegos de roles o simulaciones.
- Sesiones de chat que involucran discusiones basadas en texto en tiempo real entre partes en público y dominios privados.
- Audioconferencia y videoconferencia en línea en tiempo real donde los estudiantes pueden ver y escuchar al profesor y a los demás. Dichas configuraciones a menudo incluyen pantallas y archivos de software compartidos con los que todos los miembros de la clase pueden interactuar.

### Desarrollo de materiales y publicación

Otra forma discreta de actividad *online* capaz de apoyar los resultados del aprendizaje es el uso de la tecnología como herramienta para desarrollar y presentar productos y artefactos. Muchos educadores creen que el mejor aprendizaje se logra en el proceso de construcción o desarrollo de algún artefacto o procedimiento significativo. La producción de un artefacto requiere alguna forma de compromiso significativo como asimismo la aplicación de ideas, que son dos factores importantes en el proceso de aprendizaje. Las tecnologías en línea apoyan y facilitan esta forma de actividad en un número de maneras. Hay muchos ejemplos de productos y artefactos que los estudiantes han desarrollado y que son ahora publicados *online* y disponibles para que otros los usen. Estos productos incluyen elementos tales como relaciones históricas, diarios, estudios de casos, informes, documentales, relatos sobre aplicaciones historias y similares. Profesores en muchas disciplinas, en el aula tradicional, utilizan con frecuencia desarrollos de productos brindando motivación y el contexto para que los estudiantes exploren, investiguen e informen. La disponibilidad de un foro público para publicación y disponibilidad de herramientas para ayudar en el proceso de desarrollo hace que la configuración en línea sea un soporte ideal para esta forma de aprendizaje. Cuando la configuración en línea se utiliza como una herramienta de visualización, así como una fuente de información, un canal de comunicación y un medio de aprendizaje interactivo, proporciona muchas poderosas oportunidades de aprendizaje en manos de un profesor creativo. El aprendizaje se deriva de la planificación y el acceso a la información relevante, su organización en forma publicable y la colaboración que puede estar involucrada. A través de las capacidades de entrega y el internet, otros alumnos pueden participar en el proceso de desarrollo a distancia. Hay una gran cantidad de investigación y escritura que apoya y demuestra el potencial de aprendizaje de esta forma de actividad (por ejemplo, ver Laurillard 1993, Wild 1997).

### *Proceso de diseño de las tareas de aprendizaje online*

Las tareas de aprendizaje son los elementos fundamentales en la configuración de aprendizaje *online*, diseñados para apoyar la construcción del conocimiento. Dentro del marco que utilizamos para guiar en el proceso de diseño, la selección de tareas de aprendizaje se sitúa por delante de todos los demás procesos relevantes. Las tareas de aprendizaje se eligen en función de los resultados de aprendizaje previstos y luego se pueden seleccionar los recursos y los apoyos de aprendizaje necesarios. Elementos constitutivos de los entornos de aprendizaje *online*. Sabemos, por la literatura y la investigación que se ha llevado a cabo en la cognición humana, que las personas aprenden principalmente a través de la experiencia y el compromiso activo. Para que se produzca el aprendizaje, los alumnos deben concentrarse en las actividades que les hacen considerar atentamente lo que están haciendo, reflexionar sobre la actividad con la que están comprometidos enfrentar las consecuencias de estas acciones. Por eso es muy importante que el profesor tenga también claramente delineados los propósitos a conseguir en el aprendizaje, y los elementos vitales a evaluar.

En muchas formas tradicionales de enseñanza, parecen faltar muchos de estos atributos de un entorno de aprendizaje. A menudo, en el aula, los alumnos solamente escuchan las presentaciones efectuadas por sus profesores, sin diálogo ni retroalimentación. Del mismo modo, en muchos cursos de educación a distancia, a los estudiantes se les presentan pasajes de escritura que se espera que lean de la misma manera que se espera que escuchen en el aula. Ambas actividades tienden a ser muy ineficientes desde una perspectiva de aprendizaje. Cuando los alumnos se sientan y escuchan y cuando se sientan y leen sin un propósito, gran parte de la información se pierde. Del mismo modo, cuando intentan memorizar lo que están leyendo o lo que están escuchando, la información se aprecia en sus mentes como información desarticulada. Las secuencias de planificación descritas por Oliver (2011) muestran cómo se pueden alcanzar los mismos objetivos de aprendizaje buscado a través de las dos formas diferentes de diseño instruccional: el enfoque basado en contenidos que presenta los temas de manera organizada, mientras que el enfoque basado en tareas intenta proporcionar un contexto significativo para el aprendizaje.

El diseño instruccional basado en contenido comprende:

## Descripción de un plan de implementación

- Cómo interpretar un plan de implementación.
- Interpretar los símbolos en un problema (o plan) de implementación.
- Cómo usar el plan para descubrir qué es necesario implementar.
- Cómo usar el plan para descubrir dónde están y dónde deben ubicarse.
- Cómo elegir las herramientas correctas para el trabajo.

## Diseño didáctico basado en actividades de recursos de aprendizaje

1. Planificar una tarea de aprendizaje (elegir un contexto significativo para el aprendizaje). El alumno es un jardinero joven en plantas saludables. A él o ella se le da el trabajo de organizar un plan de plantación a partir de un determinado. El aprendiz está configurado para realizar una

tarea o plan de plantación y para completar el formulario de orden de trabajo *Plantas saludables*, que muestra el número de las diferentes plantas y las herramientas necesarias para el trabajo.

2. Decidir cómo se evaluará el aprendizaje. Actividades separadas (autoevaluación) para cada sección son lo más utilizado aquí. El aprendizaje de los estudiantes puede juzgarse por la calidad y precisión del formulario de solicitud del trabajo realizado. Una vez que se ha decidido la estructura general, la segunda etapa en ambos modelos difiere significativamente. En el enfoque basado en el contenido, la segunda etapa implica la planificación de las varias secciones y la determinación del contenido que se mostrará junto con los elementos de instrucción que se incluirán. En el enfoque basado en tareas es necesario determinar cómo los alumnos necesitarán apoyo para completar las actividades que han realizado en un enfoque basado en el contenido. El diseño instruccional involucra planificación de la explicación del profesor, que se combina con alguna forma de interacción diseñada para ayudar al alumno a practicar y consolidar el aprendizaje. La intención es que el alumno proceda a través del contenido y, en ciertos puntos, complete las actividades. Por el contrario, el enfoque basado en tareas implica seleccionar y planificar actividades/tareas que crean un contexto significativo por el cual se alienta al alumno a leer y utilizar los recursos disponibles.

### *Sistemas de entrega de material didáctico*

La mayoría de los sistemas de entrega de materiales didácticos para los cursos usan los recursos convencionales tales como WebCT y Blackboard, que han sido diseñados para impartir cursos fundamentados en el enfoque basado en contenido. Su arquitectura se basa en el aprendizaje organizado y presentado como entrega de contenido. Estos sistemas se denominan comúnmente «sistemas de gestión de aprendizaje» (administración del aprendizaje del estudiante). Sin embargo, todavía es posible utilizar estos entornos para cursos basados en tareas a través de enfoques de desarrollo que mapean y distinguen claramente entre los diferentes elementos, tales como las tareas de aprendizaje, el apoyo al aprendizaje y los recursos de aprendizaje.

### *Planificación de tareas de aprendizaje (Oliver 2011)*

Hay muchas formas que las tareas de aprendizaje pueden tomar al desarrollar configuraciones de aprendizaje en línea. La intención de la tarea de aprendizaje es proporcionar al alumno algo de contexto y propósito para la información que se presenta como contenido del curso. Las formas típicas de tareas de aprendizaje incluyen:

- Tareas de consulta, donde el alumno busca recopilar información específica o significado del recurso que se presentan.
- Proyectos, donde se requiere que el alumno desarrolle un producto de alguna forma utilizando los elementos disponibles. Los proyectos pueden tomar la forma de escribir historias, desarrollar un estudio de caso, diseñar algunos artefactos o completando un diseño o un modelo. La forma del producto está influenciada por el dominio a estudiar.
- Investigaciones, donde se da al alumno, por ejemplo, un problema para el cual se encuentra una solución.

La forma óptima de tarea de aprendizaje es aquella que involucra alguna forma de resolución de problemas. La resolución de problemas es una forma muy sólida de actividad en la que basar el aprendizaje. Problemas que, por su propia naturaleza, requieren que los alumnos deban ejercer cierto juicio. Los alumnos necesitan desarrollar una estrategia para resolver los problemas y, al hacerlo, asumir la responsabilidad de las actividades que siguen. Los problemas pueden ser abiertos, o pueden estar bastante enfocados. Asimismo, pueden ser bastante simples o complejos. Los problemas pueden tener una sola solución o pueden tener una multitud de respuestas correctas. Cuando se presentan tareas de aprendizaje en forma de problemas que requieren una solución, los estudiantes tienen muchas oportunidades para lidiar significativamente con el contenido del curso y, al hacerlo, desarrollar una capacidad para usar esta información de manera apropiada.

Planear y elegir problemas como la base de las actividades de aprendizaje de los estudiantes es una habilidad que todos los diseñadores de aprendizaje en línea necesitan desarrollar. Es importante poder elegir tareas que brinden a los alumnos la oportunidad de realizar demostraciones.

## *Información tecnológica para la enseñanza online*

### Realización de videoconferencias con *software* de presentación

Presentaremos como ejemplo los recursos de la información tecnológica que se usan para la enseñanza durante el período de cuarentena y de restricciones a las reuniones en la pandemia. El profesor se enfrentó al desafío de impartir clases o conferencias *online* y hacer vídeos. El proceso fue en algunos casos simple o muy complejo, dependiendo de la calidad de conectividad a internet y de las habilidades del uso de la computación y paquete de *software* por parte del profesor. Esto puede llevar al uso de mucho tiempo. La descripción que aquí se formula está destinada a proporcionar una guía muy breve sobre la esencia del proceso.

Después de varias clases o conferencias *online* se puede entender el proceso de enseñar al estudiante. Y aunque no nos consideraríamos expertos, vale la pena tomar algunos de los consejos aquí presentados, para evitar que se hagan las cosas de la manera difícil. Por otro lado, lo que no funcionó para nosotros, podría funcionar para otros profesores, así que no debe existir temor de intentarlo.

Hay dos plataformas importantes de *software* de presentación: el Keynote (Mac) y PowerPoint (PC), las cuales vienen con facilidades para grabar una pista de voz sobre una presentación. En nuestro caso presentamos como ejemplo el sistema Keynote Mac. Tanto en Keynote como en PowerPoint, se puede acceder a las funciones de grabación en la opción de menú sobre cómo mostrar la presentación. La pantalla para grabar la presentación se puede configurar para mostrar las notas de presentación y la diapositiva. Esto nos pareció útil para asegurar que el cambio de las diapositivas ocurriera en los lugares correctos.

Además, la fuente de las notas del presentador puede hacerse tan grande como sea necesario para evitar que los alumnos tengan que esforzarse para leer caracteres pequeños. Una vez realizada la presentación grabada, Keynote permite que esto se convierta en un archivo de vídeo .mp4. El único problema es que el convertidor de vídeo en Keynote no realiza ninguna compresión, por lo que el archivo resultante será grande.

<u>Grabación de vídeo</u>

Es recomendado usar YouTube para grabar los vídeos. YouTube permite almacenar una cantidad bastante grande de diferentes vídeos en su sitio. El único problema es que el tamaño más grande de archivo de película que permiten es de 128 megabytes. Sin embargo, en un archivo de vídeo comprimido adecuadamente de una presentación, donde hay bastante pocas imágenes en movimiento, esto es suficiente para algo más de una hora de vídeo en nuestra experiencia.

Como se mencionó anteriormente, los archivos de vídeo generados por Keynote son grandes y tuvieron que ser comprimidos antes de que pudiéramos ponerlos en YouTube. La herramienta que utilizamos para este propósito se llama HandBrake, aunque entendemos que hay muchos otros disponibles.

La accesibilidad del vídeo en YouTube está determinada por el cargador. Los vídeos pueden ser su propia propiedad intelectual. Utilizamos la opción «no listado» para publicar nuestros vídeos. Los vídeos no listados son accesibles solo para aquellos que tienen el enlace directo al vídeo.

## *Otras formas de hacer videoconferencias*

Otra forma de hacer vídeo es usar iMovie. una utilidad de construcción de películas basada en Mac, que le permite cargar imágenes como los archivos PDF de una presentación, y luego le permite al usuario grabar una pista de voz en *off*. Esta combinación de imágenes y sonido se convirtió en un archivo de vídeo .mp4, pero nuevamente la compresión fue deficiente. Aunque iMovie permite más efectos especiales, si hay mucha complejidad en el archivo, esto aumenta el tamaño del archivo resultante. Algunos intentos iniciales produjeron archivos que tenían un tamaño de 6 o 7 gigabytes y que no podían comprimirse hasta 128 megabytes.

<u>Consejos y trucos</u>

Un consejo que vale la pena observar y considerar se refiere a preparar un guion. Nuestro propio enfoque para dar conferencias era hablar con la clase y tomar notas en una pizarra, o entregar presentaciones de PowerPoint; estábamos acostumbrados a improvisar conferencias. Cuando impartimos conferencias en línea, descubrimos que nuestro estilo de improvisación parecía vacilante, detenido y propenso a errores. El seguir la pauta proporcionada por un guion pasa a ser más efectivo. El guion en sí demostró ser útil para usar como notas de clase. La desventaja de este enfoque es que la producción de los *scripts* consume mucho más tiempo; descubrimos que tomaba alrededor de 5.000 palabras por cada hora de conferencia.

## Monitoreo de calidad de la educación *online*

Este capítulo comenzó con el planteamiento del enigma acerca de medir y monitorear la calidad de enseñanza y aprendizaje de los cursos *online*. La mayoría de las prácticas actuales son medidas de demora en los mejores casos e intrascendentes en el peor de los casos. Si es cierto que una experiencia de retroalimentación de alta calidad conduce a mejores resultados y satisfacción, y si también es cierto que la experiencia de retroalimentación de un estudiante *online* se puede cuantificar en tiempo real utilizando los datos *online* de los estudiantes, se deduce que los líderes de la instrucción (instructores) y los proveedores de tecnología educativa pueden crear paneles utilizando análisis de aprendizaje que, en tiempo real, monitorean e informan las dimensiones de los comentarios como un *proxy* para el aprendizaje *online* de calidad. Dragan Gasevic, Shane Dawson y George Siemens (2015) nos recuerdan con razón que «la analítica de aprendizaje es sobre el aprendizaje», y sin embargo, la analítica en manos de la mayoría de los educadores de hoy en día tiene muy poca conexión con el aprendizaje real.

Pongámonos, por un momento, en la posición de un creador de políticas, un filántropo, un creador de subvenciones o un acreedor. Todos ellos necesitan métodos para comparar un programa de aprendizaje en línea con otro a fin de otorgar fondos o dar forma a una política que proteja a los estudiantes de los malos actores en el mercado. ¿Qué pasaría si la definición de la experiencia de retroalimentación de un alumno fuera tan ampliamente aceptada que cualquier entidad pudiera preguntar a un proveedor de aprendizaje en línea?[54].

---

54 Interesante información por E, Cowan *et al.* (2011) presenta una investigación sobre enseñanza *online*, tareas de aprendizaje, recursos y apoyo de aprendizaje y diseño de aprendizaje *online*.

# CAPÍTULO VII

# Tecnologías y el desafío a la educación

«La educación reduce la pobreza, aumenta las oportunidades de empleo y fomenta la prosperidad económica. También aumenta las posibilidades de las personas de llevar una vida sana, profundiza las bases de la democracia y cambios de actitudes para proteger el medioambiente y la autonomía de la mujer».

UNESCO (2014: 13)

## Introducción

La tecnología y su cambio se extiende actualmente sobre muchos campos y es muy complicada por naturaleza. La enseñanza para «hacer» la tecnología es una manera decisiva de entender y aprender lo que la tecnología realmente implica y su significado en términos del ejercicio académico. En el mundo académico, la tecnología demanda un cambio necesario en métodos de enseñanza, requiriendo en especial el diseño de nuevos currículos que incorporen nuevos métodos de enseñanza aplicados y que incluyan una explicación de los procesos que resultan en el desarrollo de la tecnología en el mundo real. Las explicaciones de tales procesos se buscan y se enseñan en un nuevo ajuste educacional de laboratorio/aulas de clases, significando un método educacional que consiste en nuevas habilidades, métodos y paradigmas para resolver los problemas[55], tanto para los profesores como para los estudiantes.

---

55 En una publicación de la *International Technology Education Association* (ITEA 2002), se citó que «la investigación sobre el aprendizaje considera que muchos estudiantes aprenden mejor usando el modo empírico, en vez de solamente viendo o escuchando».

# Desafío para la educación

La ley de Moore[56] es la medida más conocida sobre el avance del poder de la computadora. La ley está expuesta en varias formas, desarrollada en términos de que cada dos años el número de transistores incorporados en un circuito integrado se duplica. Frecuentemente la ley está expresada de forma menos técnica, como que la potencia informática se dobla mientras el coste del *hardware* se reduce a la mitad. Esta ley tiene grandes implicaciones para toda clase de emprendimiento humano, sobre todo la educación.

La tecnología de la información está, de hecho, produciendo una aceleración en muchos frentes diferentes. Por ejemplo, la capacidad de memoria de la computadora y la cantidad de información digital que puede viajar a través de las líneas de fibra óptica han experimentado aumentos exponenciales. Tampoco la aceleración del cambio está solamente confinada a los equipos informáticos; la eficiencia de algunos algoritmos de *software* se ha disparado a una velocidad muy superior a lo que la ley de Moore predecía. Por otra parte, si bien la aceleración exponencial ofrece una valiosa visión de avance de la tecnología de la información durante períodos relativamente largos, la realidad a corto plazo es más compleja. En general, el progreso no siempre es suave y consistente (Ford, M. 2016); a menudo se tambalea hacia el futuro y luego se detiene mientras que las nuevas capacidades se asimilan a las organizaciones y se establece la base para un próximo período de avance rápido.

Hay también una interdependencia intrincada y vínculos no evidentes entre diversos reinos de la tecnología: el progreso en un área puede impulsar una repentina explosión de innovación en otra. Según Clayton Christensen[57] la innovación «disruptiva» ocurre cuando hay descubrimientos de tecnología que no acceden a un mercado de

---

56  La ley de Moore sostiene que aproximadamente cada dos años se duplica el número de transistores en un microprocesador. Gordon Moore, cofundador de INTEL, afirmó en 1965 que la tecnología tenía futuro, que el número de transistores por unidad de superficie en circuitos integrados se duplicaba cada año y que la tendencia continuaría durante las siguientes dos décadas. Posteriormente Moore redefinió su ley y amplió el período a dos años. Se trata más que de una «ley» de una observación empírica.

57  *The Innovator's Dilemma*, Harvard Business School Press, 1998.

alto valor donde existen empresas dominantes, pero surge en mercados más pequeños hasta llegar a los más altos para amenazar a las empresas dominantes. A medida que avanza la tecnología de la información, sus prolongaciones llegan cada vez más a las organizaciones y a la economía general, a menudo transformando la manera en que las personas trabajan de modo que puedan seguir su propio avance. Consideremos, por ejemplo, cómo el ascenso de internet, por medio de los sofisticados *softwares* de colaboración que se han desarrollado, ha permitido la deslocalización del desarrollo de *software*; esto ha hecho que poblaciones muy amplias de programadores expertos estén disponibles, y todo este nuevo talento está ayudando a impulsar aún mayor progreso.

A medida que la tecnología de la información y las comunicaciones han avanzado en su marcha exponencial durante décadas, la innovación en otras áreas ha sido en gran medida también incrementada. Los ejemplos incluyen el diseño básico de automóviles, casas, aviones, utensilios de cocina, como asimismo de infraestructura de transporte y energía en general. Ninguna de las cuales, en su mayor parte, habían cambiado significativamente desde mediados del siglo XX.

Como reporta Ford, M. (2016) y discutimos en un capítulo anterior, en marzo de 2013, un pequeño grupo de académicos en Estados Unidos compuesto principalmente por profesores de inglés e instructores de escritura, lanzaron una petición en línea como reacción a la noticia de que los ensayos sobre pruebas estandarizadas fueran puntuados (y las notas asignadas) por máquinas. La petición de los profesionales contra la puntuación automatizada de trabajos estudiantiles se destaca por su profundidad y refleja los argumentos del grupo en el sentido de que la puntuación algorítmica de los ensayos escritos es, entre otras cosas, simplista, imprecisa, arbitraria y potencialmente discriminatoria. Esto, además de mencionar que esta tarea sería llevada a cabo «…por un dispositivo que, de hecho, no puede leer» (ver más abajo). En menos de dos meses, la petición había sido firmada por casi cuatro mil educadores profesionales, así como los intelectuales públicos, incluyendo a Noam Chomsky. La noticia de que las computadoras estarían marcando los ensayos de inglés en Reino Unido se cumplieron con un alboroto similar. El presidente de la Unión Nacional (UK) de docentes incluso llegó a decir que el uso de computadoras para marcar los exámenes «podría ser una expectativa para concretarse».

El uso de maquinaria para marcar las pruebas no es nuevo, por supuesto. Estas han manejado la tarea trivial de marcar pruebas de selección múltiple durante años, como ha sido el caso chileno con la antigua Prueba de Aptitud Académica y la Prueba de Selección Universitaria. En este contexto, son vistos como dispositivos que permiten ahorrar tiempo y eliminar la posibilidad del error humano. Cuando los algoritmos comienzan a invadir un área que se cree que depende en gran medida de la habilidad y del juicio humano, muchos profesores ven a la tecnología como una amenaza. Actualmente, la puntuación por máquina está basada en técnicas avanzadas de inteligencia artificial; la estrategia básica utilizada para evaluar los ensayos estudiantiles es muy parecida a la metodología que se encuentra detrás de la traducción de lenguaje en línea de Google. En el marco de estos esfuerzos, los algoritmos de aprendizaje de la máquina son entrenados utilizando un gran número de muestras de escritura que ya han sido calificadas por instructores humanos. Estos algoritmos son de aprendizaje rápido en orden a aplicarse en nuevos ensayos estudiantiles, y son capaces de hacerlo virtualmente en forma instantánea.

La petición apoyada por «Profesionales contra la puntuación (marcación) por medio de máquinas» es ciertamente correcta en su afirmación de que las máquinas que hacen el marcado «no pueden leer» como hemos visto en las otras aplicaciones de *big data* y aprendizaje de la máquina. Sin embargo, eso parece no importar. Las técnicas (Ford, M. 2016) basadas en el análisis de las correlaciones estadísticas suelen coincidir o incluso superar los mejores esfuerzos de los expertos humanos. Se propuso probar que también una máquina podría marcar los exámenes avanzados de biología, para lo cual se encontró tempranamente una iteración de su sistema de marca de exámenes para realizar y operar tan bien como los examinadores.

La puntuación algorítmica, a pesar de la polémica que le rodea, es prácticamente seguro que será cada vez más frecuente, ya que las escuelas continúan buscando forma de reducir los costos, en situaciones en las que un gran número de ensayos deben ser calificados. El enfoque tiene ventajas obvias, aparte de la velocidad y de los más bajos costos: un enfoque algorítmico ofrece objetividad y coherencia en los casos en que de otra manera se requerirían múltiples evaluadores humanos. La tecnología también ofrece a los estudiantes retroalimentación instantánea y está bien adaptada a las asignaciones que de otro modo no podrían recibir un escrutinio detallado por parte de un instructor. Por ejemplo, muchos cursos de comunicación requieren o alientan a los estudiantes a mantener las revistas diarias (un diario) con informaciones; un algoritmo puede evaluar cada entrada, y tal vez incluso sugerir mejoras.

Hay indicios contundentes de que las cosas están a punto de cambiar. Uno de los impactos más disruptivos que de seguro está asentándose son los cursos en línea (educación a distancia por internet) ofrecidos por las instituciones de élite, como las universidades de Cambridge, Oxford, Stanford, Harvard, etc. En muchos casos, estos cursos atraen enormes matrículas y, por lo tanto, son un importante impulsor de enfoques automatizados tanto para la enseñanza como para la evaluación. La pandemia que afectó al mundo desde inicios de 2020 ha forzado de manera impensada el tránsito rápido hacia educación en línea. A todos los niveles educacionales, especialmente el superior, el uso de plataformas para instrucción y evaluación en línea se han hecho comunes, y la mayor parte de las instituciones se han transformado en 100 % virtuales a raíz de los impedimentos a la movilidad y reunión de personas. En los niveles medio y básico, también se han desarrollado nuevas plataformas para facilitar e inducir educación a distancia, incluso para permitir evaluaciones sincrónicas y asincrónicas.

### *Inteligencia artificial (IA) en la educación*

A los profanos, la observación arriba dicha en orden a que las computadoras no pueden leer parecería extraño, pero hay que reconocer que la inteligencia realizada por máquinas es enfáticamente «artificial». Aunque inteligencia humana ocurre como resultado de siglos de la evolución, inteligencia artificial está realizada a base de percepciones y modelamiento humanos sobre cómo funciona el cerebro y el sistema nervioso de los seres humanos, y sus limitaciones son definidas por esas mismas percepciones.

En su estado corriente la IA se puede categorizar en dos clases: simbólica y subsimbólica. La simbólica está basada en el estudio de estructuras lingüísticas, y se construye a base de la lógica formal. Su realización se encuentra en base al conocimiento establecido y sistemas expertos. Tales dispositivos se usan para la diagnosis de enfermedades o mal funcionamiento de maquinaria. Precisan amplias bases de información para realizar tareas como la puntuación de trabajos estudiantiles, y por lo tanto cuestan mucho en términos de horas laborales para realizarse.

La IA subsimbólica está basada en técnicas estadísticas, y construcciones matemáticas como sistemas de medida, conjuntos de aprendizaje, y manejo de grandes masas de datos. Esta forma de IA está menos habilitada para la interpretación de símbolos, pero ofrece oportunidades para adiestrar computadoras y sistemas informáticos por sí solos. La desventaja es que a veces no se puede razonar ni analizar sus decisiones.

Muy a menudo la IA de ambos tipos se usa para ayudar a los seres humanos en el proceso de tomar decisiones, proporcionando la interpretación de datos y el descubrimiento de patrones allí escondidos. En el caso de la puntuación de estudiantes, por ejemplo, este apoyo a decisiones *(decision support*, A.M. Oddershede, R.A. Carrasco) puede ofrecer una manera de ahorrar trabajo y tiempo, sin la eliminación por completo del factor humano.

### *Alfabetización digital (digital literacy)*

Otro aspecto que proviene de los cambios tecnológicos se refiere a la alfabetización digital. Ser digitalmente alfabetizado es más que poseer un conjunto de «habilidades tecnológicas aisladas». El informe «Horizonte» reporta[58] brevemente que se trata de «generar una compresión más profunda del entorno digital, permitiendo la adaptación intuitiva a un nuevo contexto y la cocreación de contenido con otros».

Las instituciones se están haciendo cargo de desarrollar la ciudadanía digital de los estudiantes, asegurando el dominio del uso de tecnología en forma responsable y apropiada, incluyendo el intercambio más rápido y seguro de la información en línea y el establecimiento de los derechos y responsabilidades digitales en el entorno de aprendizaje combinado y en línea y más allá. Se trata de entender la tecnología más allá de sus características formales, sino de comprender los alcances y complejidades envueltas en su desarrollo. El informe «Horizonte» dice que, debido a la multiplicidad de elementos que comprende la alfabetización digital,

---

58   The Times Higher Education, 2017.

se desafía a los líderes de la educación superior a que las instituciones puedan priorizar su enfoque en esta materia a través de acciones urgentes pero alcanzables. Deben por ello incentivar las oportunidades para el personal en todos los niveles para traducir su habilidad y avanzar en la labor de la universidad digital.

## Desafío solucionable: eso que entendemos y sabemos

Como han señalado los informes, todavía hay un gran interés en un «aprendizaje autodirigido, basado en la curiosidad». El aprendizaje informal abarca todo tipo de actividades, y los expertos creen que mezclar métodos formales e informales de aprendizaje puede «crear un ambiente que fomente la experimentación, curiosidad y creatividad» (Informe «Horizonte», 2017). Aquí radica, evidentemente, un enorme desafío para el diseño de la educación y su enfoque en materia de contenidos y metodologías.

Un objetivo primordial es cultivar la búsqueda del aprendizaje permanente en todos los estudiantes y profesores. Las instituciones están empezando a experimentar con programas flexibles que proporcionan reconocimiento y créditos al aprendizaje previo, como también a las competencias obtenidas a través del empleo o experiencias extracurriculares. El informe aludido advierte que una falta de «métodos escalables para documentar y evaluar formalmente las habilidades obtenidas fuera del aula» como también de criterios para «adaptar las estructuras de precios y modelos de ayuda financiera para adaptarse a nuevas opciones de grado (título)» están claramente obstaculizando el progreso.

## Replantear los roles de los educadores

Todos los análisis apuntan a que el papel de la facultad, departamento o escuela está cambiando considerablemente. Se espera cada vez más que los académicos empleen una variedad de herramientas basadas en la tecnología, y que ello les habilite para participar en discusiones en línea, promoviendo el aprendizaje colaborativo, mientras también se encarga de aprovechar las metodologías de aprendizaje activo como el proyecto y el aprendizaje basado en problemas. Esto se ha hecho evidentemente más necesario a raíz de la transición que se ha experimentado a educación en línea en todo el sistema educativo en el mundo. Con el enfoque de aprendizaje transformado para estar más bajo el control de los estudiantes, los académicos están actuando como «guía y facilitadores» en lugar de solo oferentes de conocimiento nuevo. Este es uno de los requerimientos de la educación en línea, puesto que la entrega de conocimientos pasa a ser solo una parte (eso sí muy importante) del trabajo formativo de los profesores.

Contribuyendo a este tema está el surgimiento de la educación basada en competencias, en la cual la experiencia académica se inclina más hacia las necesidades de los estudiantes y su empleo futuro. En sistemas más tradicionales, como era el caso en el Reino Unido hasta recientemente, la «empleabilidad» de un universitario no era la consideración primera. Hoy en día por el mundo entero, muchos empleadores requieren que los universitarios estén listos para el desempeño laboral casi por completo, y con un mínimo de adiestramiento en el trabajo. Por lo tanto, los universitarios necesitan una base práctica de sus estudios, con destrezas laborales incluidas en su formación.

Además, ha surgido un concepto de la universidad como suministradora de servicios, y de estudiantes y empresarios como clientes; estos como consumidores de la educación y aquellos como consumidores de los servicios de estudiantes. Ambos conjuntos de clientes esperan que lo que reciban justificará las inversiones hechas por los individuos y la sociedad. No obstante, a veces los empleadores y los estudiantes piensan más en el corto plazo que en lo largo de un trayecto posuniversitario donde predomina un requerimiento de conocimientos más profundos. Hoy en día es normal que la gente cambie su trabajo a menudo. Es tal vez imposible proporcionar todas las destrezas necesarias para una trayectoria completa de poseducación formal. Aprendizaje para toda la vida *(lifelong learning)* es el modelo que se encuentra frecuentemente adoptado por las universidades modernas. La idea es que la universidad se forma una larga relación con sus alumnos, y se convierte en el punto de regreso para los estudiantes que precisan aprendizaje más allá del título original.

En consecuencia, muchas instituciones están replanteando las principales responsabilidades de sus académicos a la luz de estos cambios. Las instituciones también están tomando medidas para ayudar a los profesores e instructores a transformar sus prácticas docentes, habilitados por el uso creativo de la tecnología. Varias universidades se están embarcado en una iniciativa de cuatro años para cambiar sus pedagogías, que se basan en la memorización del conocimiento al aprendizaje experiencial y la competencia, cambiando radicalmente la cultura docente. Esto ha hecho revivir en varias partes la necesidad de una reingeniería de los estudios universitarios, que llevaría a reducir la duración de las carreras y radicar la especialización en el postgrado. Este ha sido el espíritu de la transformación que ha dominado a Europa recientemente.

Por cierto, nada de esto cambia un elemento inherente al trabajo universitario, que es el de formar personas, no solamente individuos capaces de rendir una productividad sobre la base de las competencias adquiridas. Por eso, la universidad no debe solamente ser una instancia formadora de competencias laborales, sino una propulsora de la formación de personas y ciudadanos, con todos los elementos valóricos que ello conlleva. En general, la educación debe ser productiva en materia formativa, específicamente el desarrollo de competencias útiles al desempeño laboral de por vida, pero también no debe dejar de ser una actividad clave para el desarrollo humano más integral. Por eso, no solo es importante la formación disciplinaria que obtienen los estudiantes, sino también su acercamiento a una educación más amplia y transversal en términos de humanidades, artes y ciencias sociales.

## Recursos y organización de las universidades

La asignación de recursos para llevar a cabo e implementar la nueva tecnología o el desarrollo de prácticas es un factor muy importante y esencial si se quiere instituir cualquier cambio. Estos recursos son necesarios para:

- Estudios de viabilidad y experimentaciones.
- Capacitación, readiestramiento o contratación de personal nuevo capacitado.
- Construcción de nueva infraestructura.

- Modernización de la gestión y organización de las instituciones, nuevo rol del jefe de departamento, decanos y vicerrectores.
- Nuevo concepto de facultad ligada a la interdisciplina, y creación de escuelas como agrupación de departamentos para la enseñanza y el aprendizaje basada en conocimiento multidisciplinario.

La universidad del siglo XXI requiere escuelas y facultades con flexibilidad intelectual (multidisciplinarias), adaptabilidad y la habilidad de identificar la innovación, proporcionando así los servicios requeridos por la más amplia sociedad. Representa un gran reto para el presente y el futuro, creando un nuevo concepto de universidad.

# CAPÍTULO VIII

# Conceptos sobre metodología de la investigación y la supervisión de postgrado[59]

*«Es un error capital teorizar antes de que uno tenga datos».*

Sir Arthur Conan Doyle

## Introducción

Uno de los propósitos de este capítulo es explicar que la investigación cubre muchos campos, metodologías y formas de realización, y que los procedimientos para llevarla a cabo pueden ser comprendidos de una manera fácil. También se postula que muchas personas están involucradas en una universidad en actividades en investigación, y ellas son de muy distinta naturaleza disciplinaria y niveles de entrenamiento (supervisar estudiantes de másteres y doctorados). Sin lugar a dudas, la actividad de investigación es un componente importante en la formación universitaria y es inherente al ser universitario[60]. Por ejemplo en el Reino Unido existe la evaluación cada cuatro años a nivel nacional de la calidad e impacto de las publicaciones y los procesos de la investigación en los departamentos o escuelas, y esta es cada vez más considerada un insumo importante en la enseñanza. En efecto, hoy día es necesario y elemental que los estudiantes de pregrado, postgrado y profesores de

---

59   Este capítulo está preparado para quienes se inician en la dirección o ejecución de tareas de investigación en universidades o instituciones de educación superior.

60   En el contexto latinoamericano, y en el marco de la significativa expansión de las carreras universitarias, se empezó a hablar de «universidades docentes», esto es que no están envueltas en actividades de investigación. Cada vez esto es menos relevante, porque se ha comprendido que la transmisión de nuevo conocimiento es esencial para el ser de la universidad y que este deriva de investigación tanto básica como aplicada.

todos los niveles de enseñanza, tengan conceptos de metodología de la investigación y de cómo administrar y organizar un proyecto de investigación o factibilidad de «caso de estudios».

Escuchamos muy frecuentemente el término «investigación», el cual es normalmente representado con una imagen de laboratorios y de instrumentos de precisión, de un trabajo eminentemente científico (es decir, en la comprensión más generalizada, de las ciencias «duras»). Es fácil que uno se impresione con la idea o concepto de la investigación en estos términos, asumiendo que ella puede ser realizada solamente por muy poca gente, de alta calificación y nivel de expertos. También postula esta visión simplista que las actividades de investigación están lejos de llegar a la vida diaria de todos los ciudadanos y quizás también de los propios estudiantes. La palabra investigación puede ser usada en variadas y diferentes situaciones, podemos analizar los conceptos y la forma en que está siendo usada.

Para que una institución se posicione en el *ranking* nacional e internacional de universidades es importante la evaluación de la calidad de investigación (RAE, UK), la evaluación de la calidad de los procesos de la educación (QAA, UK), y hay además que considerar cómo impacta la evaluación de la investigación en la investigación educativa. El sistema de evaluación de la investigación en muchos países tiene como objetivo mejorar la calidad de la educación superior. Entre los primeros de estos sistemas, está el ejercicio o proceso de evaluación de la investigación *(Research Assessment Exercise*, RAE) en el Reino Unido, que data de 1986 y que es ahora el marco de excelencia de investigación *(Research Excellence Framework)*. Altamente institucionalizado, transforma la investigación para que sea más responsable. Mientras numerosos estudios describen los efectos del sistema en diferentes niveles, este análisis longitudinal examina la institucionalización gradual y las consecuencias (no) intencionales del sistema desde 1986 hasta 2018 (UK). Primero, hay que analizar históricamente la justificación, formalización, estandarización y transparencia de RAE, encuadrado como un sólido sistema de evaluación de la investigación. En segundo lugar, ubicamos el campo multidisciplinario de la educación, analizando el comportamiento de acatamiento (personal, producción, publicaciones, financiamiento) de los departamentos de educación a lo largo del tiempo (en UK cada cuatro años) para encontrar ajustes en el número de personal académico cuya investigación fue sometida a evaluación por pares; el artículo de investigación como formato de publicación preferido; el auge del análisis cualitativo, y una concentración alta y estable de fondos entre un pequeño número de departamentos. Los instrumentos de política invocan respuestas variadas, con tal reactividad demostrada por (1) la creciente selectividad de la presentación en el número de personas cuyas publicaciones fueron enviadas para revisión por pares como una forma de ingeniería inversa, y (2) el aumento del artículo de investigación como la salida preferida, como una profecía autocumplida. La concentración de fondos demuestra una consecuencia en gran parte intencionada que exacerba las disparidades entre departamentos de educación. Estos hallazgos enfatizan cómo la evaluación de la investigación impacta en la organización estructural y el desarrollo cognitivo de la investigación educativa en el Reino Unido. La medida de rendimiento por cada académico es suministrar cuatro publicaciones en revistas de alto índex o impacto internacional (número de citaciones e impacto por cada publicación), el número de estudiantes de doctorados que ha supervisado y que han sido titulados, y los contratos de financiamiento desde la industria, *Research Council* (EPRSC) en UK, una organización equivalente a CONICYT en Chile, u otras organizaciones de financiamiento[61].

En Chile, al igual que en otros países latinoamericanos como México, Brasil, Colombia y Argentina, existen también esfuerzos marcados por consolidar investigación de primera línea como apoyo a los procesos formativos de pre- y postgrado. Estos esfuerzos están organizados por fondos nacionales competitivos con recursos de financiamiento para proyectos de investigación, y por las consideraciones, cada vez más explícitas y decididas, de los indicadores de productividad de la investigación como antecedente para la debida acreditación de las instituciones universitarias. Las políticas intencionadas para estimular la investigación básica y aplicada también están inspiradas en la necesidad para las instituciones universitarias de estar debidamente posicionadas en los *rankings* internacionales y que, en el caso de instrumentos como el *ranking* Jia Tong de Shanghai y el Scimago, consultan una serie de instituciones

---

61 R. A. Carrasco participó tres veces en este proceso de evaluación del RAE y una vez organizó y escribió una propuesta de presentación al RAE como Asociado Decano encargado de investigación en la facultad de Ingeniería de la Universidad de Staffordshire.

latinoamericanas dentro de las mejores del mundo. En los procesos de acreditación de calidad, ya se considera la investigación como una de las áreas relevantes para la debida acreditación de instituciones universitarias.

# El propósito de la investigación como actividad formativa

Primero, la investigación tiene como objetivo alcanzar el conocimiento avanzado y la mejor comprensión de los fenómenos naturales o sociales. Sin embargo, para ello no es estrictamente necesario hacer un descubrimiento dramático o abrir una brecha en el conocimiento científico. Investigación puede ser, por cierto, resolver un complejo problema que ha causado confusión a lo largo del tiempo. Sin embargo, es tal vez demasiado esperar que la investigación siempre resuelva nuestros problemas. Por ejemplo, en la investigación médica (en caso de la pandemia del COVID-19) a menudo prevalece una lucha por encontrar una cura para las enfermedades, cosa que se persigue, pero ello sin constituir ninguna solución «milagrosa». Para los novatos, la investigación puede parecer un proceso muy complejo y sofisticado. Para muchos investigadores la misma consiste en extraer datos que son recolectados en el momento o previamente bajo varias circunstancias, y que son analizados para despejar, o contribuir a despejar, algunas preguntas vigentes. Es muy importante considerar que la investigación aporta a través de respuestas sucesivas a preguntas que se encaminan a resolver una problemática o incógnita.

También puede suceder que el investigador puede obtener una nueva teoría general y entonces este intenta aplicar esta teoría a una circunstancia particular (Oliver 1997). Otros investigadores se preocupan en analizar las ideas y conceptos para explorar la precisión de los datos usados. Se ha dado en distinguir entre investigación e investigación aplicada, dependiendo del grado de aplicación a problemas vigentes que requieren nuevo conocimiento. Esta distinción es cada vez menos relevante, puesto que se concibe la creación de nuevo conocimiento como un continuo que considera los ingredientes de teoría básica y de aplicación. En realidad, un importante aspecto para todos los investigadores es que la idea o tesis a probar debe ser expresada claramente para la exacta comprensión de doctos y público en general.

Sin precisión en el pensar, no es fácil encontrar conclusiones válidas en los resultados de una investigación que pueden variar en sus interpretaciones. Efectivamente, algunas veces los resultados pueden ser un tanto subjetivos, sobre todo en las investigaciones de carácter social (que muchas veces utilizan el método cualitativo). Aunque los investigadores no compartan algunas características básicas, es posible usar la definición de investigación, por ejemplo, en conexión con la fase de recolección de datos de una hipótesis. Sin embargo, normalmente usamos el término de investigación para referirnos a todo el proceso de recolección de datos, análisis de estos y extrapolación de las conclusiones.

La finalidad de una investigación es la comprobación de una hipótesis que contribuya al desarrollo de un conocimiento científico o que consolide o descarte una hipótesis incorrecta. A veces se tiene la tendencia a asumir que una investigación obtendrá un punto de vista inédito sobre un área o materia, pero no siempre es así. Si la investigación es particularmente comprensible y válida, es decir, comprobada a partir del análisis del fenómeno social o natural, entonces se puede crear una nueva teoría científica.

La mayoría de las investigaciones están basadas en la observación detallada de un fenómeno (que puede ser exacta o precisa). Imaginemos que procede de la mente de un científico de laboratorio que tome lectura precisa con instrumentos adecuados. Un ambientalista que toma muestra de la contaminación en un río, o de un astrónomo que está midiendo la posición de una nueva estrella, un científico que toma lectura de los datos del comportamiento de la pandemia del COVID-19. Todos estos tipos de observaciones probablemente requieren la colección de medidas numéricas, aunque tal vez la investigación no consiste necesariamente en un modelo matemático. Muy a menudo esto conlleva aparejada la recolección de datos en forma de palabras. Por ejemplo, la investigación del comportamiento de cierto grupo de personas que involucra registrar notas sobre nuestras observaciones. Otra modalidad es utilizar entrevistas estructuradas o semiestructuradas o utilizar la conversación grabada para despejar algunas temáticas vigentes en las ciencias sociales. Si los datos consisten en medidas numéricas observadas o aproximadas o se representa por grabación verbal, estos se denominan «datos empíricos».

Una de las características del investigador es que debe ser muy meticuloso y ordenado. Debe tratar de abordar el problema en una forma lógica, avanzando etapa por etapa a través del diseño de una planificación cuidadosa de su trabajo. La etapa de diseño de la investigación debe ser pensada cuidadosamente para formular o escoger la mejor recolección de datos y usar el análisis correcto en función de las preguntas que desea abordar. Al comenzar la investigación es conveniente pensar en los objetivos o metas que se espera conseguir. De estas metas de la investigación debe derivarse una muestra apropiada, un método para la recolección de los datos, una estrategia para el análisis de estos, un modelo matemático o estadístico a emplear, un método para validar el modelo, una plataforma de implementación, etc. Todos estos procedimientos son conocidos como «metodología de la investigación».

## La metodología de la investigación

La metodología es una estrategia que seguir para la investigación de una realidad concreta cuyo objetivo apunta a aprehender la esencia de esta realidad en su rigurosa y exacta totalidad.

El investigador debe procurar utilizar enfoques y métodos objetivos. En este sentido, el investigador tratará de construir el diseño de la investigación en forma balanceada y desinteresada, intentando evitar estar involucrado personal y subjetivamente. Por supuesto, es muy fácil dejarse llevar por subjetivismos personales que condicionan el método de búsqueda y el análisis de los resultados, como a menudo puede acontecer en investigaciones en economía o ciencias sociales. La investigación basada en el sistema de autocrítica tiene como objetivo conseguir sus resultados en la forma más imparcial posible. Esto es particularmente relevante en la investigación en ciencias sociales, incluyendo aquellas disciplinas que tienen definiciones estándares sobre mediciones relevantes (este es, por ejemplo, el caso de la economía, que tiene definiciones cuantitativas más o menos establecidas, pero que se basa en una cierta óptica que puede condicionar los resultados de la investigación). Un claro ejemplo a este respecto es la definición de desempleo utilizada para los estudios micro- y macroeconómicos[62].

Otro aspecto significativo de los resultados de la investigación es que normalmente si está adecuadamente realizada, los mismos pueden ser publicados. La información puede circular entre la comunidad de los investigadores, académicos y compañeros profesionales con el objeto de facilitar la discusión de los datos y las conclusiones obtenidas. Esta diseminación es tradicional y muy importante para la investigación (por ejemplo, en temas de innovación tecnológica y la creación de un nuevo producto), y ocurre a través de seminarios, publicaciones y presentaciones. Dicho de otra forma, esto pone a la investigación en el dominio público, y hace que sea sujeta a una evaluación crítica por los pares, los cuales pueden evaluar los resultados y opinar si los datos y conclusiones son justificadas y certeras. La metodología y los instrumentos de la investigación juegan un rol preponderante en la búsqueda de la realidad social o del mundo natural. Su versatilidad y su capacidad para interrelacionarse y mezclarse es absolutamente clave para llegar a la misma esencia de esta y revelarla en toda su extensión y profundidad. En el caso del Reino Unido, la alta calidad de investigación es crucial para el proceso del RAE.

El segundo objetivo de la publicación de los resultados de una investigación es que alguien pueda dar una opinión sobre la metodología y reproducir los resultados similares. Esto es, verificar si la investigación es confiable y se ha tomado cuidado en la recolección de los datos originales. La interpretación del concepto de investigación en ciencias sociales está sujeta al ser humano y la sociedad entera, y muchos piensan que, por eso mismo, es esencialmente subjetiva. Sin embargo, no debería haber una fundamental diferencia entre la forma en que el conocimiento es almacenado en un área tal como la química y la física, y la forma en que la investigación es conducida en el estudio del fenómeno social que involucra a seres humanos y la sociedad (como en métodos etnológicos). Aquí, la argumentación teórica y la validación del modelo y análisis empírico cumplen un rol de enorme importancia.

---

62 En un reciente estudio de tesis dirigido por Riveros, se analizó la existencia de conceptos alternativos de desempleo, considerando que muchos desempleados se desalientan y salen de la fuerza laboral en período de alta desocupación. Con ello se eleva necesariamente la tasa de desempleo medida tradicionalmente y los estudios deberán optar por la definición a usar.

Las ideas de la investigación, aunque ya tienen siglos de antecedencia, de hecho, son de reciente descubrimiento. En 1959 (Karl Popper 1959) sostuvo que el conocimiento avanzaba a través de metodologías de investigación que no intentan demostrar o probar la hipótesis en que se fundamenta. Por ejemplo, es imposible probar que la teoría de la evolución de Darwin es o no cierta, el hecho es que todavía no hay científicos que hayan conseguido demostrar que la teoría es falsa, apoyando así la teoría. En economía se establece que un modelo de investigación empírica nunca es sometido al análisis de ser o no cierto, puesto que lo que importa es la calidad de las predicciones que emanan del mismo modelo.

La otra idea clave era el concepto de la información de Claude Shannon (1948), que demuestra que lo esperado proporciona menos información que lo no esperado. La habilidad de repetir experimentos permite averiguar si lo sucedido fue esperado o no. Si el resultado de un experimento va en contra de lo esperado, ello demuestra la falsedad de la hipótesis inicial, y añade información sobre el tema.

El positivismo (término que fue usado primero por el filósofo Auguste Comte) es el término que describe la creencia de que el conocimiento, instrumentos y metodologías de las ciencias naturales, tales como la física, podrían ser usados en sociología, psicología y otras ciencias humanas. Esto no es siempre posible, de acuerdo a una visión alternativa, porque los cientistas sociales no pueden desprenderse de sus propias filosofías, teorías, ideologías o valores[63].

El concepto de positivismo en las ciencias naturales puede ser aplicado universalmente. En las ciencias naturales se tiende a proceder de acuerdo con cierta creencia acerca de la forma en que la investigación debería ser conducida; una de las creencias básicas es la idea de «causa y efecto», es decir, que cada evento observado tiene una causa específica, mientras en un experimento de laboratorio esta idea de causa y efecto puede ser vista claramente y además con objetividad. Es decir, en las ciencias naturales podemos «controlar» en el laboratorio la incidencia de algunos factores en un experimento, para así aislar la relación causal que interesa destacar. Esto es menos fácil de demostrarse en estudios

---

63   A este respecto, es necesario recordar el concepto de la «falacia de la neutralidad valorativa».

que involucran seres humanos y conductas sociales, ya que esto es más complejo que un experimento de laboratorio, y la experimentación no es algo que sea éticamente aceptable en el caso de los seres humanos[64].

Cuando se examinan los fenómenos de causa y efecto se denomina «determinismo». Sin embargo, no se puede decir que la ciencia social nunca esté interesada en tratar de encontrar una relación causal, porque de hecho fenómenos como la pobreza, los efectos de la pandemia, la movilidad geográfica, el desempleo y otra multiplicidad de fenómenos son susceptibles de ser explicados por medio de una relevante relación causal[65]. Por ejemplo, la investigación científica no está únicamente interesada en los resultados de un particular experimento que ha sido desarrollado en cierto tiempo. En ambos casos, tanto en la investigación científica «pura» (física, química, matemática, etc.), como en la ciencia social se pueden obtener resultados comparables en forma y contundencia. En muchas situaciones en la investigación de las ciencias usamos el término llamado «estudio de caso» *(case study)*, en que un individuo u organización está estudiando un caso especial, circunscrito en tiempo y espacio. En situaciones donde la investigación tiene como objetivo obtener una información profunda acerca de un caso particular a estudiar, esta se denomina «recolección de la información» *(survey research*, muy importante en ingeniería y ciencia). Una característica del científico es tratar de establecer leyes generales o teorías, que son usadas para ayudar a predecir el futuro y/o pasado.

## Desarrollo de una hipótesis: datos principales y secundarios

Una de las características de la investigación es el requerimiento de recolección de datos para examinar o evaluar un problema particular,

---

64 Es por eso por lo que muchos niegan la calidad de ciencia a disciplinas como la economía o la sociología, aunque ambas desarrollan nuevo conocimiento basado en modelos de comportamiento.

65 Esta idea de causalidad es la base para los análisis estadísticos econométricos o sociométricos, que postulan que la conducta de alguna(s) variables(s) condicionan la respuesta de otra, y que esa relación puede medirse cuantitativamente.

para así realizar el análisis de la información y obtener conclusiones relevantes. Es importante tener identificado el problema a investigar, el cual se describe en la forma de una hipótesis que consiste en una creencia o postulado específico sobre el fenómeno observado. Esto es claramente descrito, puntualizando en el marco de la investigación el conjunto de creencias acerca de los problemas a investigar. Además, es necesario precisar cómo se examinará el problema, la forma de explicarlo y considerar una hipótesis de trabajo. La hipótesis debe cumplir ciertos criterios:

- Debe ser precisamente expresada: las variables a considerar deben ser claras y comprensibles, y las relaciones propuestas entre ellas deben ser especificadas.
- Deben declararse las condiciones y circunstancias bajo las cuales esta se pretende aplicar.
- Debe ser susceptible de ser examinada empíricamente.
- Ser expresada de manera tal que sea claro qué tipo de datos necesitan ser recolectados y cómo deberían ser analizados para apoyar o refutar la hipótesis.

**Datos principales:** son los datos reunidos por el investigador original para el propósito específico de un proyecto de investigación. A veces un investigador puede emplear un grupo de personas que le permita recolectar datos empíricos como lo es el caso de un cuestionario. Puede también trabajar con un equipo de ayudantes quienes le facilitarán la tarea de recolección de la información. Aunque el investigador no haya recolectado los datos personalmente, estos son considerados como datos principales porque los mismos tienen un propósito específicamente definido por el investigador.

Las principales ventajas de este tipo de datos son:

- Controlar el proceso de recolección de datos.
- Planificar la investigación.
- Decidir el formato de la entrevista o cuestionario.
- Decidir cómo registrar los datos.
- Decidir cómo analizar los datos.

Aunque no sea el investigador mismo quien recolecta los datos del experimento, es todavía importantísimo que el proceso de recolección esté controlado, sea precisamente definido y siga una metodología documentada. Esto es imprescindible para la repetición del experimento por otros, para así poder convalidar la hipótesis.

Esto significa que cuando el investigador relata la investigación, él o ella está en posición de proveer un documento detallado, especificando las presuposiciones de la investigación y la perspectiva dentro de las cuales los datos han sido analizados. Sin embargo, pueden existir ciertas desventajas o falencias de dichos datos para contestar las preguntas como desea abordarlas el investigador. Por esa razón, el investigador tiene que responder sobre las desventajas en los datos o en el diseño mismo de la investigación, y ser muy cuidadoso en la descripción de los datos y el particular significado que ocuparán dentro de la investigación.

**Datos secundarios:** son los datos que han sido recolectados por alguien para un estudio o proyecto de investigación distinto, es decir, obedecen a un propósito diferente. El investigador hace uso de datos recolectados para otro proyecto de investigación diferente y los analiza desde su propio punto de vista, estableciendo que aproximan adecuadamente el modelo y las hipótesis que le preocupan. Estos datos son considerados como datos secundarios debido a que no fueron recolectados de acuerdo con las especificaciones ideales que habría establecido el investigador.

Es importante que el investigador reconozca que está usando datos secundarios dado que los mismos han sido recolectados con un propósito y una forma particular que puede limitar el ámbito al cual pueden ser aplicados *a posteriori*. Sin embargo, la mayor ventaja de los datos secundarios es el ahorro de esfuerzo y tiempo requerido para la obtención de datos similares[66].

---

66　Esto también se relaciona con la medición «aproximada» de variables que no son medidas directamente. En economía, por ejemplo, en ausencia de información específica, la variable «experiencia» que caracteriza a un individuo, se aproxima por la medición de años de edad, menos años de educación y menos seis (la edad en que comenzó eventualmente a estudiar).

## *Método cualitativo*

Este método recolecta datos, los cuales están en forma de palabras, escritas o habladas. Estos datos pueden consistir en estudios de observaciones, entrevistas grabadas y algunos tipos de respuestas a cuestionarios, y es de frecuente aplicación en investigación en las ciencias sociales. El método cualitativo está conectado con un procedimiento interpretativo de la investigación denominado «hermenéutica» o «estudio de textos», que ha proporcionado ayuda a ciencias como la física, la ingeniería o la química[67].

Lo más fundamental del método cualitativo es que puede hurgar en profundidad el fenómeno social. Depende del carácter de las entrevistas, historias de vida u otros instrumentos de análisis[68]. Pero hay un rango de recursos estadísticos conocido como «instrumentos», los cuales proveen una forma de suplementar la entrevista, proveer información «indirecta», pero ayudando a generar y mirar cómo el fenómeno social se refleja a sí mismo. Estos pueden ser porcentajes numéricos, estadísticos, gráficos, etc.

El ingeniero M. Easterby-Smith ha escogido para presentar en su libro del año 2002, seis de estos instrumentos y ha discutido brevemente el uso de cada uno. También indica la literatura apropiada a usar. Estas son técnicas de crítica incidental, técnica redes repertorio, técnica proyectiva, análisis de protocolos, entrevistas de grupo y mapa cognitivo. También en este libro, se examinan las diferentes formas en que los datos cualitativos pueden ser administrados y analizados, incluyendo análisis manual y automático de datos. Esto permite un avance rápido de la entrevista y recolección usando herramientas de computación u otro dispositivo.

---

67 Varios métodos cualitativos son discutidos en el libro *Management Research. An Introduction* (M. Easterby-Smith & R. Thorpe, A. Lowe 2002). Por su parte, Van Maanen (1983: 9) define las técnicas cualitativas como «Un arreglo de técnicas interpretativa de quien busca describir, decodificar, traducir y de otra forma llega a una terminología semántica». No es tan frecuente ya que más o menos ocurre naturalmente en el mundo para estudiar fenómeno social. Es un estudio en profundidad y diacrónico del fenómeno social.

68 Más información detallada sobre el uso del método de la entrevista puede encontrarse en *Management Research An Introduction* (M. Easterby-Smith & R. Thorpe, A. Lowe 2002).

### *Método cuantitativo*

Este método recolecta datos en forma numérica, los cuales pueden ser analizados o presentados usando tablas, figuras, gráficos, estadísticas o histogramas. El método cuantitativo está conectado con un procedimiento de tipo interpretativo[69].

Usando el computador y paquetes de *software*, los investigadores modernos son capaces de desarrollar proyectos complejos, los cuales serían tediosos sin dichas herramientas. En algunos casos, el uso de un simple procesador de texto es suficiente para permitir entrar datos numéricos para tabulación y presentar los datos usando tablas, figuras, gráficos, estadísticas o histogramas. Otro método sofisticado es usar paquetes de *software* tales como el SPSS *(Statistical Pakage for the Social Sciences)*, el cual permite realizar un amplio espectro de estimaciones elementales y avanzadas.

## Diseño de un proyecto de investigación

Cuando el investigador desea empezar una investigación, la primera etapa consiste en definir un tema que valga la pena analizar sobre la base de hipótesis y modelos. Hay diferentes estrategias de cómo hacer esto; una estrategia es comenzar a pensar en un tópico amplio, el cual le interesa al investigador. Esto se puede hacer colectando tanta información como sea posible y buscando literatura sobre el tema e identificando toda investigación previa que se haya llevado a cabo en ese ámbito, o diseñar una metodología con una plataforma para desarrollar una investigación que sea original y constituya un aporte o una nueva contribución al conocimiento científico.

El método de diseño de un proyecto debe considerar, en primer lugar, que se debe identificar un problema que otorgue una base para diseñar el proyecto. Otra alternativa es no identificar un problema particular,

---

69 Discusiones interesantes de estos conceptos pueden ser encontrados en los libros por Mark Easterby-Smith, Richard Thorpe and Andy Lowe, *Management Research and Introduction* (2002, SAGE Publications Ltd, ISBN 0761972846, London EC2A 4PU), y Lewins, F., *Social Science Methodology* (Melbourne, Macmillan, 1992).

sino revisar en general todo tipo de investigación que se haya hecho en un área particular de conocimiento. También otra estrategia posible es preguntar a una organización si necesitan o les gustaría investigar alguna cosa o problema que tengan en su organización. Del mismo modo, se podría pensar en algo que debe de ser optimizado y se pueda realizar.

Elegir un tema para investigar es solamente una parte del proceso de la toma de decisiones. Hay varias preguntas prácticas, las cuales el investigador necesita hacerlas antes de seguir con la investigación (E. Babulak, R. A. Carrasco 2002):

- Considerar el tipo de datos e información que el investigador necesitará recolectar.
- Asegurarse de que se entenderá la estrategia para recolectar datos, o modelar el sistema a investigar y que sea familiar o conectado con cualquier principio teórico o práctico.
- Preguntarse si podrá colectar los datos necesarios para la investigación y estar seguro del tipo de metodología que usará.
- Estar seguro de poder obtener ayuda de supervisión o tutorial si lo necesita.
- Diseñar las metas, objetivos y comentarios.

La próxima etapa consiste en desarrollar un diseño para el proceso de la investigación. El diseño de la investigación debe incorporar respuestas a los siguientes tipos de preguntas:

- ¿Qué tipo de datos se precisará colectar para probar la hipótesis y lograr las metas de la investigación?
- ¿Dónde y cómo se recolectarán esos datos?
- ¿Qué tipo de instrumento de colección de datos y procedimiento se usarán?
- ¿Quién proveerá los datos?
- Establecer si se necesita pedir permiso antes de tratar de recolectar los datos.
- Determinar cuándo se recolectarán los datos.
- ¿Cómo serán analizados los datos y qué procedimiento o marco teórico se usará para interpretarlos?

El diseño de la investigación es un proceso claramente orientado a llevar a cabo la investigación basada en las metas (supuestos) de la hipótesis. El diseño debe ser entendido por otros investigadores familiares con el tema. Desde luego, la naturaleza de los datos que el investigador está recolectando puede a menudo originar una variedad de consecuencias en términos de problemas prácticos relativos a cómo guardar la información en una base de datos y poder así manipularla. Los datos cualitativos son mucho más voluminosos que los datos cuantitativos. Si los datos cualitativos van a ser recolectados es importante pensar cómo los mismos serán administrados y guardados.

Otro aspecto muy importante es, precisamente, la administración de los datos. El investigador debe tener fácil acceso a todos los datos recolectados cuando él o ella comience a analizar la información recolectada y a difundir la investigación. En el caso de que los datos solo se puedan extraer parcialmente se producirá una falta de precisión en los resultados que solamente ofrecerán una visión parcial del experimento.

Los datos cuantitativos son generalmente bastante concisos. Estos datos se prestan para un proceso de síntesis orientado a sustentar la hipótesis de trabajo y, para lograrlo, el investigador debe contar con la habilidad y los conocimientos necesarios para modelar el sistema y analizar los datos. El investigador debe decidir qué tipo de datos desea recolectar y de quién o dónde los recolectará.

### *Escogiendo la muestra y recopilación de datos*

Cuando el investigador dirige la investigación es importante preguntarse lo siguiente: ¿para quién es relevante esta investigación y de qué tamaño será la muestra? El investigador debe tomar la muestra más representativa de la población total como sea posible. Cuando los resultados de la muestra hayan sido recolectados y analizados, el investigador tratará de generalizar estos datos que son pertinentes a la población elegida.

En la recopilación de datos, una de las preguntas más importantes que se debe considerar es si acaso el investigador está seguro de que tiene fácil acceso al lugar o ambiente donde se intenta llevar a cabo la investigación. Otro de los aspectos influyentes reside en la decisión de hacer uso de personal extra para llevar a cabo la recolección de datos, lo cual induce al trabajo en equipo de investigadores. Si varias personas están recolectando los datos es importante que:

- Se unifique la presentación de las preguntas.
- Se determine la estrategia para colectar los datos por la persona que plantea la investigación.
- Se realicen reuniones regulares con los investigadores para desarrollar una filosofía de equipo.

La investigación adopta muchas formas, pero generalmente incluye las siguientes características:

- Investigación de un nuevo problema.
- Sistemas de diseño/modelo para investigar.
- Recopilación y análisis de datos a través de una metodología racional.
- Intento de generalización de los resultados.
- Esfuerzo en ser lo más objetivo posible.

Propiedad intelectual *(copyright)* y valores éticos.

## La filosofía del diseño de la investigación

La relación entre los datos y la teoría es un problema que se ha constituido en un debate serio para los filósofos por muchos siglos. El objetivo en esta sección es considerar las principales posiciones filosóficas que indican el diseño de la administración de la investigación. En otras palabras, la cuestión es cómo elementos filosóficos podrían afectar la organización de los resultados de la investigación.

Existen por lo menos tres razones por las cuales el entendimiento de los problemas filosóficos es muy importante. Primero, porque esto puede ayudar a clarificar los diseños de la investigación en cuanto a hipótesis de trabajo, contenidos y conclusiones. Segundo, un conocimiento de filosofía puede ayudar al investigador a reconocer si es que el diseño funciona o no. Esto podría capacitarlo para evitar tomar decisiones a ciegas e indicar las limitaciones de un procedimiento particular. Tercero, el conocimiento de la filosofía puede ayudar al investigador a identificar, y también a crear, diseños que podrían estar fuera de sus pasadas experiencias o de aquella que han podido transmitirle sus profesores.

### Existen dos grandes tradiciones filosóficas: positivismo versus constructivismo social

En la esquina roja está el constructivismo; en la esquina azul está el positivismo. Cada una de estas posiciones ha estado sujeta a un estereotipo, a menudo en lados opuestos.

La idea fundamental del positivismo es que el mundo social existe externamente, existiera o no el sujeto y que esta propiedad debería ser medida a través de métodos objetivos, antes que ser inferida subjetivamente a través de la sensación, reflexión o intuición. Esta explicación contiene dos presunciones. Primero, un presupuesto ontológico (del ser), y segundo, uno epistemológico (del conocimiento), es decir que el conocimiento es solamente de significado real si está basado en observaciones de esta realidad externa.

El método de investigación del constructivismo social puede ser resumido directamente con ocho características de la investigación del positivismo clásico, las cuales están indicadas en el cuadro 8.1 que se presenta a continuación.

### Cuadro 8.1
### Contraste implicaciones de positivismo
### y constructivismo social basado en Easterby-Smith (2002)

|  | Positivismo | Constructivismo social |
|---|---|---|
| **El observador** | Debe ser independiente | Es parte de lo que ha sido observado |
| **Intereses humanos** | Debería ser irrelevante | Son los más importantes de la ciencia |

|  | Positivismo | Constructivismo social |
|---|---|---|
| **Explicaciones comprensión** | Debe mostrar causalidad | Objetivo para aumentar comprensión general de la situación |
| **Progreso** | Hipótesis y deducciones | Producción rica en datos porque las ideas son inducidas |
| **Conceptos** | Necesita ser operacional para que ellos puedan ser medidos | Debería incorporarse apostadas perspectivas |
| **Unidad de análisis** | Puede ser reducido a simples términos | Puede incluir la complejidad de la situación total |
| **Generalización** | Estadística-probabilidad | Abstracciones teóricas |
| **Requiere muestra** | Selección muestra grande | Escoger casos reducidos |
| **Numéricas** | Número aleatorio | Para razones específicas |

En la discusión acerca de este tópico podemos referirlo a los debates entre científicos «puros» y los científicos sociales. También mencionamos al pasar la unidad en términos tales como ontología y epistemología. Esto es porque la metodología escogida para los científicos sociales puede ser localizada dentro de un amplio debate sobre la filosofía de la ciencia. Desafortunadamente, algunos términos filosóficos son usados en forma intercambiable y, consecuentemente, produce confusión acerca de su significado. En el cuadro 8.2 basado en Easterby-Smith (2002) se presentan algunas definiciones:

***Cuadro 8.2***
***Ontología, epistemología, metodología y métodos***

| Terminología | Definición |
|---|---|
| **Ontología** | Podemos hacer suposiciones acerca de la naturaleza de la realidad |
| **Epistemología** | Conjunto de hipótesis acerca de las mejores formas de inquirir en la naturaleza del mundo |
| **Metodología** | Combinación de técnicas usada para investigar una situación específica |
| **Métodos** | Técnicas individuales para colectar datos, análisis, etc. |

# Supervisión para los estudiantes de postgrados (doctorados)[70]

En principio, de acuerdo con la necesidad individual de cada situación para investigar, los estudiantes que deban emprender una investigación deberían recibir entrenamiento *(training)* para capacitarlos a ejecutar sus proyectos efectivamente y con confianza. Adicionalmente, hay que entregarles capacitación en la metodología de la investigación (descrita anteriormente), lo cual aconsejaría seminarios para discusión y análisis. El objetivo es equipar al estudiante con las habilidades necesarias para llevar a cabo su tesis exitosamente. Debería tenerse en consideración el adiestramiento del estudiante en la adquisición de habilidades transferibles, mediante guías de desarrollo a nivel nacional[71]. En general, las universidades deberían proveer entrenamiento y guías para que los

---

70 Estas consideraciones son también aplicables al caso del grado de máster, que en muchas universidades requiere la realización de una tesis o proyecto de investigación.

71 Muchas universidades, como el caso de Staffordshire, dictan cursos de metodología de investigación y capacitan en la supervisión de estudiantes de doctorados. R. Carrasco (2003) ha estado a cargo de uno de estos programas.

estudiantes de investigación (doctorados o estudiantes de postgrado en general) sean capacitados y así desarrollen las habilidades apropiadas.

Este programa de adiestramiento debería considerar lo siguiente:

- Desarrollar las capacidades escolares y de investigación del estudiante.
- Adoptar un sentido de trabajo en equipo dentro de la comunidad de estudiantes de la institución.
- Adoptar el hábito de compartir experiencias a través de fronteras disciplinarias.
- Proveer guías con respecto a los procedimientos y requerimientos administrativos de la institución.
- Ampliar las percepciones para comprender más allá del tópico de especialidad de los estudiantes.
- Proveer una introducción a las facilidades de investigación de la institución.
- Desarrollar habilidades de comunicación e información tecnológica (IT).
- Proveer entrenamiento básico en metodologías de la investigación.

Una fundamental implicancia práctica es que las instituciones educacionales deberían proveer guías para desarrollar:

- Metodologías de la investigación, para incluir métodos cualitativos y cuantitativos (o mixtos); análisis de datos; introducción y planificación de un proyecto, y habilidades de redacción (tan necesarias para los estudiantes actuales).
- El efectivo uso de recursos de aprendizaje (librería e IT).
- Habilidades transferibles (incluyendo, por ejemplo, habilidades comunicacionales oral y escrita, manejo del tiempo, trabajo en equipo, manejo del recurso humano, desarrollo profesional, y la preparación de un currículo y postulación para empleo).

### *Criterio para estudiar el grado Doctor de Filosofía (PhD)*[72]

La postulación para el grado de Doctorado en Filosofía (PhD) requiere demostrar la habilidad para conducir una investigación original, probar nuevas ideas, (si las ideas son del estudiante graduado u otros) y comprender la relación de su propio trabajo y sus temas para un campo amplio de conocimiento. Una tesis doctoral debería ser un inédito cuerpo de trabajo de investigación.

El estudiante de doctorado debe ser una persona capaz, bien calificada y diligente, quien debe estar adecuadamente apoyado y supervisado, para que pueda obtener su doctorado en tres a cuatro años a jornada completa. El estudiante graduado tiene que demostrar que su tesis doctoral contiene evidencia sustancial de originalidad de las actividades de investigación y que el contenido posee valor suficiente para ser publicado.

### *Supervisión*

Es crucial una buena comunicación entre el supervisor y el estudiante de doctorado. El académico o la académica que supervisa por primera vez debe acompañarse por otro académico o académica que actúe como segundo supervisor. Debe acreditar que ha supervisado anteriormente en forma directa a varios estudiantes de doctorado. Es recomendable que los supervisores asistan al curso «Cómo supervisar estudiantes de PhD», el cual es usualmente organizado por la institución como parte del desarrollo académico y profesional *(staff development)*.

Las motivaciones del supervisor deberían ser:

- **Intelectuales:** Entrenamiento mental, poder investigar, estimulación, área del futuro, próxima generación.
- **Funcionales:** Que sean parte de su trabajo, oportunidad de publicar en conjunto, progresión de desarrollo académico El

---

postgraduado será un futuro colega y deberían continuar investigando en conjunto.

- **Personales:** Satisfacción personal, trabajar en un equipo, progreso de conocimiento.

### *Responsabilidades del supervisor y expectativas del estudiante*

Para que el estudiante sea supervisado el supervisor debe:

- Leer cuidadosamente el trabajo del estudiante.
- Estar disponible cuando el estudiante lo necesite.
- Criticar el trabajo del estudiante de forma constructiva.
- Ser amigable, abierto y apoyar al estudiante.
- Tener un buen conocimiento del área de investigación del estudiante.
- Organizar las reuniones y que estas sean relativamente fáciles para intercambiar ideas.
- Ayudarlo a obtener el trabajo al final de sus estudios.
- Asegurarse de que el investigador sea familiar con aspectos relevantes de la infraestructura de la salud y seguridad, reglas académicas y regulaciones de la institución o cualquier otra parte de interés.

### *Responsabilidades del estudiante (PhD) en su proyecto de investigación:*

- Aceptar responsabilidad por sus propias actividades de investigación y candidatura al doctorado.
- Asegurarse de que se haya hecho un progreso satisfactorio, en todo el tiempo, con respecto al proyecto de investigación y cualquier programa de trabajo acordado con el supervisor.
- Desarrollar responsabilidad por la dirección e innovación en el proyecto que se desarrolla.
- Entregar trabajo escrito en un tiempo especificado y acordado antes de la reunión con el supervisor.
- Asegurarse de que cualquier problema que ocurra con respecto al proyecto se lo comunique a su supervisor.

- Proveer adecuada explicación de cualquier inasistencia a reuniones o a cumplir con otros compromisos, para que así se le pueda ofrecer una apropiada guía.
- Hacer uso apropiado de la enseñanza, aprendizaje y facilidades disponibles por la institución.
- Preparar un reporte de progreso periódico sobre la investigación del proyecto.
- Comunicarse con otros en la comunidad académica, oralmente y por escrito, con los resultados de la investigación.
- Completar exitosamente cualquier programa de entrenamiento organizado a través de la institución o parte contratante.
- Actuar como un miembro responsable de la comunidad académica.

### *Una lista de verificación para monitorear el progreso*

En los últimos años, algunas universidades han tenido demandas judiciales por parte de los estudiantes por no haber podido completar o terminar sus estudios exitosamente. Es por eso por lo que resulta crucial tener los procedimientos y regulaciones claros para hacer el monitoreo del progreso del estudiante de investigación. La escuela de postgrado es la que diseña estas regulaciones y procesos y mantiene los registros.

Se sugiere la siguiente lista de verificación para monitorear:

- Hay un documento disponible en el departamento para los estudiantes de postgrado y supervisores donde se indican las buenas prácticas de supervisión (en algunas universidades existe un manual para postgraduado).
- Determinar qué medida(s) se tomará(n) para hacer una buena y productiva reunión entre un supervisor y el estudiante.
- Debe existir una buena guía de lectura para entregarle al estudiante.
- El estudiante debe visitar al supervisor a menudo.
- Existen en el departamento formularios para escribir el progreso del proyecto del estudiante que debiera ser firmado por el estudiante y el supervisor, en una continua evaluación.

- El estudiante tiene que presentar un reporte al final de año sobre su trabajo de investigación para que su progreso sea evaluado.
- El comité de investigación organiza un panel de dos personas que evalúan el progreso del estudiante durante el primer año (como un examen oral) y recomienda si el estudiante puede continuar su programa de investigación.
- Hay un monitoreo sistemático cuando el progreso y los antecedentes de conocimiento en el área son ambos evaluados.
- Existen ocasiones en que el estudiante tiene que hacer presentaciones públicas. Algunos departamentos organizan una conferencia anual donde los estudiantes de doctorados hacen una presentación de veinte minutos incluyendo cinco minutos para preguntas. A estas presentaciones asisten supervisores y todos los estudiantes de doctorado.
- El contenido de la investigación es refinado en el primer año.
- Previamente, el plazo del programa de investigación ha sido especificado y definido en sus pasos críticos.
- Hay un momento en que el supervisor chequea el registro que mantiene el estudiante para ver si el trabajo es sistemático.
- Debiera estar claro a la mitad del segundo año que es posible que el proyecto se termine en tres años.

Todos estos elementos son muy necesarios considerando la alta tasa de estudiantes de programas de doctorado que no terminan efectivamente el proceso de tesis para, efectivamente, obtener el PhD. En Chile y Sudamérica prevalece un número no menor de personas que han cursado programas doctorales pero que no han terminado los mismos, debiendo por eso mencionar en su currículo un PhD, para así indicar que el trabajo de tesis no se ha terminado (porque ha tenido tal vez mala supervisión). Siendo esto aceptable para un plazo breve de tiempo (mientras se completa la tesis en cuestión), lo irregular es que dicha mención se mantiene por mucho tiempo, constituyendo lo mismo un engaño para quienes examinan los antecedentes de las personas. Es importante de tener en consideración que la filosofía del PhD en UK es diferente a los doctorados en Latinoamérica u otros países.

# CAPÍTULO IX

## Sistema de mentor para la enseñanza–aprendizaje y la investigación

«El mentoring *es esencialmente un proceso interpersonal. Escuchar (grandes orejas)… Hablar poco (boca pequeña)*».

Gibbons

## Introducción

Este capítulo examina el papel que el sistema *mentoring* puede desempeñar para ayudar a desarrollar las actividades de enseñanza, aprendizaje e investigación[73]. Se destaca la experiencia del sistema educacional británico a este respecto (este capítulo está basado en la experiencia de R. Carrasco, jefe del sistema, y se recomienda este proceso fuertemente para la educación chilena y latinoamericana en todos los niveles educacionales, especialmente en el superior). Se destacan aspectos de *mentoring* en acción, incluyendo el papel que el mentor representa como un modelo a seguir *(role model)* en calidad de «apoyador» y amigo crítico. También se analizan las posibles tensiones que pueden surgir en la relación *mentoring–mentoree* y se sugieren formas en que estas situaciones pueden ser difusas a la vez que dispuestas como oportunidades de aprendizaje positivo. También se sugiere cómo organizar e implementar un programa de *mentoring* en departamentos o escuelas de educación.

El *mentoring* como estrategia educativa puede formar parte del cambio de paradigma en educación que actualmente desde muchas esferas se reclama. Supone que una persona con más experiencia y cualificación guíe y ayude a otra para que pueda desarrollar la totalidad de su potencial y obtenga los mejores resultados tanto en la vida personal y

---

73 No debe confundirse, como a menudo se hace en experiencias latinoamericanas, el sistema de *mentoring* con el de *tutoring*, que ya hemos referido anteriormente.

académica como profesional. En educación implica cambiar básicamente la ecuación conocimiento-docente-investigador y alumno, pasando por tanto de los saberes a las competencias.

El *mentor* original fue un sabio y consejero de confianza cuyas raíces se encuentran en la mitología griega (1600)[74]. Mentor era el amigo íntimo de Ulises, el protagonista de la *Odisea* de Homero. Antes de partir para Troya, Ulises pidió a Mentor que se encargara de preparar a su joven hijo Telémaco para sucederle como rey de Ítaca. Mentor tuvo que ejercer de padre, maestro, modelo, consejero asequible y fiable, inspirador y estimulador de retos, de modo que Telémaco se convierte en un rey sabio, bueno y prudente.

Sin embargo, *mentoring* es un término que se usa actualmente para describir una relación de desarrollo entre colegas, uno de los cuales (normalmente) es un docente o practicante más experimentado. Las relaciones de *mentoring* facilitan el desarrollo personal y profesional través del apoyo, el desafío de alcanzar metas y la necesaria revisión de resultados. El sistema tiene un verdadero potencial para ayudar en el desarrollo de la enseñanza, puesto que su enfoque principal se centra en el aprendizaje y el crecimiento académico[75].

Nuestra definición de *mentoring*: «proceso de ayuda para nuevos académicos/no académicos para poder fomentar el desarrollo individual a través de un trabajo confidencial uno a uno con alguien con más experiencia, independiente y entrenado en habilidades de mentor» (R. Carrasco 2003). El término asociado *to coach* (Parsloe, E. 1999) en sus orígenes significaba transportar una persona valiosa de un lugar a otro. Hoy en día la sociedad sostiene una apreciación de los académicos como personas valiosas, quienes requieren un proceso de mejora constante en el conocimiento y habilidades individuales. *Coaching* (entrenamiento) es un proceso que permite el aprendizaje y desarrollo del individuo mejorando su rendimiento. Para ser un *coach* exitoso, se necesita un conocimiento y una comprensión del proceso, así como saber de la variedad de estilos y habilidades técnicas que son apropiadas en

---

74   Mentor se refiere como el hijo de Álcimo y amigo de Odiseo.

75   Un sistema que propicia la colaboración entre académicos o profesores, en lugar de la pura competencia cómo se practica en muchas realidades, pero que no optimiza el mejor rendimiento académico.

el contexto en el cual el proceso de *coaching* se ejerce. Podemos definir el *coaching* como una disciplina relativamente nueva que nace y es aplicada en empresas, industria y organizaciones (aunque también en otros campos como el deportivo, educativo o el personal), para orientar sus estrategias y su rendimiento. Por consiguiente, esta novedosa estrategia les reporta beneficios muy ventajosos.

Pero no es objeto de este capítulo profundizar en el *coaching*, sino en el *mentoring*. Es cierto que en muchas ocasiones ambos términos son confundidos o incluso asimilados (utilizando la expresión *coaching* ontológico, en reemplazo de *mentoring*), lo que nos lleva en este artículo a intentar aclarar sus diferencias y así:

i. El *coaching* es el proceso en el cual un *coach* (entrenador) contribuye con un *coachee* (aprendiz) para que este desarrolle cierto tipo de potencialidades.

ii. El *mentoring* es el proceso en el cual un mentor (maestro) contribuye con un *mentee* o mentorizado (aprendiz) para que este desarrolle todas sus potencialidades: físicas, psicológicas, académicas, sociales, laborales.

Entre *mentoring* y *coaching* hay aspectos muy próximos, así podemos afirmar que tienen en común lo siguiente:

• El aprendiz no recibe el conocimiento, lo descubre.
• El maestro no enseña, es un facilitador.
• El aprendiz reconoce y respeta la sapiencia del maestro.
• El maestro sabe y acepta que el aprendiz lo puede superar.

En resumen, las diferencias son las siguientes:

|  | **Mentor** | *Coach* |
|---|---|---|
| **Perspectiva** | Individual, la persona | Rendimiento, alcanzar objetivos |
| **Rigidez** | Facilitador sin agenda | Específico de la agenda |
| **Relación** | Autoselección | Impuesto (se les brinda) |

|  | **Mentor** | *Coach* |
|---|---|---|
| **Fuente de influencia** | Valor percibido | Posición |
| **Da** | Afirmación/aprendizaje | El trabajo en equipo y rendimiento |
| **Campo** | General (todos los aspectos de la vida) | Concreto (tareas relacionadas con una actividad) |

## *Mentoring*

Se trata de un proceso similar al *coaching*, pero dominado por diferentes reglas, responsabilidades y relaciones. El *mentoring* es definido como «un proceso para ayudar y apoyar a nuevos académicos e investigadores a mejorar su propio aprendizaje, maximizando su potencial y desarrollo de habilidades, mejorando su entendimiento para convertirse en la persona que la organización necesita». De este modo, el *mentoring* es un proceso voluntario que requiere de un acuerdo formal por medio del cual «una persona con experiencia, independiente de la organización administrativa, tiene reuniones regulares y adquiere un interés personal en guiar y apoyar el desarrollo profesional de una persona con menor experiencia cuyo objetivo es progresar dentro y por encima de sus responsabilidades más próximas».

Los objetivos del programa de *mentoring* son:
- Proveer apoyo para la enseñanza-aprendizaje, y apoyo para los investigadores académicos o profesionales.
- Proveer un desarrollo formal al comienzo de la carrera de una persona, profesionales académicos, administrativos e investigadores.

El modelo educativo en *mentoring* deber ser cooperativo, no directivo, basado en los procesos de aprender a aprender, en el que los estudiantes/investigadores y académicos hacen algo más que acumular información, llevan a cabo cambios en profundidad, transformaciones que afectan tanto a sus costumbres emocionales y a sus hábitos de pensamiento, como a la capacidad de continuar creciendo.

Por consiguiente, es fundamental realizar un entrenamiento y aprendizaje individualizado y que esté en sintonía con la totalidad de la comunidad educativa y cultural. Así, es importante ofrecer el apoyo que sus miembros necesiten, teniendo en consideración cuáles son sus necesidades y estimando las ayudas que hayan de serles ofrecidas.

El *mentoring* debe ser considerado como una relación profesional entre dos personas en vez de una actividad de manejo por parte de un «jefe». *Mentoring* debe ser una relación profesional. El sistema de una institución educativa debe o puede considerar la nominación de ciertas personas experimentadas y en disposición para actuar como mentores, y así guiar e inducir el desarrollo de colegas o estudiantes más jóvenes.

**En ese sentido, es necesario distinguir a los dos actores del programa de *mentoring*:**

- *Mentee*: describe una persona con menos experiencia siendo guiada por el mentor.
- Mentor: describe una persona con más experiencia que guía al *mentee*.

### *¿Por qué los profesores e investigadores necesitan un plan formal para poder implementar el programa de mentor profesional?*

Si no hay un plan formal de mentor profesional con guías y objetivos claros hay riesgo de que el mentor y el *mentee* puedan tener diferentes percepciones, aspiraciones y/o expectativas de la relación entre ambos. Eso hace problemática la evaluación de resultados y turbia la definición de nuevas etapas. Por ejemplo, el mentor puede empezar a sentir que el *mentee* hace demandas no realistas, mientras el *mentee* puede sentirse frustrado cuando sus demandas no son cumplidas.

La implementación de este plan formal de mentor profesional se convierte en una demostración del compromiso de la universidad con el desarrollo profesional hacia sus académicos, proporcionándoles a ellos apoyo al comienzo de su carrera y acelerando su desarrollo. Puede constituirse en un instrumento fundamental para «producir» académicos de reemplazo. Esto debe tener un lugar en los planes estratégicos de desarrollo institucional, en la medida en que se trata de construir propósitos y objetivos institucionales en materia docente e investigativa, que requiere de la construcción de una comunidad efectivamente integrada. El objetivo o propósito del programa de mentor es el de asociar una persona con experiencia relevante con otra que pueda beneficiarse y aprender de ese conocimiento.

### Pasos iniciales para aplicar el sistema de mentor en una institución educativa

- Creación de una página web informativa sobre el sistema de mentor.
- Hay que asegurar que los máximos responsables de departamento y otras instancias académicas apoyan el plan de sistema de mentor.
- Informar, involucrar a los nuevos académicos o investigadores durante el período de inducción.
- Notificar el plan a los profesionales académicos que ya están empleados durante el proceso de revisión de su Rendimiento y Desarrollo Personal (RDP).
- Los nuevos mentores tendrán un proceso de inducción con el coordinador del programa.
- Los nuevos *mentee*s serán informados en reuniones especiales junto con el coordinador o jefe del programa.
- Debe contemplarse un formulario de contrato, que debe ser cuidadosamente redactado, para participar en el sistema de mentor.
- El coordinador o jefe del programa asesora al mentor y al *mentee* para completar el formulario.

# Información para el sistema de mentor y expectativas para el mentor

- Asumir la responsabilidad para guiar, aconsejar, ayudar y facilitar el desarrollo del *mentee*.
- Apoyar al *mentee* sobre cómo analizar nuevas ideas y desafiar sus suposiciones.
- Proveer un ambiente relajado en el cual el *mentee* sienta que puede expresar sus ansiedades e inquietudes, así como facilitar discusiones sobre ideas y aspiraciones.
- Respetar la confidencialidad de la información de la discusión entre el mentor y el *mente*, y no reportar sus contenidos al jefe.
- Hay que asegurar que el *mentee* sienta que su confidencialidad será respetada y que lo discutido con el mentor no será reportado al jefe ni a ningún otro ente directivo sin su consentimiento.
- Para que la relación entre mentor y *mentee* sea efectiva, la misma tiene que estar basada en el «mutuo respeto y confianza».

## *Las diferentes conductas del mentor*

- Facilitador: acceso a gente importante e introducción a los mismos *(networking)*.
- Consejero: ofrecer un abanico de metas y objetivos incluyendo oportunidades de carrera para el desarrollo del *mente*.
- Capacitador: dar asistencia al proceso de aprendizaje para mejorar una habilidad específica.
- Experto: fuente de conocimiento técnico y profesional en la disciplina.
- Fuente de conocimiento de la organización: explica las políticas, cultura y valores de la institución educativa.
- Modelo ejemplar: promover y aconsejar comportamientos positivos.
- Fuente de retroalimentación: en el sistema globalizado actual es importantísimo la mejora continua del proceso, por ello los objetivos deben ser revisados continuamente.

- Confidente: un «hombro para llorar».
- Motivador: incentiva y motiva al *mentee* para lograr sus metas levantándole siempre la moral.
- Desafiante: desafía suposiciones, incentiva diferentes maneras de pensar.

## Características y cualidades del mentor

- Ser un académico con experiencia que entiende los valores culturales de la universidad.
- Haber elegido actuar como mentor y estar comprometido en el proceso.
- Ser capaz de dedicar suficiente tiempo para hacer que la relación del *mentoring* sea exitosa.
- Estar preparado para compartir sus experiencias y pasar las habilidades a otros.
- Tener un interés genuino, honesto, abierto para desarrollar un buen futuro para el *mentee*.
- Tener una actitud entusiasta y positiva hacia su propio trabajo, con otra gente y con la institución educativa.
- Hacerse acreedor del respeto y la confianza de otra gente.
- La duración de la relación entre mentor y *mentee* puede ser a corto o largo plazo según el provecho de la relación sacado por ambos participantes del programa. A menudo un mentor es asignado a un *mentee* por medios administrativos, pero esto no garantiza que la relación será fructífera. Lo mejor es, además de asignar un mentor, proporcionar varias oportunidades para que la relación crezca orgánicamente por las relaciones normales entre académicos y sus colegas. El éxito de la relación dictará que la duración de la relación sea por años o meses. Lo recomendable, sin embargo, es que el programa esté acotado en sus tiempos de duración, y que los mismos puedan ser prolongados sucesivamente de acuerdo a reglas preestablecidas.

### *Beneficios del programa para el mentor*

- Ve los problemas y evalúa el estado moral dentro de la comunidad investigadora, de la enseñanza y el aprendizaje, y adquiere *seniority*.
- Adquiere satisfacción personal por ayudar a desarrollar el potencial de otros, especialmente más jóvenes e inexperimentados.
- Conoce diferentes perspectivas de la cultura institucional y educativa, el ambiente de aprendizaje e investigación a través de escuchar los puntos de vista de los profesionales académicos más jóvenes.
- Tiene oportunidad para compartir experiencias y pericias.

## Información para los *mentee* y expectativas del *mentee*

- El *mentee* tendrá la opción de elegir a su mentor preferido. En caso de no tener ninguna preferencia, el coordinador del programa identificará y le asignará el mentor que le corresponda.
- El *mentee* necesita tener claro qué le gustaría lograr de la relación del programa de *mentoring*. La responsabilidad inicial yace en el *mentee*, que debe establecer el plan en acción.

### *Beneficios del programa para el mentee*

- La oportunidad de aprender de un modelo ejemplar.
- Adquirir una perspectiva amplia de la institución educativa.
- Aumentar la comprensión del modo de trabajo en la institución y su propio departamento o escuela.
- Clarificar y matizar las metas del desarrollo académico personal.
- Desarrollar metas realistas para su carrera.
- Conocer el desempeño de un académico o investigador con experiencia.
- Aumentar su propia autoestima y confianza fruto de la honestidad y labor constructiva realizada, generando un círculo cerrado de retro alimentación.
- Tener acceso a personas externas a la esfera de influencia directiva.

- Adquirir un ambiente seguro para probar ideas y sugerencias, como también para expresar ansiedades y preocupaciones en confidencia.

***Impacto del plan en el resto de los empleados. ¿Qué puede esperar el director o jefe del departamento?***

- El programa de *mentoring* es confidencial, por lo que el jefe (departamento) no tendrá ningún informe del mentor. La decisión acerca de qué información se comparte con el jefe depende exclusivamente del *mentee*.
- El jefe del departamento o escuela es responsable de apoyar al *mentee* y establecerá los objetivos y el plan de desarrollo del programa, para lograr el rendimiento y desarrollo personal (RDP) del *mentee*. Y el desarrollo de un núcleo de conocimiento dentro del departamento.
- El jefe del departamento o escuela esperará que los *mentee* mejoren el rendimiento, lo cual induce una mejora en la calidad de investigación, enseñanza y aprendizaje de los estudiantes.
- El sistema ayudará a construir comunidad, lo que constituye un reto de gran importancia en toda institución educativa.

***Beneficios para el departamento, la facultad y la universidad***

- Mejorar la comunicación entre investigadores y académicos, tal vez con un impacto positivo en aumentar la productividad.
- Proveer una poderosa mejora en la motivación de las personas involucradas.
- Encaminar las ideas y sugerencias del nuevo personal que se introduce en el ciclo con ideas frescas, posibilitando el fortalecimiento institucional.
- Acelerar el aprendizaje y desarrollo de los investigadores y académicos nuevos dentro de la organización.

### *Haciendo uso del plan. Cómo comenzar*

Es esencial que, al comienzo de la relación de ambas personas, el mentor y el *mentee*, tengan claro lo acordado y lo esperado el uno del otro. La mejor manera para lograr dicho objetivo y evitar malas interpretaciones en el futuro, es completar un acuerdo formal en el cual se establecerán las reglas para la relación de mentor y *mentee*.

El acuerdo o contrato de *mentoring* será discutido con el coordinador del programa, para ser acordado y suscrito en la primera reunión. Además de la información específica requerida por el contrato, los siguientes temas deben ser considerados en la reunión inicial:

- Cada persona estará dispuesta a hablar tanto acerca de trabajo como de problemas personales.
- Confidencialidad.
- Acuerdo del método de contacto más adecuado. Ejemplo, dónde y cuándo contactarse, tiempo requerido o día más apropiado.
- Frecuencia, hora, día y lugar de las reuniones cara a cara con fechas organizadas. Las reuniones deberán ser una por mes de una duración aproximada (máxima) de dos horas.
- Determinar el nivel de involucramiento del jefe con el *mentee* y la forma en que se interactúa.
- Fecha de expiración formal de la relación de *mentoring* con el mentor.
- ¿Qué pasa si esta relación con el *mentoring* no funciona? Idealmente, las diferencias serán arregladas entre el mentor y el *mentee*. Sin embargo, si el caso requiere de terceras personas, el coordinador del programa tomará las decisiones oportunas.

### *Valoración/revisión de las reuniones*

Las revisiones formales de valoración deberían ser mensuales. Estas revisiones deberían ser usadas para:

- Identificar y discutir las necesidades de desarrollo.
- Revisar el progreso junto con los objetivos acordados en el acuerdo/contrato de *mentoring*.

- Proveer retroalimentación, actualizando los objetivos con respecto al contexto, siempre buscando la mejora continua.
- Discutir problemas o inquietudes del *mentee.*
- Las frecuencias de las reuniones cara a cara, independientemente de las reuniones mensuales, dependerán de la situación y necesidades del *mentee.*

### Diez consejos para un exitoso mentoring[76]

1. Un académico debe tomar el papel de mentor si:

   a. Quiere efectivamente hacerlo.
   b. Cree en el valor del programa.
   c. Está dispuesto y puede comprometer el tiempo suficiente.

2. Discutir un contrato o acuerdo de *mentoring* al inicio del proceso para evitar posibles malas interpretaciones en el futuro.
3. Invertir tiempo al comienzo de la sesión del *mentoring* para el intercambio de información entre mentor y *mentee,* y el mentor pueda conocer bien el *mentee.*
4. Reconocer sus propias debilidades y fortalezas en relación con las necesidades de desarrollo del *mentee* y estar preparado para guiarlo a otras fuentes de ayuda si es apropiado.
5. Apoyar al *mentee* con un plan de desarrollo realista en el contexto de la institución en cuestión.
6. Mantener la relación con el *mentee* en un nivel profesional. Especial mención debe de hacerse a posibles malentendidos de lenguaje y comportamientos inadecuados sobre todo en casos donde existen diferencias de género, es decir *mentee* mujer y mentor hombre o viceversa, atendiendo también otras posibles situaciones.

---

76 Sobre el Programa de mentoring puede también consultarse: *Everyone Needs a Mentor,* David Clutterback, Chartered Institute of Personnel and development (2001); *A Practical Guide to Mentoring: Play an Active and Wortwhile part in the development of others and Improve our own stalls in the process,* David kay and Roger Hinds, How to Books Ltd (2002).

7. Estimular al *mentee* cuando sea posible para que adopte sus propias resoluciones sobre el problema que él/ella pueda tener.
8. Tener siempre en cuenta que el mentor se constituye en un «modelo ejemplar». La forma en que el *mentee* percibe las maneras que el mentor utiliza, impactará en su relación con el *mentee*.
9. Elaborar un entorno de confianza y compromiso con el *mentee* para ayudarlo a desarrollarse a través de una relación honesta, constructiva y positiva.
10. Resaltar el término del *mentoring* de forma positiva los valores y beneficios que ambos ganaron a través de la experiencia vivida.

## *Mentoring* visto como un proceso

En el sistema de *mentoring* se pueden distinguir diferentes etapas[77].

### Etapa 1. Análisis para la conciencia

Lo primero que debe tener lugar es un efectivo análisis de conciencia. El *coaching* del proceso comienza solamente cuando los académicos desarrollan una conciencia en cuanto a la necesidad de mejorar sus rendimientos a través del aprendizaje sobre la institución y el hacer académico específico. El mentor *(coach)* debe ayudar al académico a desarrollar esta conciencia. Los *mentee* analizan sus rendimientos y lo compararán con el nivel que quieren alcanzar, creando un proceso de evolución constante.

### Etapa 2. Planificación de responsabilidad

La etapa de planificación del proceso de entrenamiento es la oportunidad para que el *mentee* comience a ejercer responsabilidad. El mentor *(coach)* no debe imponer un programa de aprendizaje sino guiar al *mentee* en función de sus necesidades y propósitos. El *mentee* debe estar

---

77    Esto ha sido explicado en la figura 8.1.

involucrado en la definición del programa, cuyo objetivo es crear un plan de desarrollo de persona (PDP) con el mentor.

Un plan de desarrollo personal responde a las siguientes preguntas:

- ¿Qué se quiere lograr?
- ¿Cómo será hecho?
- ¿Dónde será hecho?
- ¿Cuándo este comenzará y terminará?
- ¿Quién estará involucrado?
- ¿Quién necesita estar de acuerdo con el plan?

Para ser efectivo un programa de *mentoring* el PDP debe ser enfocado solamente con dos o tres metas específicas de desarrollo en un tiempo de dos o tres meses. Debe tener un seguimiento mensual y así llegar a ser parte integral del proceso de manejo del rendimiento.

### Etapa 3. Implementación

Se debe cuidar el equilibrio entre el estilo y el nivel técnico que requiere el *mentoring (coaching)*. Lo más importante es escuchar, preguntar y entregar una crítica positiva por parte del mentor, procurando orientar y solucionar problemas del *mentee*.

### Etapa 4. Evaluación del grado de éxito

Evaluación es la actividad de revisar el PDP (Plan de Desarrollo Personal) una vez que este ha sido completado en el plazo programado originalmente. Se trata de una actividad que involucra al mentor *(coach)* y al académico *mentee*. Las siguientes preguntas son las principales que deben ser contestadas:

- ¿Se han logrado las metas establecidas en el plan de desarrollo?
- ¿Las diferentes partes del PDP trabajaron de acuerdo a la secuencia en que fueron diseñadas?
- ¿Qué cambios fueron implementados en el PDP y por qué?

- ¿Cómo se puede valorar el PDP en función de la relación rendimiento-costo?
- ¿Hubo algún beneficio no esperado?
- ¿Qué haría el *mentee* de manera diferente la próxima vez?
- ¿Hay una necesidad de un nuevo PDP para mejorar aún más el rendimiento?

Si la respuesta de esta última pregunta es sí, el proceso de *mentoring* necesita empezar de nuevo[78].

## *Conclusiones*

En las últimas décadas presenciamos una serie de procesos que configuran lo que indudablemente puede reconocerse como un cambio de era. La era digital de las grandes transformaciones tecnológicas, la revolución científica y la revolución industrial, está dando paso a otra era.

Un rasgo indudable de esta nueva era es la importancia sin precedentes que adquiere el saber científico-tecnológico. Son claras las tendencias que indican que ingresamos en la era del conocimiento. En los centros educativos y de investigación se requiere un nuevo paradigma educativo, nuevas formas de adiestramientos y *mentoring* a los educadores e investigadores.

En una sociedad de conocimiento es importante formar y capacitar profesionales que trabajen en forma colaborativa y en equipo, y que existan transferencias de habilidades y experiencias entre académicos e investigadores. El sistema *mentoring* facilita una mejor productibilidad de los académicos e investigadores.

---

78    Esto ha sido señalado en el diagrama de flujo de la figura 8.1.

## Figura 9.1
### *Mentoring a través de un proceso*

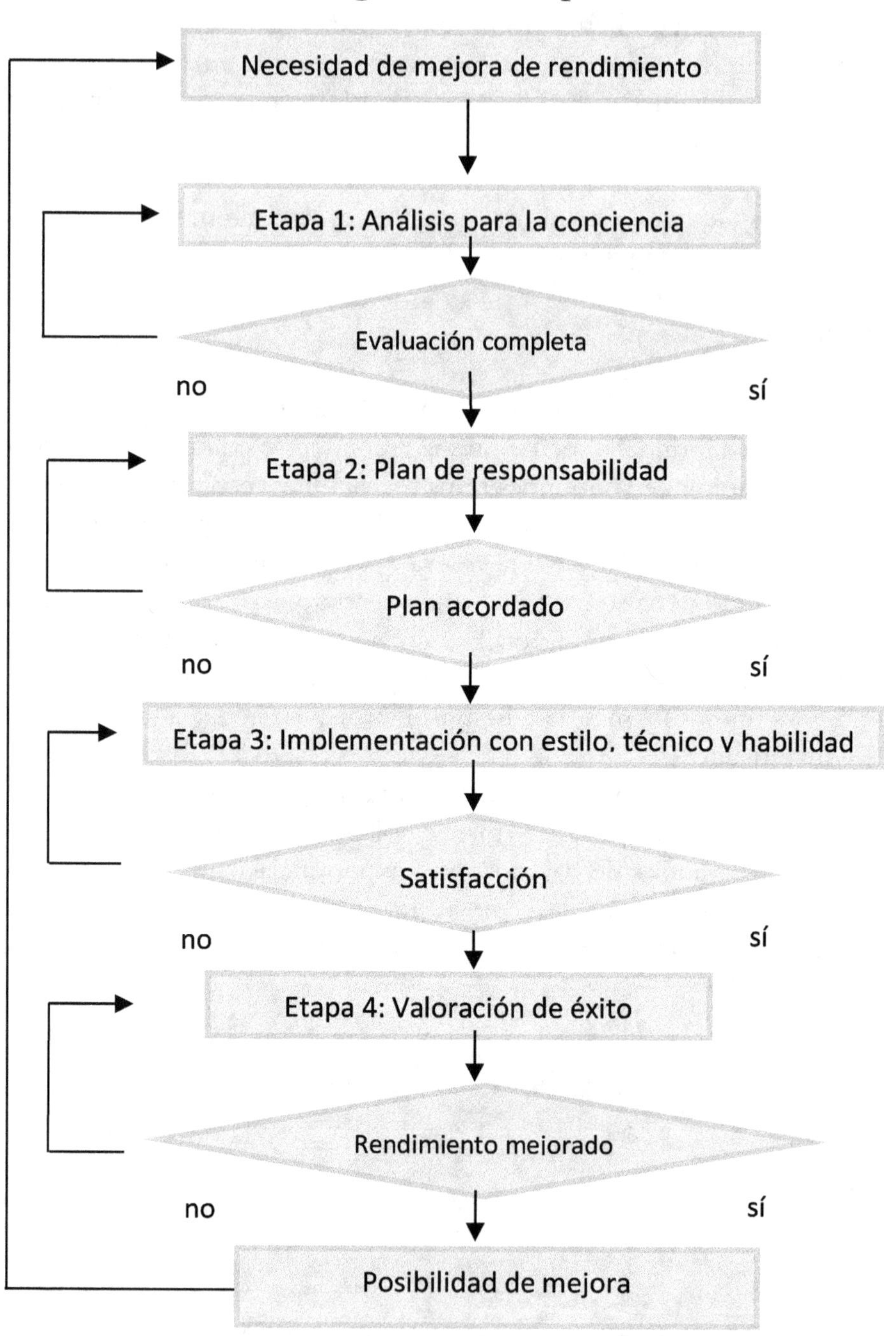

# Bibliografía y referencias


Astington and Olso (1995). *The cognitive revolution in childreen`s understang of mind*. Human development, 38: 179-89.

Adey, P. *et al.* (2001). *Let`s think! A programme for developing thinking*. London: NFER Nelson.

Adey, P. *et al.* (2002). *Learning Intelligence: Cognitive Aceleration Across the Curriculum*. Open University Press, UK.

Allueva, P. *et al.* (2011). *Aprender a pensar y enseñar proceso de resolución de problemas*. Madrid Association de Psicología y Educación.

Barnett, Ronald (2001). *Los límites de la competencia. El conocimiento, la educación superior y la sociedad*. Barcelona: Gedisa.

Black, Paul, Willian, Dylan (2009). «Developing the Theory of Formative Assessment». *Educational Assessment, Evaluation and Accountability*.

Bower, J. L. and C. M. Christensen (1995). «Disruptive Technologies: Catching the wave». Harvard Business review.

Bostrom, N. (2016). *Super intelligence: Paths, Dangers, Stratégies*.

Bruner, J. S. (1996). «The culture of Education», Cambridge, MA: *Harvard University Press*.

Bloom *et al.* (1956). *Taxonomy of Educational Objectives: Cognitive Domain*. New York.

Brown, G. and Pendlebury, M. (1992, 1997). *Assessing Student Learning in Higher Education*. Routledge, London.

Brown and Race (1998). *Assess Your Own Teaching Quality*. London: Kogan Page.

Biggs, J. (1994). *Aligning Teaching for constructive learning*.

Biggs, J. (1999). «Teaching for Quality Learning at University». *Open University Press*, UK.

Babulak, E., Carrasco, R. (2002). «The University network model for the quality-of-service provision analysis». *International Journal Mathematical*.

Carrasco, R. A. y Riveros, L. (2019). *Innovación para crecer en calidad. Propuesta para una mejor educación*. Editorial USACH, I.S.B.N 978-956-303-383-0.

Carrasco, R. A. y Riveros, L. (2020). *El gran reto presente: Automatización y la inteligencia artificial.*

Carrasco, R. A. (2003). Curso dictado sobre «Desarrollo de la docencia y aprendizaje», y «Cómo crear un sistema *mentoring*» en la Universidad de Santiago, Chile.

Carrasco, R. A. (2015). Guest Speaker, celebration of 50th years anniversary of Engineering, lecturer: «An Experience Teaching and Learning and Research», Universidad de la Frontera (UFRO), Chile.

Crisp, E. (2020). *Leverage Feedback Experiences in Online Learning,* EDUCAUSE REVIEW.

Cauley, K. M.; McMillan, J. M. (2010). «Formative assessment techniques». *The Clearing House* 83 (1).

Clutterback, D. (2001). *Charted Institute of Personal and development.*

Chomsky, N. (https:/www.braingquote.com/authors/noam Chomsky).

Clayton, C. (1998). «The innovator´s Dilema». *Harvard Business School Press.*

Clayton, C. (1995). «La Teoría de la tecnología disruptiva». *Harvard Business Review.*

Cuban, Larry (1999). *Change Without Reform in University Currículo, Teaching, and Research.* Nueva York: Teachers College Press.

Gross Salvat, B. *et al.* (2009). «Estrategia de innovación en la educación superior». *Revista Iberoamérica de educación* N 49, pp. 233-245.

Gasevic, D. *et al.* (2015). «Let´s Not Forget: Learning Analytics are about learning», *TechTrends* 59, n.° 1 (2015).

Dewey, J. (1910). *How we think.* Lexinton, MA: D. C. Heath.

Dewey, J. (1964). *Naturaleza Humana y Conducta.* Fondo de cultura Económica, México.

De Bone (1967). *Teaching thinking.* London Temple Smith.

Dietz, Gunther (2012). *Multiculturalismo, Interculturalidad y Diversidad en la Educación.* Fondo de Cultura Económica, Ciudad de México.

Durkheim, Emile (1976). *Educación como socialización.* Ediciones Sígueme Salamanca, España.

Easterby-Smith, M. Thorpe, R. and Lowe, A. (2002). *Management Research an Introduction.* SAGE Publications, British Library, London.

Freeman and Lewis (1998). *Planning and Implement Assessment.* Kogan Page, London, 318 pp., ISBN 0-7494-20887-1.

Facione, P. (1998). *Critical thinking: What It Is and Why It Counts.* http://www.calpress.com/resource.html .

Ford, M. (2016). *The Rise of The Robots. Technology and the threat of Mass Unemployed.* Printed and bound in Great Britain by Clay Ltd, ISBN 978-1-78074-848-1.

Fisher, A. (2001). «An Introduction to critical thinking». *Cambridge University Press.*

Glaser (1941). *An Experiment in the Development of Critical Thinking: Advanced School of Education at Techer`s College.* Columbia University. New York: AMS Press.

Hannan, Andrew y Silver, Harold (2005). *La innovación en la enseñanza superior.* Madrid: Narcea.

*Revista Electrónica de Investigación Educativa,* vol. 9, n.º 1. Disponible en: <http://redie.uabc.mx/vol9no1/contenido-delaorden.html> [consulta: julio de 2008].

Himanen, Pekka (2002). *La ética del hacker y el espíritu de la era de la información.* Barcelona: Destino.

Hugles, J. (1980). *The Philosophy of Social Science.* London: Longman.

Horizon reports (https://www.timeshighereducation.com/news/u-significant-challenges-impeding. technology -adoption-in-education-in-2015/2018820, article).

Huhta, Ari (2010). *Diagnostic and Formative Assessment.* Linguistic, Oxford, UK.

Hult, Francis M. (2010). *The handbook of education linguistic Blackwell,* pp. 469-482.

Harlen, Wynne, James, Mary (1997). «Assessment and Learning differences and Relationship between formative and summarative assessment». *Assessment in Education Principles, Policy & Practice* 4 (3), pp. 365-379. ITEA (2002)

(scholar.google.co.uk/scholar?q=international+Technology+education+Association 2002&hl=ed.)

Kahn, P. and Walsh, L. (2006). *Developing your teaching, ideas, insight and action.*

Kay, D. and Hinds, R. (2002). *A practical guide to mentoring.*

Kob (1998). «El modelo de Kob», John Wiley.

Lipman, M. (2003). *Thinking in Education,* 2nd ed., Cambridge Press.

Lewin, K. (1952). *Field theory in social Sciences: Selected Theoretical Papers.* eds. D. Cartwright, Tavistock, London.

Lewins, F. (1992). *Social Science Methodology.* Melbourne: Macmillan.

McGregor, D. *et al.* (2007). *Developing Thinking, Developing Learning, A Guide to Thinking Skills in Education.* Open University Press.

Maslow, A. (1970). *Motivation and Personality.* 2nd ed., New York: Harper and Row.

Nicol, David, Macfarlane-Dick, Debra (2005). «Rethinking Formative Assessment in HE: A Theoretical model and seven principles of good feedback practice». *Quality Assurance Agency for Higher Education.*

Naomi, K. (2007). *The Shock Doctrine: The Rise of Disaster Capitalism,* ISBN13: 9780713998993, Pub Metropolitan Books.

Polly Curtis (2009). «"Robot" computer to mark English essays». *The Guardian*, September 25, 2009 (http: www.theguardian.com/education/2009/sep/25/ robots-to-mark-English-essays).

Puccio, G. J. *et al.* (2001). «Creative Thinking: an essential life skill», in A. Costa (ed) *Developing Minds: A Resource Book for Teaching Thinking,* 3rd ed. Alexandria, VA: Association of Supervisors and Curriculum Development.

Pollard, A. *et al.* (2014). *Reflective Teaching in schools,* 4th edition. British Library, reflectiveteaching.co.uk.

Parsloe, E. (1995). *The manager as coach and mentor.*

Pierce (2007). *Theory of Signs.* Cambridge University Press.

Popper, K. (1992). «The Logic of Scientific Discovery». *The Growth of Scientific Knowledge,* Routledge Classics.

Popper, K. (2002). «Conjecture and Refutations», *Routledge Classics,* Volume 17.

Pointon, C. T., Carrasco, R. A. and Gell, M. A. (1996). *Complex behaviour in nonlinear systems, Modelling Future Telecommunications Systems.* BT, Editorial Chapman & Hall, ISBN 0412621606. Patente Numero.

Oliver, P. (1987). *Research for business marketing and education.*

Oliver, R. *et al.* (2011). *Teaching and Learning online.* CCU Publication. Edith Cowan University.

Oddershede, A. M., Carrasco, R. A. (2006). «Information and Communications Technology Significance in Health Care: User Perception». *Mediterranean Journal of Electronic and Communications.*

Piaget (1950). *The Psychology of Intelligence.* London: Routledge & Kegan Paul.

QAA *(Quality Assurance Agency for Higher Education,* 1998), UK.

Robinson, K. (2001). *Out of Our Minds: Learning to be creative.* Oxford: Capstone.

Ramsden and Entwise (1981). *Learning to lead in Higher Education.* London: Routledge.

Race, P. (2001). *The Open Learning Handbook.* cd., Kogan Page, London.

Riveros, L. (2012). «Pensando al Chile del año 2030». Notas de un Ciclo de Conferencias. Santiago–Chile; Ed. Occidente, Santiago–Chile, 2012.

Riveros, L. (2013). *La Universidad Chilena: Los efectos de una Mandrágora Contemporánea.* Ed. Occidente, Santiago-Chile.

Riveros, L. (2027). «Un Cambio de paradigma: de la Universidad estatal nacional y pública a la Universidad de Mercado». *Revista de Educación,* Facultad de ciencia sociales de la Universidad de Chile.

Ross Ashby, W. (1957). *Introducción a la Cibernética.* Chapman & Hall Londres.

R. Pregent (2000). *Charity your course: how to prepare to teach more effectively.* Atwood.

Slavin, R.E. *et al.* (2015). *Classroom Management & Assessment.* Corwin a Sage Company

Sternberg, M. (2003). *Wisdom, Intelligence and Creativity Syntheszed.* Cambridge: Cambridge University Press.

Shepard, Lorrie A. (2005). «Formative Assessment caveat emptor». *The future of assessment shaping teaching and learning,* New York, October 10-11, 2005.

Swartz, R., Fischer and Parks, S. (1998). *Infusing the Teaching of Critical and Creative Thinking into Science.* Pacific Grove, CA: Critical Thinking Books and Software.

Skinner, B. F. (1953). «The Science of learning and the art of Teaching». *Harvard Educational Review,* 24. Pp. 86-97.

Shannon, C. (1948). «A Mathematical Theory of Communication», *Bell System Journal,* 27:7, July 1948, pp. 379-423.

Tuckman, B.W. (1960). «Development Sequences in Small Groups». *Psycho-logical Bulletin,* 63, pp. 384-99.

Thorndike, E. (1911); The Lecturer Toolkit (1998). Open University, British Library. Times Higher Education, The Times Higher Education World Universities Ranking, Different issues, www.scimago.com.

Vygotsky, L. S. (1980). *Cultural, Communication, and Cognition: Vygotskian Perspectives*. Cambridge Press.

Van Maanen. «Qualitative Methodology», https://www.amazon.com/Qualitative-Methodolgy.

Vark (2005). *Learning styles questionnaire*. Online, accessed: www.vark-learn.com/english/index.asp.

Von Hayek, F. (March 2004). «The Come Back man». *The Economist Journal*, UK

Wheeler, S. and Birtle, J. A. (2007). «Handbook Manual», *Buckingham OU Press SRHE*.